实施乡村振兴战略下的农村电子商务发展研究

刘华琼　著

·北京·

内容提要

党的十九大报告指出要实施乡村振兴战略，这为我国现代农业的发展带来新的机遇，也对其提出了新的要求，因此有必要研究实施乡村振兴战略背景下的农村电子商务发展。

本书梳理了我国农村电子商务发展的各方面情况，对农村电子商务的支付、物流、信息技术、人才、金融建设进行分析，又分别研究探讨了农产品电商、农资电商、县域电商、农特微商和乡村旅游电商。

本书全面分析了实施乡村振兴战略背景下的中国农村电子商务发展情况，可以为农村电子商务理论研究人员和农村电子商务从业人员提供一定的指导和帮助。

图书在版编目(CIP)数据

实施乡村振兴战略下的农村电子商务发展研究/刘华琼著. —北京：中国水利水电出版社，2020.6（2024.1重印）

ISBN 978-7-5170-8583-6

Ⅰ.①实… Ⅱ.①刘… Ⅲ.①农村—电子商务—研究—中国 Ⅳ.①F724.6

中国版本图书馆CIP数据核字(2020)第081822号

书　　名	实施乡村振兴战略下的农村电子商务发展研究　SHISHI XIANGCUN ZHENXING ZHANLÜE XIA DE NONGCUN DIANZI SHANGWU FAZHAN YANJIU
作　　者	刘华琼　著
出版发行	中国水利水电出版社 (北京市海淀区玉渊潭南路1号D座 100038) 网址：www.waterpub.com.cn E-mail：sales@waterpub.com.cn 电话：(010)68367658(营销中心)
经　　售	北京科水图书销售中心(零售) 电话：(010)88383994、63202643、68545874 全国各地新华书店和相关出版物销售网点
排　　版	北京亚吉飞数码科技有限公司
印　　刷	三河市元兴印务有限公司
规　　格	170mm×240mm　16开本　16.5印张　214千字
版　　次	2020年7月第1版　2024年1月第2次印刷
印　　数	0001—2000册
定　　价	80.00元

前　言

党的十九大报告强调，要坚决打赢脱贫攻坚战，“让贫困人口和贫困地区同全国一道进入全面小康社会是我们党的庄严承诺。”“确保到二〇二〇年我国现行标准下农村贫困人口实现脱贫，贫困县全部摘帽，解决区域性整体贫困，做到脱真贫、真脱贫。”①同时指出，我们要实施乡村振兴战略。精准脱贫与乡村振兴战略相辅相成，共同对我国的农村经济发展发挥作用。党的十九大报告还指出，“农业农村农民问题是关系国计民生的根本性问题，必须始终把解决好‘三农’问题作为全党工作重中之重。”②李克强总理在政府工作报告中也明确指出要大力实施乡村振兴战略，科学制定规划，健全城乡融合发展体制机制，依靠改革创新壮大乡村发展新动能。

在这样的背景下，我国农村经济发展面临着新环境，这就要求我国农业农村发展必须及时做出调整，充分把握机会谋求进一步发展。2018 年中央一号文件指出，我国要“重点解决农产品销售中的突出问题，加强农产品产后分级、包装、营销，建设现代化农产品冷链仓储物流体系，打造农产品销售公共服务平台，支持供销、邮政及各类企业把服务网点延伸到乡村，健全农产品产销稳定衔接机制，大力建设具有广泛性的促进农村电子商务发展的基础设施，鼓励支持各类市场主体创新发展基于互联网的新型农业产业模式，深入实施电子商务进农村综合示范，加快推进农村

①② 习近平在中国共产党第十九次全国代表大会上的报告[EB/OL]. http://cpc.people.com.cn/n1/2017/1028/c64094-29613660.html.

流通现代化。"[①]目前，我国电商企业已经发现了具有巨大潜力的农村市场，并相继进入农村市场谋求发展。根据《中国淘宝村研究报告(2018)》显示，截至2018年10月，全国淘宝村网店年销售额超过2200亿元，在全国农村网络零售额占比超过10%，活跃网店数超过66万个，带动就业机会数量超过180万个。可以看出，在政策支持下，发展农村电商是推动农村发展、提高农民收入的重要途径。鉴于此，作者认为有必要对实施乡村振兴战略下的农村电子商务发展进行深入探讨与研究。

本书针对实施乡村振兴战略下的农村电子商务发展进行全面深入的解析，整体内容分为八章。第一章从产生背景、发展现状和意义的角度分析农村电子商务，通过本章可以从整体上把握我国农村电子商务实际情况；第二章重点解读农村电子商务发展过程中遇到的重点问题，即电子支付、物流配送和信息技术，只有全面了解这些问题，才能有针对性地解决这些问题，这些重点问题是关系农村电子商务持续发展的关键；第三章针对农村电子商务的人才培养及金融发展进行探析，人才是推动农村电商发展的核心力量，而农村金融则为农村电商发展提供了资金保障，因此对于农村电商发展而言，这两方面内容是重要的突破口；第四章和第五章分别对农产品电商和农资电商的模式、发展现状等进行探析；第六章主要研究县域电商，县域电商是实现精准扶贫的重要途径，了解并掌握县域电商的模式及发展策略具有重要意义；第七章从发展现状、模式和营销策略的角度全面解析我国农特微商发展情况，这是借助微商所形成的新型农村电子商务形式，目前已经获得了可喜的发展成果；第八章将重点转移至乡村旅游电商，分析了乡村旅游电商的发展现状、存在的问题以及发展策略。

本书从总体上分析了我国农村经济的发展现状及相关问题，一方面吸收前人研究成果，对基础理论进行阐述，以此为更深入的探讨奠定基础；另一方面充分结合目前的发展形势，强调研究

---

① 中共中央 国务院关于实施乡村振兴战略的意见[EB/OL]. http://www.moa.gov.cn/ztzl/yhwj2018/zxgz/201802/t20180205_6136444.htm.

的创新性和时代性。大致而言，本书的鲜明特点如下所述。

第一，有完整的研究体系。本书在内容上形成了较为完整的理论体系，对农村电子商务的研究从理论与实践两方面入手，保证整个研究体系更完整、更深刻，构建了理论联系实践的农村经济发展研究体系。

第二，有突出的亮点。本书第六章分析了县域电商，县域电商是拉动县域经济发展的重要途径，是推动精准扶贫的重要路径，符合社会发展要求和人民希望。第七章聚焦农特微商，农特微商是我国独创的一种电商模式，农民只要利用手机终端就可以进行农产品销售，为农民创收提供了重要路径，并且农特微商解决了传统农业大规模批发买卖的销售方式，一方面满足了农民创收的愿望；另一方面满足了消费者对农产品提出的“精品”销售需求。2018 年中央一号文件指出，“要实施休闲农业和乡村旅游精品工程，建设一批设施完备、功能多样的休闲观光园区、森林人家、康养基地、乡村民宿、特色小镇。”[①]第八章对乡村旅游电商进行了重点分析，可以看出发展乡村旅游电商符合我国政策要求，对这个问题的研究符合我国农村发展需要。总之，对这些问题的研究保证了本书的时代性，是在符合时代发展要求的情况下对农村电子商务发展进行的探讨和分析。

在撰写本书的过程中，作者参考了相关专家、学者的著作，从中获得了许多有益的成果、见解，谨致以诚挚的谢意。由于作者水平有限，书中难免有不足之处，敬请同行专家、学者和广大读者批评指正。

作　者

2020 年 1 月

---

① 中共中央 国务院关于实施乡村振兴战略的意见[EB/OL]. http://www.moa.gov.cn/ztzl/yhwj2018/zxgz/201802/t20180205_6136444.htm.

的的新型和时代。大致而言，[illegible]的写作特点如下所述：

第一，[illegible]的研究体系上，本书在内容上形成了较为完整的理论体系[illegible]，[illegible]两方面入手，[illegible]系统[illegible]，[illegible]取得实践的[illegible]体系。

第二，[illegible]分析了其成功之处，其城[illegible]的[illegible]全面[illegible]，符合我国[illegible]加入[illegible]。[illegible]农村电商[illegible]农村[illegible]是[illegible]的一种电商模式，农民[illegible]应用于[illegible]可以[illegible]。[illegible]发展的[illegible]一方面表达了农村[illegible]的[illegible]。[illegible]多种[illegible]进行了[illegible]分析，可以看出农村多种[illegible]电商符合我国的发展[illegible]会我国农村发展需要。总之，[illegible]

作[illegible]中，[illegible]参考了[illegible]的[illegible]。由于作者水平有限，书中难免有不足之处，敬请同行专家、学者和广大读者批评指正。

[illegible]

[illegible]年[illegible]月

[illegible]

目　　录

第一章　农村电子商务

2015 年，国务院办公厅印发《关于促进农村电子商务加快发展的指导意见》，《意见》指出，“农村电子商务是转变农业发展方式的重要手段，是精准扶贫的重要载体。”在这样的背景下，我国农村电子商务近年来得到迅猛发展。党的十九大报告指出，要大力实施乡村振兴战略。2018 年政府工作报告中也明确指出，要“深入推进‘互联网＋农业’，多渠道增加农民收入，促进农村一二三产业融合发展”。可以看出，农村电子商务依旧是我国农村发展和农民脱贫致富的重要途径，发展农村电子商务对于农村、农业发展具有重要意义。

第一节　农村电商产生的背景

一、电子商务概述

（一）电子商务的概念

当前，信息技术已经得到普及应用，随之而来的就是电子商务的繁荣发展。电子商务是指在全球各地广泛的商业贸易活动中，在互联网开放的网络环境下，基于浏览器/服务器的应用方式，买卖双方在不谋面的情况下进行各种商贸活动，实现消费者的网上购物、商户之间的网上交易和在线电子支付以及各种商务活动、交易活动、金融活动和相关的综合服务活动的一种新型的商业运营模式。电子商务的涵盖范围十分广，并且存在不同的模式，主要包括企业对企业（B2B）、企业对消费者（B2C）、消费者对消费者（C2C）三种模式。随着网络技术的发展，网络已经成为人们生活中不可分割的一部分，借助网络平台兴起的网络购物成为受人追捧的新型购物方式，网购的市场份额仍然在继续增长，在这样的背景下，电子商务网站层出不穷。从广义的角度来说，电子商务是指使用各种电子工具从事商务活动。定义中所说的电子工具是指从初级的电报、电话、广播等到计算机、计算机网络，再到全球信息基础结构（GII）和互联网等现代系统；商务活动是指从需求活动到合理、合法的消费除去典型的生产过程后的所有活动。从狭义的角度来看，电子商务是指主要利用网络开展的商务或活动。随着网络信息技术和经济的发展，电子商务就此形成并发展。电子商务实际上就是指在现代社会，在掌握信息技术和商务规则的基础上，灵活、系统地应用电子工具，高效率、低成本地从事以商品交换为中心的各种活动。从这个定义中就可以看出电子商务的前提、中心、重点、目的和标准，高效率和低成本是现代电子商务应该实现的水平和效果，所以说这个定义相对于之前的定义更严格、更具时代性，它从系统的观点出发，强调人在电子商务中的主体性作用，有机结合人与工具、环境和劳动对象，用系统的目标、系统的组成来定义电子商务，通过这种方式赋予电子商务生产力。

（二）电子商务的特点

1. 交易虚拟化

电子商务是搭载于网络平台的新贸易模式，贸易双方不需要面对面就可以进行贸易磋商、签订合同等贸易行为，只要双方连接网络就可以完成贸易中的一系列行为，因此整个交易过程具有显著的虚拟化特征。卖方可以到网络管理机构申请域名，在网络平台上制作自己的网页，在网站上发布产品信息。对于买方来说，他们可以利用线上交流、虚拟现实等技术按照需要选择广告，并及时将信息反馈给卖方，实现即时交流。买卖双方在网络平台上完成信息互动、签订电子合同、进行电子支付，在网络虚拟环境中完成整个交易过程。电子商务的出现打破了传统企业间明确的组织界限，在电子商务中，企业的有形边界被缩小，而无形边界则得到了一定程度的扩张。

2. 交易透明化

在电子商务中，交易双方的整个交易过程都是在网络上进行的，从洽谈到交货都是如此。网络可以实现信息的快速传输，交易双方可以简单快捷地核对信息，有效地防止了伪造信息的流通。例如，在典型的许可证系统中，在网络上可以更快速、严谨地进行发证单位和验证单位的通信、核对，可以直接避免许可证作假的情况。海关的 EDI 报关系统也帮助杜绝边境的假出口、兜圈子、骗退税等行径。

3. 交易成本低

电子商务搭载于网络平台，相较于传统商务在很大程度上降低了交易成本。第一，网络可以跨越距离进行高速信息传递，相较于电话、传真等信息传递方式，信息发送和接收方的距离越远，网络可以节约的成本越多。此外，网络信息传递可以降低时间成本，还可以降低数据重复录入产生的信息成本。第二，交易双方在网络平台上直接完成交易，交易过程中没有任何中介者的参与，这就切实减少了交易的中间环节。第三，卖方可以在网络上介绍和宣传自己的产品，相较于发放印刷品、登电视广告等传统宣传方式更物美价廉。第四，交易双方的交易全过程在网络上完成，也就是实现了交易的无纸化，这样可以帮助企业减少 90% 的文件处理费用。第五，网络为交易双方提供了即时交流的途径，这是企业实现无库存生产和无库存销售的基础，可以大幅降低企业的库存成本。第六，企业内部搭建 OA 系统实现无纸办公，降低了管理成本，节省时间、提高效率。通过互联网把其公司总部、代理商以及分布在其他国家的子公司、分公司联系在一起，及时对各地市场情况做出反应，即时生产、即时销售，降低存货费用，采用高效快捷的配送公司提供交货服务，从而降低了产品成本。第七，电子商务平台与传统贸易平台不同，它不是地面店铺，这就大大降低了店面租金。通过相关统计数据显示，企业使用电子数据交换通常可以为其节约5％～10％的采购成本。

4. 优化社会资源配置

虽然当前电子商务在我国已经得到了十分广泛的发展和应用，但是通常不会出现整个行业的所有企业都采用电子商务的情况。因此，在某一行业中较早采用电子商务的企业会在价格、产量、规模扩张、规则制定和市场占有等方面具有比较显著的优势，后来采用电子商务或不采用电子商务的企业的平均成本会相对高于整个行业的平均成本。在这样的背景下，市场机制和电子商务会同时对社会上的人力、物力、资金发生作用，促使这些生产资源从成本高的企业流向成本低的企业，从利用率低的企业流向利用率高的企业，从亏损的企业流向盈利的企业，通过这样的市场调节可以实现更合理的资源配置。

5. 交易效率高

商务报文通过网络信息技术实现了标准化，这就大大提高了商务报文的传递和处理效率，只需要计算机和网络就可以完成原料采购、产品生产、需求与销售、银行汇兑、保险、货物托运及申报等过程，并且相较于人工处理，计算机处理的效率和准确性明显更高。相较于电子商务，传统贸易必须通过信件、电话和传真等方式进行信息传递工作，而这些工作必须有人的参与才能完成，花费的时间也比较长，甚至可能发生因为人工失误原因导致信息没有及时传送，从而失去最佳商机。电子商务是人机结合的贸易方式，绝大部分操作只需要网络和计算机就可以完成，降低了贸易费用和出错率，提高了处理速度，缩短了交易时间，大大提高了交易效率。

6. 协调性

商务是一个需要多方协调才能实现的活动，开展商务活动，需要企业员工、客户、生产方、供货方以及商务伙伴在各个环节中相互协调。很多组织为了商务活动更快捷地展开，提供了交互式协议，电子商务就可以将这些交互式协议作为基础展开活动。在传统电子商务中，利用电子邮件等传达公司内部的解决方案，强化内部协调，但是这只能协调公司内部员工的工作，无法对公司外部的协作进行有效解决。网络可以将供货方、客户等同时连接到公司的管理系统，并且可以通过与系统相连的供货渠道处理客户订单，这样可以大大减少这些环节所耗费的时间，切实有效地提升公司开展商务活动的效率。

二、我国农业发展已经迈入信息化时代

（一）信息化成为现代农业发展的制高点

在当前知识经济时代背景下，科学技术是推动产业发展的核心力量，是推动人类社会持续发展的重要能源。从全球农业生产发展进程可以看出，每一次科技和工具上的重大突破都将农业推上一个新的台阶，推向一个新的历史时期。

信息技术在21世纪得到了飞跃式发展，这在我国的农业生产经营中也有所体现，尤其是随着农业现代化发展的不断推进，信息化技术在农业生产经营中逐渐得到了广泛应用。农业信息化在农业生产经营管理、农业信息获取及处理、农业专家系统、农业系统模拟、农业决策支持系统、农业计算机网络等方面都极大地提高了我国农业生产科技水平和经营效益，进一步加快了农业现代化发展进程。目前，农业信息化的应用和发展主要呈现出以下特征。

1. 农业信息网络化迅猛发展

据估计，全国互联网上的农业信息网站超过5万家。农业信息网络化的发展使广大农业生产者能够广泛获取各种先进的农业科技信息，选择和学习最适用的先进农业技术，了解市场行情、政策信息，及时进行农业生产经营决策，有效地减少农业经营风险，获取最佳的经济效益。

2.“数字农业”成为农业信息化的具体体现形式

随着数据技术的发展，该技术越来越多地应用在各个领域，农业大数据就是大数据的理念、技术和方法在农业领域的具体应用与实践。我国已进入传统农业向现代农业加快转变的关键时期，突破资源和环境两道“紧箍咒”制约、破解成本“地板”和价格“天花板”双重挤压、提升我国农业国际竞争力等都需要农业大数据服务作为重要支撑。

3. 农业信息化向农业全产业链扩散

随着农业信息化的发展，信息技术的应用不再局限于农业系统中的某一有限的区域、某一生产技术环节或某一独立的经营管理行为。它的应用已扩展到农业系统中的农业生产、经营管理、农产品销售以及生态环境等整个农业产业链的各环节和各领域。

当前，网络信息技术在农业领域的应用越来越普及，现代农业的发展离不开对信息化技术的应用，现代农业与信息技术的有机融合为农业生产的各个领域带来了新的活力，以物联网、大数据、云计算、移动互联、人工智能等为主要特征的信息技术和科技手段与我国农业、农村、农民深入跨界融合，为我国由传统农业向现代化农业实现转型升级不断积蓄力量。

（二）信息技术助推农业全产业链改造和升级

从农业全产业链的角度来看，信息技术有效地推动了现代农业全产业链的不断升级，现代农业对信息技术的应用带动了我国农业生产智能化、经营网络化、管理数据化和服务在线化水平的不断提升。

1. 农业大数据积极实践

随着现代信息技术的发展，大数据技术成为广泛应用于各个领域的现代化技术。具体来说，大数据是海量数据的集合，是国家的基础性战略资源，大数据已发展为发现新知识、创造新价值、提升新能力的新一代信息技术和服务业态。农业大数据作为大数据的重要实践，正在加速推进我国农业农村服务体系的革新。基于农业大数据技术对农业各主要生产领域在生产过程中采集的大量数据进行分析处理，可以提供"精准化"的农资配方、"智慧化"的管理决策和设施控制，达到农业增产、农民增收的目的；基于农村大数据技术的电子政务系统管理，可以提升政府办事效能，提高政务工作效率和公共服务水平；基于农业农村海量数据监测统计和关联分析，实现对当前农业形势的科学判断以及对未来形势的科学预判，为科学决策提供支撑，成为我国农业监测预警工作的主攻方向。目前，农业大数据在我国已具备了从概念到应用落地的条件，迎来了飞速发展的黄金机遇期。

2. 电子商务迅猛发展

在"互联网＋"时代，电子商务迎来了飞速发展。电子商务是以网络信息技术为手段，从事商品交换业务的商务活动，是传统商业与网络信息技术的有机结合。电子商务与农产品经营深入融合，突破时间和空间上的限制，正在转变我国农产品的经营方式，农业电子商务依托互联网已经成为推动我国农业农村经济发展的新引擎。一是电子商务加速了农产品经营网络化，解决了农产品"难卖"的问题，增加了农产品销售数量，并倒逼农业生产标准化、规模化，提高农产品供给的质量效益，提高农民的收入水平；二是电子商务促进了农业"小生产"与"大市场"的有效对接，从一定程度上改变了以往农产品产销信息不对称的局面，农民可以主动调整农业生产结构，规避生产风险，提升了农业生产的效率；三是电子商务拓展了农产品分销渠道，解决了农产品销路不畅的窘境，提高了农民生产农产品的积极性。

3. 物联网技术有机融合

物联网技术是信息技术发展到一定程度的产物，也是实现智能化的基础，随着物联网技术与农业生产的有机融合，使农业自动化控制、智能化管理等成为可能，在很大程度上提高了我国农业生产效率。物联网技术基于信息感知设备和数据采集系统获取农作物生长的各种环境因子信息（感知层），结合无线和有线网络等完成信息的传送与共享（传输层），将信息保存到信息服务平台（平台层），基于模型分析，通过计算机技术与自动化控制技术实现对农作物生长的精准调控以及病虫害防治（应用层），降低农业资源和劳动力成本，提高农业生产效率。近年来，随着芯片、传感器等硬件价格的不断下降，通信网络、云计算和智能处理技术的革新和进步，物联网迎来了快速发展期。据统计，2017 年全球物联网设备数量达到 84 亿，比 2016 年的 64 亿增长 31%，2020 年物联网设备数量将达到 204 亿。[①] 未来，物联网在农业生产领域将发挥越来越重要的作用。

（三）精准农业促进农业生产过程高效管理

信息技术在现代农业发展中起到了越来越重要的作用，在农业生产的过程中，依靠网络信息技术基本上实现了精准农业，精准化是现代农业发展的重要特征和趋势。精准农业是按照田间每一操作单元的环境条件和作物产量的时空差异性，精细准确地调整各种农艺措施，最大限度地优化水、肥、农药等投入的数量和时机，以期获得最高产量和最大经济效益，同时保护农业生态环

① 蒋平. 2018 年物联网行业现状分析 中国物联网产业发展取得长足进步[EB/OL][2018-03-23]. https://www.qianzhan.com/analyst/detail/220/180323-d108e508.html.

境，保护土地等农业自然资源。

可以看出，现代农业生产与信息技术具有密不可分的联系，信息技术在现代农业生产中发挥着不可或缺的重要作用。在产前阶段，通过传感器、卫星通信等感应导航技术可以实现对农机作业的精准控制，提高农机作业效率；在产中阶段，通过精准变量施肥、打药控制技术可以实现肥料的精确投放，提高肥料利用效率；在产后阶段，利用采摘机器人可以实现对设施园艺作物果实的采摘，降低工人劳动强度和生产费用。

（四）信息化成为破解农业发展瓶颈的重要途径

改革开放以来，我国在各个领域获得了飞跃式发展，农业领域同样得到了长足发展，我国农业综合性得到了快速提升，但不可否认的是，我国农业生产整体水平仍然处于传统农业生产阶段，当前最主要的任务是推动我国农业的现代化发展。人口的增长、资源的短缺以及环境污染的日趋加重严重制约着我国农业的可持续发展，迫切需要转变农业发展方式，加快农业结构调整，而农业信息化建设成为破解以上难题的重要途径。

1. 人口增长和资源约束，要求我国提高农业生产能力

改变传统的生产方式，迫切需要突破产业发展的技术瓶颈，而信息技术在这方面将大有可为。目前，我国农业信息化建设在数据库、信息网络、精细农业以及农业多媒体技术等领域都取得了一定突破，成为我国农业提质增效、破解发展瓶颈的新引擎。

2. 农业生产影响因素多，要求我国提高信息收集和处理能力

我国农业属弱势产业，受自然因素、经济因素、市场因素、人为因素影响较大，对信息的需求程度要高于其他行业。开发农产品供需分析系统、市场价格预测系统和农业生产决策系统等，可辅助农业生产者合理安排相关生产，减少生产盲目性，最大限度地规避来自各个方面的风险。

3. 基础知识和技术支撑限制，农民信息能力较差

由于信息技术在农村地区普及较晚，导致我国农民信息资源利用的意识和积极性不足，缺乏有效利用信息技术的知识和能力，农业信息传播效率不高。信息进村入户工程通过开展农业公益服务、便民服务、电子商务服务、培训体验服务等途径，提高农民现代信息技术应用水平，正在成为破解农村信息化“最后一公里”问题的重点农业工程。截至 2018 年底，全国建成运营益农信息社 27.2 万个，提供公益服务 9579 万人次，开展便民服务 3.14 亿人次①。为农民打通了信息获取通道，探索出了一系列切实可行的农业农村信息化商业运行模式。

三、推动农村电商发展的主要因素

（一）电子商务发展的趋势

电子商务随着互联网发展而产生和发展，我们可以从生产生活的各个方面看出，互联网在不断地推动着各行各业的变革，同时让人们从社会、文化的角度对互联网的意义、价值和本质有了新的不同层次的理解。互联网自 20 世纪 60 年代开始萌芽，仅仅半个世纪的时间就使人们的生产生活发生了翻天覆地的变化。

互联网是一个自由空间，在这个虚拟空间内可以实现更快速、更经济、更直观以及更有效的信息传播，正因为信息传播的不断升级，才为电子商务的产生和发展提供了可能。国内的电商发展时间虽然不长，但是目前影响力极大。

(1) 网民规模。截至 2018 年 6 月，我国网民规模达 8.02 亿，互联网普及率为 57.7％；2018 年上半年新增网民 2968 万人，较

① 农业农村部：2018 年我国农业数字经济占行业增加值比重达 7.3％[EB/OL]. http://www.xinhuanet.com/2019-05/08/C_1124466931.htm.

2017 年年末增长 3.8%；我国手机网民规模达 7.88 亿，网民通过手机接入互联网的比例高达 98.3%。[①]

(2) 发展速度。无论是 PC 端的网络发展，还是移动端的网络发展，其速度都是相当快的，尤其是移动端的业务目前增长依旧迅速。

(3) 网络交易。2018 年"双十一"期间，全网最终销售额达 3143 亿元，同比增长 23.8%。[②] 网络交易已经成为商品交易中不可缺少的一部分。

(4) "互联网+"。"互联网+"在 2015 年 3 月从民间提倡成为国家的一项方针战略，本质就是互联网化，包括互联网化的信息、互联网化的消费、互联网化的企业、互联网化的产业、互联网化的智能等。

（二）农业变革的潜力

农业是所有行业的根本，其庞大的影响力决定了其在互联网时代变革的必要性以及变革的潜力。在投资者看来，农业是最具变革潜力的蓝海，有着远超过其他行业的商业价值。

第一，农村电商依旧处于起步阶段，虽然出现了各种电商平台，但是相较于农业市场而言仍然只是极小的一部分。空白多，就意味着机会多。第二，电商平台对于各行各业的渗透也是证明行业潜力的一个表现。农村电商市场容量巨大，将是万亿量级，所以电商平台争相布局。第三，新时期的农户群体已经与传统的农户有着较大的区别，具备互联网思维的新农户逐渐崛起，为农业的变革提供了更多可能。第四，与其他行业相比，农业领域是政府工作在过去和未来长期不变的关注重点，在资金加大投入、政策多方扶持上不会发生变化。

---

① 第 42 次《中国互联网络发展状况统计报告》[EB/OL]. http://www.cnnic.net.cn/hlwfzyj/hlwxzbg/hlwtjbg/201808/t20180820_70488.htm.

② 2018"双十一"全网销售额 3143 亿元　金融基础设施助力"双十一"[EB/OL]. http:finance.eastmoney.com/a/201811139838778 76.html.

（三）国家政策的促进

国家政策对于农村电商发展的影响深远，尤其是政策的刺激作用能够促进农村电商的整体发展，具体内容如图 1-1 所示。

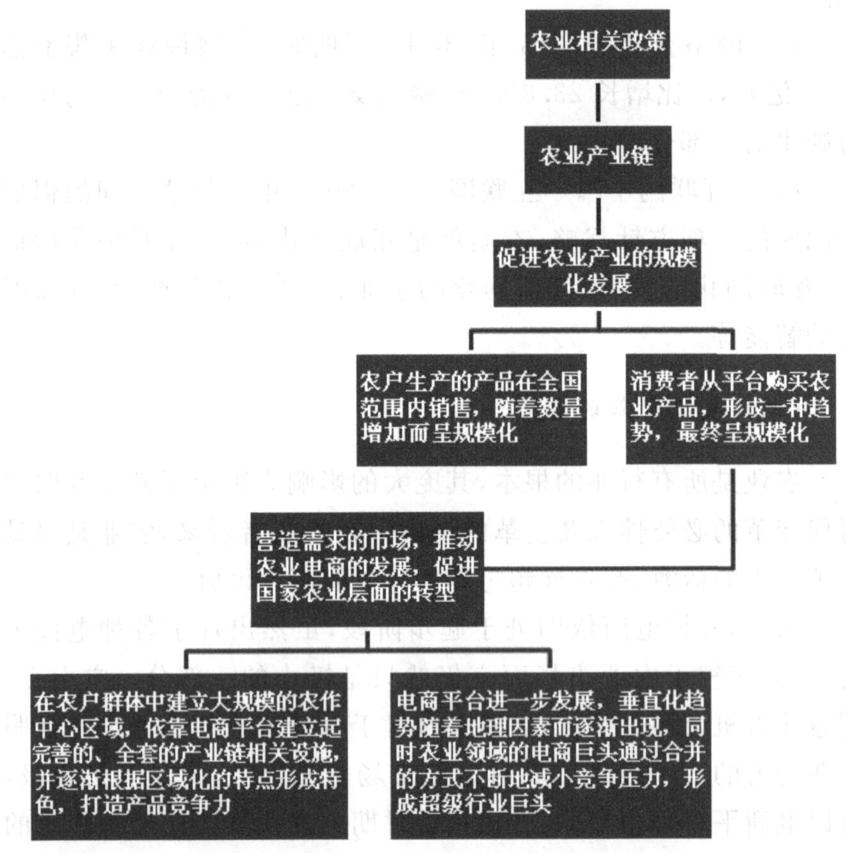

图 1-1 国家农业政策对农村电商的影响

（四）产业升级的必然

近年来，我国屡次出现食品安全问题，这对社会成员的身心健康造成了严重损害，促使人们越来越重视食品安全问题，寻求更安全的食品，而农产品以其纯天然的特色深受大众的欢迎，需求量大增。目前，农业的发展状况无法将需求直接变为农户的收入，这就决定了产业升级的必然性，如图 1-2 所示。

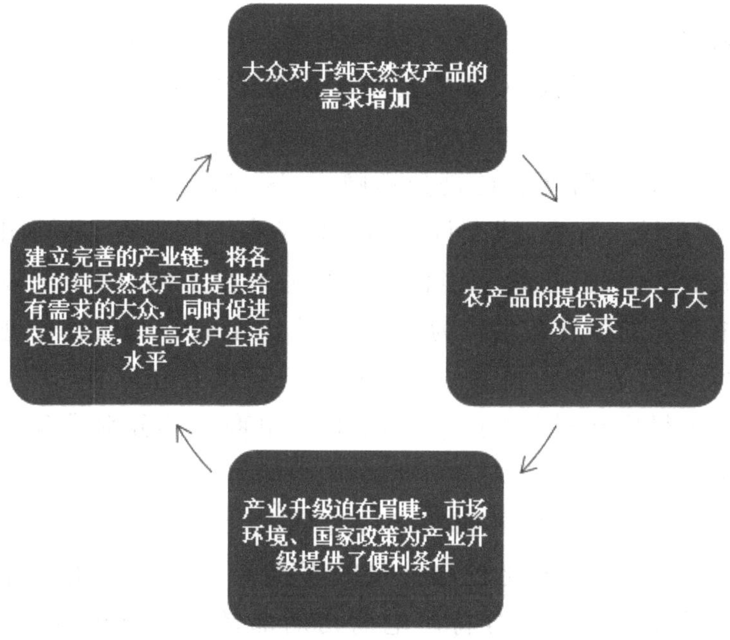

图 1-2　产业升级促进农村电商产生

第二节　农村电商的发展现状

一、农村电子商务面临的挑战

（一）产品供应链面临挑战

从农村电商上行的角度看，在农村电商的发展初期，主要挑战来自政策和基础设施，发展中期面临的主要挑战体现在运营能力和人才方面，发展到成熟阶段，竞争焦点则是供应链。而且，电商平台在发货速度、包装品质两方面的要求随着消费者需求水涨船高，供应链管理成为核心竞争因素。对供应链的要求，第一是品质，第二是敏捷度。

品质就是从特产采货源头的品质把控，加工生产商的生产质检，到最终的仓储、发货过程等所有消费者接触点的品质。敏捷度强调的是协调电商销量变动和生产产能冗余量之间的矛盾。正确地理解这个问题对于农村电子商务的健康发展具有重要意义。电商销售存在比线下销售更为剧烈的波动。在终端网店销售时，无论是直营网店还是分销网店，这些终端往往不存在库存问题，而是统一库存，成交订单和发货是在不同地方、不同团队之间完成的。因此，与线下销售存在缓冲库存不同，电商销售总仓或者核心仓的库存数量较为集中，供应链主要针对核心仓进行补货，常常不存在多仓调货的灵活性。一旦核心仓库存告急，则意味着压力很快来到了生产端，加上特产电商大部分都是现产现销的中小型品牌，所以库存水平和生产端的协调难度很大。

农村电子商务发展初期，通常订单总量比较小，销售网络也比较单一，只要保证比较小批量的库存就可以有效地抵御电商销量的波动性。大部分特产电商初期都是自产自销，如果出现销量瞬时暴涨的情况，也都可以通过几天的加班加点抢回库存水平。但这样的衔接其实是非常脆弱的，当销量的波动和峰值超过加班加点的补货能力时，比如参加平台活动，单日订单量超过3～4周订单总数，这时库存水平会瞬间见底。平台往往对发货速度有要求，如果发货太慢，导致店铺总体发货评分降低，则影响店铺的发展。

从这个角度来看，产能是实现敏捷供应链的基本条件，对于普通手工加工来说，只可能创造十分有限的产能，通过加班加点创造更多产能很可能导致质量下降。这是供应链端最大的制约，对很多没有准备的特产电商而言，如果不是工业化标准生产的产品，很快就会遇到这个问题。一般在特产产业带，利用进货市场可以解决这个问题，如丽水庆元的竹制品批发市场，当自身产能不够时，可以通过市场拿货、激光打标的方式临时提升库存水平。

在并未形成产业带、批发市场的情况下，商家之间需要寻求供货合作，通过互为供货方的方式形成一定的销售网络，从而形成供商品交换存在的虚拟市场。这一点，在原来的农村企业中是不存在的，大家各自为政，因为在线下商业中，订单和渠道是关键，一旦掌握一个渠道，在允许的供货周期内，商家会想办法一家搞定订单，而供货周期的容忍度也比较宽。但在电商时代，供货周期极短，要求的敏捷度很高，不存在这样乐观的缓冲周期，并且全国市场的打开并不是一家特产商家的任务，而是一整个村镇、一个县的任务，消费者今天吃A也可以，换作吃B也可以，终端消费者流量会随着供应侧品质提升而增长。所以，特产类的农村电商上行，就需要同村镇、同县的同类企业尽可能抱团形成库存水平互为缓冲的合作模式，代替以往单打独斗的模式。

（二）三段物流存在困难

物流始终是困扰农村电商发展的重要问题，在产品已经形成标准且成为爆款后，商家必须重视产品包装方式的优化，这不仅是指产品自身的包装，同时还需要对快递包装进行合理优化，以及需要对快递包裹中服务类附件的优化。特产对包装有特定的要求，目前在工业类的供应网站上都可以找到为电商产品定制包装的供应商。附件供应商也已经较为成熟，只要具备了包装优化意识，就可以找到供应商来完成设计和生产。

农村电子商务与城市电子商务不同，其具有一定的特殊性，这是因为其面临着更困难的三段物流，因此商家在包装优化时要考虑到这个问题，第一段是省际、市际干线物流；第二段是从市到县或村；第三段是从村到末端的消费者手中。

对于农产品上行和工业商品下行来说，在物流方面最难解决的问题是农村物流的第一段和最后一段。农村居民居住分散，快递单个取件和送件的成本都很高，这就意味着农村居民无法像城市居民一样享受电商送货便捷的服务。居住区较密集的村落，尚可选择建立代收发点的形式折中解决问题，居住区较分散的地区，居民取送包裹就相对困难。就像笔者老家父母收包裹，都是寄给镇上开店的亲戚代为接收，幸运的是笔者家距离镇上只有一公里距离，还算较为方便，但是距离再远就无法解决配送问题。

三段物流存在的困难不仅体现在末端配送方面，对于生鲜农产品来说，还存在不可避免的存储问题。不同的生鲜农产品对存储和运输条件的要求不一样，有需要冷冻的、需要冷藏的、需要防挤压的、需要通风的等限制条件，造成生鲜物流不仅成本高昂，还不容易拼单合并配送。目前，市场上一些大品牌的生鲜配送都是自己解决物流问题，而小商家只能选择泡沫塑料盒加干冰等简单的包装形式来尽量解决物流问题。目前，中国 14 亿人口只有 7 万余辆冷藏运输车，平均 2 万人才能拥有一辆，而日本和美国平均 800～1200 人就有一辆冷藏车，美国和日本的便利店里都有用于饮料冰镇的冰块销售，而在中国几乎没有见过专门销售冰块的，足以看出美国和日本的平均冷链运输成本比中国要低很多。

在优化包装时必须充分考虑运输距离远、周折多的问题，同时需要转变曾经主要面向工业品而形成的存储运输条件，使之适应农副类特产商品的存储运输要求。杭州市的余杭塘栖的枇杷，是极其难以运输的，稍微碰撞，当天就烂。塘栖枇杷商家长途运输采用的包装是类似超市鸡蛋盒子，一个枇杷一个位子，同时为了透气，采用的是纸板盒子，为了防止枇杷和纸板盒子之间碰撞，在枇杷外包裹了另一层纸，如果是通过快递递送，还要加上保鲜保湿用的冰袋。这样才能够将枇杷这种极其难运输的特产通过快递在 48 小时内送到目的地，实现保鲜保质。因此，这样做之后，在没有枇杷的地方，枇杷就有成为爆款特产的优势。在此之前，有商家尝试使用冻干技术加工枇杷干，这也是思路，但因为枇杷的口碑只存在于产地附近，国内其他地区并没有对枇杷的认知，所以这是一个潜力股市场，尚未充分开发。在全国各地，这样的特产案例还有很多，而在网购消费者端，则是“吃货”觅食无门，一直有寻找新口味的需求。特产电商还存在大量机会。

（三）农村电商人才培养问题

从目前农村电商快速增长的趋势来看，农村电商人才仍存在较大缺口，不利于农村电商的发展。有些农村地区自身拥有优质的产品和便利的交通条件，却因为缺少优秀的电商人才，导致当地的电商事业运作不起来。因此，要使农村电商取得有效发展，亟需大量人才。人才一是靠引进，二是靠培养，然而，就目前情况来说，大量引进外来电商人才是不现实的，当前仍然较明显的城乡差距使得极少有人愿意放弃城市里的优越条件走向农村。眼下最可靠的做法就是根据自身实际情况，在政府的大力引导下，由企业、乡镇和农民共同参与，联合培养优秀、合格的电商人才。

一些农村电商从业者或缺乏管理经验，或不了解创业相关知识，或对网店设计知之甚少，在运营推广、数据分析等方面均存在短板，农村电商人才数量缺口较大，对相关专业知识的培养需求也十分迫切。

随着各级地方政府不断加强对农村电商的重视，许多乡镇纷纷开设了电商培训班，目的是为当地培养更多的专业电商人才，但实际效果往往并不明显。究其原因，一是现阶段农村电商人才的培训体系过于简单。不少电商培训班只教了入门级的知识，比如如何注册和上传产品，对于更进一步的运营管理部分却很少涉及，这一方面导致一些农村电商创业者对农村电商的认识和理解产生误差，另一方面也浪费了大量的资源。二是对于农村电商培训的执行不到位。一方面，有些地方政府把开设电商培训班做成了表面化的工作，只求形式不求实效。另一方面，一些参加培训班的农民实际上从事电商行业的兴趣和决心并不大，有的甚至只是为了钻政策扶持的空子。

另外，由于农村经济发展相对滞后，广大农村的青壮年劳动力多在外务工，留守农村的以老人和儿童居多，随着农村城镇化建设的逐步加强，一些有条件的农村居民开始移居城市，导致农村人才越来越少。同时，电子商务作为一种新兴商业模式，打造一个经得起市场考验的平台或品牌往往需要几年甚至更长的时间，这需要电商从业者的潜心钻研和耐心持久的努力，而非速效速成。有些农村电商从业者难以坚持，短期内得不到回报可能就干脆转而外出务工或者转行，这也使得在实践中提升电商专业知识和技能成为空谈。

如上所述，电商人才培养问题仍然没有得到真正有效的解决。对此，农村各级政府应在乡村振兴战略视野下，从各地实际情况出发，进一步完善农村电商人才培养机制，充分发挥政府主导作用，主动承担起管理责任，多措并举，充分发挥政府在农村电商人才培养过程中的关键作用。一方面，要从吸引人才、留住人才的角度出发，制定各种优惠政策，吸引优秀的专业电商人才到农村电商企业中就职，同时要鼓励和支持外出人才回乡创办电商企业，并给予一定的政策支持，让这些具备电商经验的专业人才能够安心在农村地区发展创业。另一方面，要进一步加强农村电商培训的规范化。当前，一些农村地区对于农村电商人才的培养还处于盲目性和粗放式的培养阶段，缺乏培训的针对性。在农村电商培训中应该对培训对象加以选择，挑选一些对电子商务有浓厚兴趣、思维活跃、有创新精神的培养对象进行重点培养，培养真正专业的农村电商人才，一旦他们取得了成功，就能以榜样的力量带动更多人参与到农村电商发展之中。在具体的专业技能培训过程中，还应有针对性地对农村电商所需的专业知识加以重点培训，例如，营销管理方面注重网络营销、客户关系管理、美工设计三种技能；运营策划方面对项目策划与执行、组织规划、信息资源管理三项技能最为关注；技术类岗位加强库存管理、财会工作、在线采购等技能的培养。

二、农村电子商务面临的机遇

（一）“互联网+”深入链接三农

随着网络技术的不断发展，党和政府越来越重视互联网在推动行业发展和社会进步方面发挥的作用，并提出了“互联网＋”这一重要发展战略。随着党中央、国务院发布的“互联网＋”行动计划、农村电子商务发展指导意见、农业现代化建设等总体部署的实施，互联网越来越成为发展现代化农业、培育新型农民和建设社会主义新农村的时代背景，也成为解决“三农”问题的有力工具。今后相当长的一段时期，“三农”问题将继续是我国发展面临的一个重要问题，为顺应这个趋势，应履行好“三农”工作职责，推进互联网技术和互联网思维在农业发展、农村建设工作中的全面应用，不断发挥“互联网＋”在“三农”工作中的加速效应。

我国根据当前的发展现状和未来的发展目标，以“十三五”为整体框架，农业领域也迎来了一个新的发展期。其中，一个重要的点就是实行“土地三权分置”。它将原有的承包经营权一分为二，承包权还是归农民，经营权可以流转给非农户，在本质上给予了农民更多的经营资源。

三权分置即对于土地资源政策的再调整，符合现阶段社会经济发展的一般规律。它进一步明晰了土地产权关系，更好地维护了农民集体、承包农户以及经营主体之间的利益关系；同时促进了土地资源的合理利用，有利于构建新型农业经营体系，发展多种形式适度规模经营，提高土地的产出率，有利于推动“互联网＋现代农业”的发展。

第一，提高信息化与机械化应用水平。一方面，国家将大力推进信息化与农业深度融合，加快实施“互联网＋现代农业”的行动计划，强调加强物联网、智能装备在农业领域的推广及应用；另一方面，国家也将重视提高我国农业在生产过程中的机械化水平。

第二，财政补贴重点倾向农业合作社、专业大户和农业龙头企业等农业经济组织。未来，带动能力更强的农业经济组织通过规模化发展带动农民致富成为主旋律。农业合作社、专业种植大户以及一些农业龙头企业作为农产品供给的主体，也是推进农业现代化的主体，将会是财政支持的最大受益者。

第三，农业结构调整顺应生态化发展道路。国家政策导向将通过农业结构调整，促进国际、国内两个市场联动发展，这也对应了农业供给侧结构性改革的大方向。注重缓解耕地、水等自然资源的压力，使得经济与生态环境一体化发展；同时注重由农业数量转向数量质量协同发展，更加注重效益。

第四，鼓励规模农业发展，推动农业现代化。为了推进农业现代化建设进程，农业改革的力度将会继续加大，国家将鼓励规模农业发展，尤其是以粮食增产的规模化经营组织将成为重点支持对象。

为了推动"互联网＋"深入链接"三农"问题，让"三农"搭乘信息化发展的快车，不仅要加强农村信息化建设、人才培育体系建设以及物流等供应链体系建设，还要充分整合政府、企业以及社会各界的资源，构建起一个本地化的"互联网＋三农"生态圈，满足农民对于生产生活的需要。

（二）农村电商发展带动人才回流

过去，农村年轻劳动力总是选择离开农村到城市谋求发展，但是随着创新、创业在农村不断推进，越来越多的农民工、中高等院校毕业生、退役士兵和科技人员等到农村创业创新，为推进农业供给侧结构性改革、活跃农村经济发挥了重要作用。农村电商"赶街模式"的创始人潘东明就是返乡创业的杰出代表。

可以看出，随着农村电商的发展，返乡创业直接带动了人才回流。随着相关优惠政策的普及和发力，返乡创业创新氛围日益浓厚，人才回流效果明显。据统计，近年来农民工返乡创业累计达到了450万人，还有约130万居住在城镇的科技人员、中高等院校毕业生等下乡创业创新。[①] 截至2016年9月底，注册地在县和县以下区域的农村网商达800多万家，带动就业超过

① 农民工返乡创业人数达450万[EB/OL]. http://www.gov.cn/xinwen/2016-12/02/content_5141650.htm.

2000万人。[①]

在返乡创业的浪潮下，很多高校毕业生、城市工作的专业人才等加入这一浪潮，他们通常拥有出色的技术能力和充足的知识储备，并且具有较强的创新意识，为地方县域发展带来了充足的活力。返乡人员创业创新，有利于将现代科技、生产方式和经营理念引入农业，在地方上探索、发展农村电商。带来的好处有：一是提高农业质量效益和竞争力；二是有利于发展新产业、新业态、新模式，推动农村第一、二、三产业融合发展；三是激活各类城乡生产资源要素，促进农民就业增收。

（三）技术强化推动美丽乡村建设

“三农”问题一直是我国发展面临的一个重大问题，也是我国发展的时代问题。“三农”问题的重要性从我国每年发布的中央一号文件中就可以看出，几乎每年的中央一号文件都会提到“三农”问题，但从实践中看，虽然有政府的高度重视、政策的大力倾斜，但是它既受历史背景、自然环境等客观条件制约，又受管理粗放等人为弊端的影响，我们依旧很难从根本上解决“三农”存在的问题。

随着现代信息技术的发展，尤其是随着移动互联网时代的来临，网络已经成为农村地区最主要的信息获取渠道之一，因为网络具有信息容量全面、更新及时、查询便捷等优势，获得了广大农民的青睐。无论是从技术储备层面、平台组织层面，还是消费升级层面、市场需求层面，我们都处在历史最佳变革的窗口期，这也是彻底解决“三农”问题，推进农业供给侧结构性改革的最好契机。美丽乡村建设要乘着“互联网＋”的东风，充分利用好科学技术，让广大的群众唱主角，为农民搭好戏台子，搭建一条获得政治、经济、精神文化的新通道。

---

① 互联网普及电商“进村”带动就业超2000万[EB/OL]. http://b2b.toocle.com/detail-6378365.html.

20 世纪 20 年代初，晏阳初、梁漱溟、卢作孚等发起了“乡村建设运动”，我国的乡村改造发展自此拉开序幕，我国的农村现代化改造历史已经有近 100 年。随着时代的发展，我国的“美丽乡村建设”已经进入 4.0 时代。在此背景下，美丽乡村建设更注重融合当地的自然环境和人文风貌，结合现代化科技元素，以创新的理念、现代化的手法把“美丽乡村”做出不一样的韵味和特色来，不但要求形式和内容创新，也追求在服务方式和商业模式上的创新，以此从激烈的市场竞争中脱颖而出，满足市场消费升级的需要。就如浙江莫干山的艺术民宿一样，必须是高标准设计、高标准建设、高水平运营，才有可能打动和吸引外来消费者，如图 1-3 所示。

图 1-3　浙江省莫干山民宿

乡村和企业想要借助当地的旅游资源实现发展，就必须掌握本地旅游资源的特色和优势，充分发挥“互联网＋”带来的能量势能和技术优势，以全新的思维模式和创新手段超前开发出新潮的乡村旅游产品和特色服务，将“美丽乡村建设”做到极致。

建设美丽乡村不仅仅是指对农村样貌进行改造，更重要的是促进农业升级发展，促进农业实现现代化、产业化和生态化。2017年中央一号文件中提到“强化科技创新驱动，引领现代农业加快发展”这一观点。在该文件中，分别对促进农业发展的科技研发与推广、科技创新激励机制、科技园区建设以及农村人力资源等多维度提出了具体要求。它将更为注重组织联盟的影响作用，这侧重体现在农业科技研发与推广两个阶段。

(1) 农业科技研发阶段：建立一批现代农业产业科技创新中心和农业科技创新联盟，推进资源开放共享与服务平台基地建设。

(2) 农业科技推广阶段：建立农科“教产学研”一体化农业技术推广联盟，支持农技推广人员与家庭农场、农民合作社、龙头企业开展技术合作。

2018年中央一号文件强调实施乡村振兴战略，指出我们要“坚持农业农村优先发展，按照产业兴旺、生态宜居、乡风文明、治理有效、生活富裕的总要求，建立健全城乡融合发展体制机制和政策体系，统筹推进农村经济建设、政治建设、文化建设、社会建设、生态文明建设和党的建设，加快推进乡村治理体系和治理能力现代化，加快推进农业农村现代化，走中国特色社会主义乡村振兴道路，让农业成为有奔头的产业，让农民成为有吸引力的职业，让农村成为安居乐业的美丽家园”。

第三节　农村电商发展的意义

一、农村电子商务促进了农业产业链的延伸

农村电子商务的发展有效地延伸了农业产业链，促进了农村第一、二、三产业融合。农村电子商务基于计算机、互联网等现代信息技术，为从事涉农领域的生产经营主体提供在网上完成产品

或服务的销售、购买和电子支付等业务过程，实现快速可靠的网络化商务信息交流；突破了农产品从小农户迈向大市场的瓶颈，发展了“订单农业”，加快形成了符合农业现代化要求的农业经营组织形式和运行机制。

农村电子商务是搭建在互联网平台上的新的农村农业发展形式，它突破了时间和空间的限制。农村电子商务凭借现代信息技术对各种资源进行整合，打破传统交易中信息传递与交流的限制，不仅能实现网上广告、订货、付款、客户服务和货物递交等销售、售前和售后服务，而且采用网络交易平台还能够将少量的、单独的农产品交易规模化和组织化，带动与农产品销售相关的金融、物流、交通、运输、电信等第三产业的发展，加快了农业产业化进程。

此外，农村电子商务还可以与休闲农业有机结合以延长农业产业链。随着农村电子商务的发展，农村产业结构得到了进一步调整和优化，推动了农村第二、三产业的发展，提高了农业的综合效益；有利于农村剩余劳动力转移和就业，为增加农民收入创造了条件；有利于城乡的人员、信息、技术、观念的交流，不仅使城市人了解和体验农业，而且有利于农民转变观念和提高素质，加强城乡互动，促进城乡协调发展；有利于挖掘、保护和传承农业文明，保护农村资源和生态环境，实现农业的可持续发展。

例如，吉林省农业综合信息服务有限公司大力发展农村电子商务，依托于现代信息技术打造了“互联网＋流通＋服务”的吉林省农村电子商务发展模式，利用互联网、手机等信息传播载体，面向“三农”领域开展农业综合信息服务，形成互联网增值业务、通信增值业务、信息服务增值业务以及创新型增值业务四大主营业务。在全省建设开犁电商信息服务站 2800 余家，建成开犁网、开犁信息、开犁物联、开犁溯源、开犁健康等 12 大服务平台，打造“互联网＋流通＋服务”的电商服务模式，如图 1-4 所示。①

① “互联网＋”优秀案例：整合资源 另辟蹊径 打造“互联网＋服务＋流通”农村电商发展模式——吉林省农业综合信息服务有限公司[EB/OL]. http://www.moa.gov.cn/ztzl/scdh/sbal/201609/t20160905_5264902.htm.

图 1-4　开犁网

二、农村电子商务提高了农产品消费的便利性

农村电子商务不仅为农业生产者和农业经营者提供服务，同时还为农产品消费者提供服务。随着农村电子商务的不断发展，农产品消费的便利性也得到了显著提升。

农村电子商务提升农产品安全水平。农村电子商务充分利用农业物联网、农业大数据、农业监测预警技术，使消费者有条件更好地识别农产品来源及安全状况。农村电子商务中的许多农产品在种植、加工、包装、销售过程中更加便利地进行质量追溯，有利于提升农产品质量安全水平。

第一，农村电子商务为消费者搭建了相互沟通交流的桥梁，使消费者与消费者之间能在线上和线下沟通和互动，同时形成消费者对品牌的自发宣传，成为促进品牌发展的推力，释放农产品的市场潜力。

第二，农村电子商务增强商家与消费者之间的互动性。农村电子商务平台利用数据分析可以了解消费者个性需求，利用电商三方互动活动可以提高消费者在农产品生产过程中的参与感和主人翁意识，让消费者对生产者有主观的感受，有利于农产品的消费。

第三，农村电子商务为农产品提升品牌化提供了有效途径。农村电子商务更容易产生品牌认可度、平台认可度、厂商认可度，加强农村电子商务建设，在经过市场考验后，一种讲信用、讲质量、讲信誉的产品会得到广大消费者的认可，有利于形成品牌化产品。

广西玉林市春茂食品有限公司是一家从事高档肉鸡食品加工的企业，同时该企业还从事活鸡、初生土鸡蛋、有机米、黄金橘、玉林牛巴等产品的食品加工，一直致力于为消费者提供健康美味的食品。该企业承诺“无论你住在哪里，只要你坐在电脑前。只需要轻点鼠标，3 天后就有一只宰杀好的新鲜土鸡送到你的餐桌上”。这种“鼠标买鸡”的互联网新模式为消费者提供了更多样、更便捷的选择，让消费者更便利、更放心地购买到土鸡产品，足不出户就能吃到正宗的玉林土鸡。春茂食品不仅建立了金大叔好吃鸡网（见图 1-5），还开设了天猫旗舰店，使消费者更方便地购买产品。[①]

图 1-5　春茂食品金大叔好吃鸡网

三、农村电子商务促进了农业产业新形态的培育

农村电子商务的发展促进了新农业产业形态的形成，在互联网环境下，实体农业与虚拟农业紧密结合，催生了信息时代的新型农业，也推动了新农民的出现与崛起。

---

① 【“金大叔好吃鸡网”打造鼠标买鸡新模式】——红云可视产品论坛[EB/OL]. http://bbs.butel.com/forum.php? mod=viewthread&tid=667.

农村电子商务推动创意农业的产生和发展。创意农业是以附加值文化为理论核心，瞄准农业高新技术发展前沿，着力构建创意农业理论创新体系，为形成城乡经济社会发展一体化新格局提供有力支撑，推进社会主义新农村建设。创意农业充分调动广大农民的积极性、主动性、创造性，改善农村生活方式，改善农村生态环境，统筹城乡产业发展，不断发展农村社会生产力，达到农业增产、农民增收、农村繁荣，推动农村经济社会全面发展的目标。创意农业需要在具体的产业上来实现，而农村电子商务就为其提供了平台，将创意生产方式、管理方式、营销方式集合起来，有利于产品的生产、管理、营销，推动创意农业的发展。

农村电子商务推动了新农民的出现与崛起。现代信息技术的发展对农民提出了新的要求，农民是涉农电子商务的核心市场主体，因此，农民为了跟上时代潮流必须做出改变，要以新农民的身份参与信息化时代下的农产品生产、流通的各个环节。相较于传统农民文化低、学历低的形象，新农民深受现代教育的培养与熏陶，具有较高的文化水平和较强的创新意愿，不仅对农村经济社会有深刻的认识，还懂得互联网经济的技术、规则与模式，能够利用互联网改造传统农产品生产方式和流通过程。

例如，甘肃省酒泉有种网交易中心有限公司十分重视人才培养，开展了酒泉市直部门、各乡镇、有关企业创业辅导，培训5000多人，与酒泉市七个县市区签订了一县一品特色农产品开发合作，并选择18个乡镇建立起村级综合服务示范店；聘请创业科技能手23名，作为种子交易电商平台众创空间的科技特派员，负责项目咨询、研发指导、成果交流等指导工作，为1000多名大学生提供了一个良好的创业平台及就业机会，在发展的同时将会更好地服务于广大农民，为新农民创业创新服务。

四、农村电子商务推进了农业生产收入的增加

实施乡村振兴战略，推动社会主义新农村建设，核心是增加农民收入。随着经济社会的发展，传统农业经营管理模式无法满足日

益增长的社会需求，农村电子商务作为一种新型的商业模式，促进了农业产业化调整，优化了农业生产结构，降低了交易成本，扩大了农产品市场销售范围，为农业生产增收提供了强有力的支持。

农村电子商务作为一种新型商业模式，有效地缓解了农户的信息不对称问题，降低了农产品市场交易成本，为农民提供了数量更多、内容更丰富的机会，有利于降低市场风险，带动农业市场化，倒逼农业标准化，促进农业规模化，提升农业品牌化，推动农业转型升级、农村经济发展、农民创业增收。洪泽爱食派水产有限公司建成集水产批发销售、美食、蟹苗培育、养殖、蟹饲料供应、农产品电子商务、冷冻冷藏、物流配送、农产品检测等综合性市场，企业摸索出了以洪泽湖螃蟹等为主要生鲜产品的电子商务销售模式，取得了较大的突破。服务于洪泽及周边水产养殖的基地面积扩大，农业加工型企业数量增加，总服务人口增加，人均收入也有所提高，这种商业模式有效地带动了农民脱贫致富。

黑龙江省龙蛙农业发展股份有限公司是一家上市企业，其主营业务为农业种植开发、农产品加工销售。该公司把握住了信息时代新机遇，以市场为导向，打造了“企业＋村委会＋合作社＋金融机构＋农户”的互联网时代农业发展模式，与先锋镇四段村和沿江村紧密联合，与当地合作社和农户紧密融合，大力推行标准化生产，全力打造智慧可追溯农业体系，不断扩大电商渠道的市场销售空间，有效推进了“三产融合”，实现了农企共赢、复合发展。2015 年，企业销售收入比上年增长 18％，利税增长 26％，辐射带动农户 1500 余户，户均增收 10000 余元。[①]

五、农村电子商务促进了脱贫攻坚工作的推进

从农村电子商务的发展实践中可以看出，其发展可以为农民提供创业机会，农民即使选择不创业也可以获得大量工作机会，

① 绥化建设复合型经营主体打造“黑土粮仓”[EB/OL]. http://news.xhby.net/system/2016/08/15/029413628.shtml.

甚至那些身体残疾的贫困者也可以借助农村电子商务获得新的发展机会，更好地实现自我价值。

近年来，我国农村电商不断发展，农业产业链也得到了延伸和完善，农民不仅可以通过在网络平台销售产品来提高收入，还可以带动诸如农业、手工业、物流、网店服务等电商相关行业以及餐饮、住宿、旅游等服务业的发展，由于农村电子商务的产业工作特点与传统农业不同，因而电子商务的发展不仅可以为一般居民提供机会，还可为贫困地区的人员提供就业致富机会。

搭建于互联网的农村电子商务打破了城乡二元格局，破除了时空限制，尤其是对于那些偏远闭塞的贫困地区的居民来说，为他们进入市场提供了条件，为贫困居民创业发展、脱贫致富提供较大的发展空间。正因如此，电商扶贫不仅能够扶贫，而且以市场和效果为导向的工作评价原则更契合扶贫开发的根本出发点，更有利于精准扶贫战略的真正落实。

精准脱贫是我国发展的重要任务，而农村电子商务在脱贫攻坚战中起到了重要作用，这种新型商业模式为农村发展、农业发展、农民致富提供了新途径、新机会。甘肃省陇南市积极推进“电商扶贫”，带动了贫困群众就业增收。陇南市委、市政府立足陇南实际，紧跟时代步伐，把互联网作为经济发展的重要载体，通过电子商务将陇南的优质农特产品与外面的大市场有效对接，促进了农民增收、农业增效，探索出了一个贫困地区发展农产品电子商务的“陇南模式”。2014 年，陇南市被国务院扶贫办确定为全国首个电商扶贫示范市，荣获“2015 中国消除贫困创新奖”和“全国电商扶贫示范市”荣誉称号，走出了一条符合陇南实际、具有陇南特色的精准扶贫、精准脱贫之路。2016 年，陇南市新增网店 1715 家，全市网店总数达到 10389 家，实现农产品网络销售 30.35 亿元，累计达到 64.59 亿元，新增就业 17522 人，累计达到 7.18 万人，电商扶贫对贫困群众的人均收入贡献额达到 620 元。①

---

① 十九大时光|五大发展理念的“陇南实践”[EB/OL]. http://www.longnan.gov.cn/4647968/5305477.html.

北京新立方信息科技有限公司打造了瓜熟蒂落农村电商平台，通过该电商平台连接了乡村特产和城市餐桌，该平台致力于中国乡村非物质文化遗产的传承，是一种“移动互联网＋农业”的现代农村电商创新模式。瓜熟蒂落农村电商平台主要是基于全国瓜熟蒂落乡村服务站，整合周边优质农特产资源，通过瓜熟蒂落独创的“选品体系”“供应链体系”“品牌孵化体系”“老农明星化体系”“匠心传承体系”“乡村买手体系”将优质农特产品从产地直发到城市餐桌。带动贫困户近千家，为周边农民创收近百万元。

青海省开泰农牧开发有限公司集农牧开发、清真肉食品开发、枸杞产业开发、柴达木特色农产品开发等开发工作为一体，开展进出口贸易、农作物种植、冷链物流、直销连锁店、电子商务等经营，农牧区电子商务借助互联网、大数据技术，通过政策与市场的双轮驱动，在培育产业化创新、形成新的经济增长点、改善民生、实现精准脱贫方面有效地带动了农牧业转型升级和农牧民增收。

第二章　农村电子商务发展的重点问题

2018年中央一号文件指出，“建设现代化农产品冷链仓储物流体系，打造农产品销售公共服务平台，支持供销、邮政及各类企业把服务网点延伸到乡村，健全农产品产销稳定衔接机制，大力建设具有广泛性的促进农村电子商务发展的基础设施，鼓励支持各类市场主体创新发展基于互联网的新型农业产业模式，深入实施电子商务进农村综合示范，加快推进农村流通现代化。”可以看出，发展农村电子商务是我国农村发展的重要趋势之一，而解决重点问题则是农村电子商务健康持续发展的关键。

第一节　农村电商与电子支付

一、网络支付及其特征

随着网络技术与电子商务的快速发展，网络支付也越来越重要。网络支付方式与传统支付方式相比更为快捷，成本也更为低廉，而且实现了对网上交易者而言的随时随地的支付。

（一）网络支付的概念与形式

1. 网络支付的概念

简单而言，网络支付是通过网络进行支付的现代支付方式，其具有快捷、便利等特点。就网络支付的定义而言，可以从狭义和广义两个层面来考量。

从狭义层面来讲，美国《统一商法典》对网络支付的定义即狭义的定义，该商法典指出，网络支付是支付命令发送方将存放于商业银行的资金通过传输线路划入收益方开户银行，以支付收益方的一系列过程。2005 年 10 月 26 日，中国人民银行公布的《网络支付指引(第一号)》第 2 条第 1 款规定，网络支付是指单位、个人直接或授权他人通过电子终端发出支付指令，实现货币支付与资金转移的行为。可以看出，狭义层面的网络支付定义主要是指电子资金划拨业务。

从广义层面来讲，网络支付不仅包括电子资金划拨，而且包括网上银行所开展的各种新型电子货币业务，如电子现金、电子钱包、电子信用卡等。随着网络支付行业的不断发展，网络支付的概念范围也在不断地拓宽。网络支付实质上是以数字化信息替代货币的存储与流通，从而完成交易的支付。它是网络技术、信息技术及通信技术综合运用的产物，将随着科学技术的发展和银行业务的拓宽而发展。

中国人民银行 2015 年 12 月颁布了《非银行支付机构网络支付业务管理办法》(2015 年第 43 号公告)，其中提到依法取得支付业务许可证，获准办理网络支付、移动电话支付、数字电视支付等网络支付业务的非银行机构为支付机构。

2. 网络支付的形式

随着计算机技术的发展，网络支付的方式越来越多。这些支付方式可以分为三大类：第一类是电子信用卡类，包括智能卡、借记卡、电话卡等；第二类是电子货币类，如电子现金、电子钱包等；第三类是电子支票类，如电子支票、电子汇款(Electronic Fund Transfer，EFT)、电子划款等，这些方式都有各自的特点和运作模式，适用于不同的交易过程。

(1) 智能卡。智能卡是一种内部嵌入集成电路芯片、能独立进行信息处理与交换的卡片式现代信息工具，也可以称为“IC卡”。

智能卡可以分为两类，即存储型智能卡和带中央处理器型智能卡。存储型智能卡中有硬件的逻辑保护，以密码加密的形式来保护其存储内容不被非法更改，较先进的存储卡中有读写的安全模块做算法的加密认证等。带中央处理器型智能卡内安装了嵌入式微型控制器芯片，可存储并处理相关数据。卡上的价值受用户的个人识别码（Personal Identification Number，PIN）的保护，只有用户才能合法访问它。另外，带中央处理器型智能卡不仅内嵌入高性能的 CPU 及相关硬件，而且配备独自的基本软件，能够如同个人计算机那样自由地增加和改变功能。这种智能卡还设有“自爆”装置，如果犯罪分子想打开智能卡非法获取信息，卡内软件上的内容将立即自动消失。

智能卡中可以存储和解释私人密钥与证书，消费者利用智能卡可以便捷快速地进行支付，便携性是其主要优点之一。智能卡是目前最常用的电子货币，可在商场、饭店、车站、互联网等许多场所使用，可采用刷卡记账、销售终端（Point of Sale，POS）结账、ATM 提取现金、网上结算等方式进行支付。

(2) 电子现金。电子现金又称为“电子货币”或“数字货币”，是一种虚拟货币。电子现金本质上就是现实货币的电子或数字模拟，也就是将现金数值通过数字技术转换成为一系列的加密序列数，通过这些序列数来表示现实中各种金额的币值。电子现金以数字信息形式存在，存储于银行服务器和用户计算机终端上，通过因特网流通。

由于电子现金是对现实货币的电子化处理，因此其具备现实货币的基本特点，同时由于电子货币和网络结合而具有互通性、多用途、快速简便等特点，因此其已经在国内外的网上支付中广泛使用。数字签字技术的推广应用又使得电子现金的安全性大大提高。在网上交易中，电子现金主要用于小额零星的支付业务，使用起来要比借记卡、信用卡更为方便。不同类型的电子现金都有其自己的协议，每个协议由后端服务器软件（电子现金支付系统）和客户端软件（电子现金软件）执行。

(3) 电子钱包。电子钱包是一种存放电子现金和电子信用卡的客户端式小数据库,同时电子钱包还包含诸如信用卡账号、数字签字及身份验证等信息。目前,世界上常用的电子钱包有 Visa Cash 和 Mondex 两大软件,其他电子钱包软件还有 MasterCard Cash,Europay 的 Clip 和比利时的 Proton 等。一些软件公司正在创建电子钱包的应用程序接口,以便多种电子现金都可以使用一个钱包。

需要注意的是,一般情况下只有在电子钱包服务系统中才可以进行支付活动。电子钱包软件通常免费提供,顾客可以直接使用与自己银行账号相连接的电子商务系统服务器上的电子钱包软件,也可以采用各种保密方式调用因特网上的电子钱包软件。

(4) 电子支票。电子支票是传统纸质支票的电子化形式,其借鉴了传统纸质支票转移支付的优点,可以在数字环境下实现钱款在账户之间的转移。这种电子支票的支付主要是通过专用网络及一套完整的用户识别、标准报文、数据验证等规范化协议完成数据传输的,用电子支票支付,事务处理费用较低,并且银行也能为参与电子商务的客户提供标准化的资金信息,故可能是目前最有效率的支付手段之一。

根据电子支票的处理方式,可以将其分为借记支票(Credit Check)和贷记支票(Debit Check)两种类型。使用借记支票,债权人向银行发出支付指令,以向债务人收款的划拨;使用贷记支票,债务人向银行发出支付指令,以向债权人付款的划拨。

(5) 电子资金。电子资金划拨是电子商务活动中的一种常用的支付方式。1978 年,美国颁布了《电子资金划拨法》,其中明确指出电子资金划拨是指不以支票、期票或其他类似票据的凭证,而是通过电子终端、电话、电传设施、计算机、磁盘等命令、指示或委托金融机构向某个账户付款或从某个账户提款;或通过零售商店的电子销售、银行的自动提款机等电子设施进行的直接消费、存款或提款等。

（二）网络支付的发展历程

网络支付是随着互联网的发展而产生和发展起来的。其最早产生于美国，1998 年贝宝（PayPal）公司的成立标志着互联网支付的诞生。2000 年之前，美国电子商务主要使用支票支付，贝宝公司利用互联网优势，采用电子邮件地址标识客户身份的创新方式，绕开支票邮寄和银行汇款的传统方式，实现了便捷的在线资金转移，大大提高了互联网用户的交易与支付效率。

中国紧跟世界发展潮流，互联网支付业务也发展迅速，其首创于 1999 年北京首信股份有限公司提供的多种银行卡在线交易网上支付服务。在其后十余年的发展历程中，中国的网络支付逐步适应本土化的需求，创新性地采取了融合信用担保的支付托管模式，市场规模飞速增长，已经成为中国支付体系不可或缺的重要组成部分，成为中国互联网经济高速发展的底层技术支撑和深化发展的基础动力。总体来看，中国网络支付（仅指互联网支付与移动支付）发展可以划分为以下三个阶段。

1. 第一阶段

2004 年以前是支付网关建立期。这一时期，中国网络支付发展的主要模式是网关支付，可以区分为早期的互联网网关支付（2002 年以前）和银联网关支付（2002—2004 年）两个阶段。早期的互联网网关支付是由投资机构与各商业银行签订合作协议，构建统一的支付网关平台，集成有着不同业务规范和技术标准的商业银行支付系统接口，为特约商户提供同行与跨行收付款的有偿服务，避免特约商户与各商业银行逐一签订协议和建立销售终端支付系统而出现的低效率和高成本。1999 年 3 月，首信易支付开始运行，成为中国首家实现跨银行在线交易的网上支付服务平台。2002 年以后，为解决商业银行支付接口技术标准与业务规范不统一以及商业银行内部支付清算系统多级结构给商家和消费者带来的诸多不便，经国务院同意，中国人民银行批准设立了中国银行卡联合组织(简称“银联”),解决了多银行接口集成问题,地方银联有条件向商家提供多银行卡在线支付接口,使异地跨行的互联网支付成为可能,消费者只需通过台式计算机终端在Web网页输入银行卡号和密码即可实现网上支付。

2. 第二阶段

2004—2009年是网络支付的飞跃发展期。2004年,中国互联网支付龙头企业支付宝网络科技有限公司在前期发展的基础上,结合中国电子商务发展的实际需要,推出了支付账户模式的互联网支付服务,标志着中国网络支付发展进入了一个新阶段。这一新模式的创生最初只是为了解决买卖双方在缺乏信用保障或法律保护的情况下提供安全的资金支付服务,由“第三方”担当“中间人”角色,在收/付款人之间设立虚拟的中间过渡账户,并凭借其自身的实力和信誉提供“货到付款”的信用担保服务,只有在买卖双方意见达成一致的情况下才能决定资金最终去向,实质是一种支付托管行为。支付账户模式的诞生不仅意味着中国网络支付发展进入新时期,而且意味着基于互联网虚拟账户的电子货币的产生,它有别于早期基于预付卡形式的特约商户购物卡、交通充值卡、手机充值卡等卡基电子货币,对中国中央银行与商业银行货币发行、流通和政策体系的变革带来深远的影响。

3. 第三阶段

2010—2017年是网络支付的规范发展期。2010年6月,中国人民银行颁布了《非金融机构支付服务管理办法》,标志着网络支付规范发展新时期的到来。2011年,为促进支付服务市场健康发展,规范非金融机构支付服务行为,防范支付风险,中国人民银行依据《非金融机构支付服务管理办法》等相关政策法规开始发放支付业务许可证。

随着机构的规范化管理和社会信誉的提升，网络支付应用在全社会得到进一步推广。有别于传统手机银行的第三方移动支付在这一时期快速成长，引领行业发展的新趋势。特别是随着第三方支付服务市场竞争的加剧，支付平台已经深刻认识到单纯的支付中介服务已经无法获得持续的竞争优势，必须向客户资金配置、风险管理等领域拓展，实现支付金融服务的多元化发展。以余额宝为代表的互联网货币市场基金销售、以汇付天下为代表的支付金融托管等个人和行业金融服务相继推出，网络支付产业整体呈现出纵深化发展趋势，支付服务的金融化属性愈加明显。

（三）网络支付的特点

1. 传统支付模式与第三方支付模式的比较

现金、支票、银行转账是过去人们常采用的交易支付方式，但随着互联网技术的快速发展，网络支付开始发展并逐渐进入人们的生活中。但网络环境存在一定的安全隐患，此时信用体系就显得十分重要，第三方网络支付可能在一定程度上解决网络支付中的信用问题，可以使用户在较为安全的环境下完成网络支付。在第三方支付平台，交易双方都会受到约束和监督，此时网络支付的安全性就会提升。

传统的清算体系比较复杂，效率较低。现在的第三方支付平台替客户与商业银行建立联系，第三方支付公司通过在不同银行开立的中间账户对大量交易资金实现轧差，少量的跨行支付则通过中央银行的支付清算系统来完成。传统支付模式与第三方支付模式示意图如图 2-1 所示。

2. 网络支付的主要特点

（1）数字化。在互联网时代下，网络支付以互联网为平台，是通过数据传输完成交易的。现在，网络支付在支付市场中占据重要的地位，相较于传统的支付方式更加方便快捷，而且无须实体媒介，只需将资金转换为数据就可以完成支付。

（2）互联网平台。网络支付主要通过互联网平台来完成，相较于传统支付系统的封闭性，网络支付环境更加开放，可以通过互联网及时快速地完成信息传输。

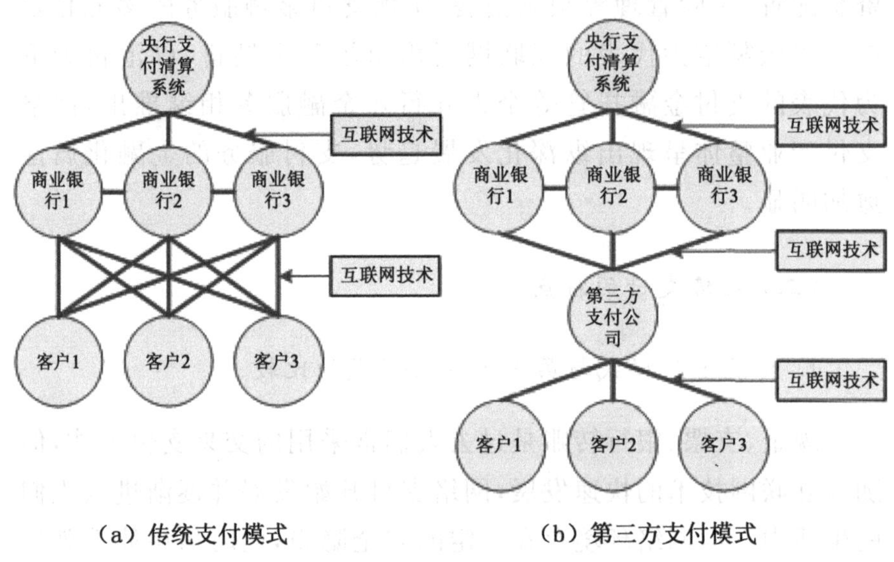

（a）传统支付模式　　（b）第三方支付模式

图 2-1　传统支付模式与第三方支付模式示意图

（3）经济优势。网络支付方便快捷、经济高效，用户可以随时购物消费、充值缴费、实时转账，网络支付为用户带来了跨越时间和空间的全新支付体验。网络支付的模式大大提高了支付效率，为人们的生活带来了便利，也为市场带来了经济效益。

二、我国网络支付存在的问题与风险控制

在我国，网络支付已经得到大范围的推广和普及，使用网络支付的方式进行消费已经成为人们的消费习惯。但网络支付处于高速发展阶段，相关的法律法规和政策规定还不完备，这也导致了没有系统的监管体系对行业进行监管。

（一）网络支付存在的问题

1. 操作风险

（1）违规经营风险。违规经营风险主要是指网络支付机构违反现行相关法律规定开展经营活动的风险，包括大量违规挪用客户备付金，造成资金链断裂，客户权益严重受损；伪造或变造支付业务、财务报表和资料，欺骗、掩饰资金流向；超范围违规发行网络支付产品。

（2）网络安全风险。网络安全风险是网络支付机构面临的首要风险，尽管目前第三方支付机构均强调已经构建了多层的安全防护系统，并不断开发和应用更高安全级别的技术及方案，以保护网络用户的信息和资金安全。但是，网络安全漏洞以及由此造成的损失始终无法根本杜绝，主要包括未经授权的支付风险和平台系统稳定运营风险。未经授权的支付风险主要是指内部工作人员泄露客户账户信息或者黑客利用客户身份安全认证机制存在的漏洞，远程攻击网上支付平台的安全系统和客户端应用程序，植入计算机病毒，窃取客户账户信息，利用账户信息发送未经授权的支付指令，违法转移客户资金。平台系统稳定运营风险是指平台网络遭受外部持续大量攻击，致使支付系统拥堵瘫痪；或者因工作人员操作错误误删程序代码，导致服务器宕机，无法正常开展业务。互联网支付行业是黑客攻击的主要目标之一，黑客利用互联网支付系统在基础设施和数据管理等方面可能存在的缺陷，窃取用户的敏感信息。例如，黑客窃取用户的支付账号和身份证号码等信息，并将信息出售给其他机构，这不仅会给用户造成巨大损失，而且还会造成互联网支付机构的信任危机。

（3）支付瑕疵风险。网络支付机构发生支付错误、支付延迟或未支付等事件，造成客户损失而产生的赔偿责任。

（4）法律风险。法律风险是指违反或不遵从法律、法规、规章、规则、伦理标准，或因各方在法律上的权利和义务规定存在瑕疵而使网络支付平台导致的损失。法律风险使支付平台面临民事罚款、损害赔偿和合同失效等风险,并导致平台声誉降低、业务机会受限、拓展潜力下降等。目前,网络支付平台的法律风险主要来自客户备付金利息的收益权和处分权的法律纠纷。

2. 信用风险

网络支付的信用风险主要表现在两个方面:一是交易双方的违约;二是支付平台自身的违约。

(1) 交易双方的违约。电子交易是在虚拟网络中达成的,交易双方无须面对面,因此信息不对称与信用缺失问题相对于线下的面对面交易更为严重。网络支付平台的出现,尤其是在有担保的支付模式下,一定程度上解决了交易双方的信用缺失问题。但是,目前支付平台同时提供的快捷支付、网银支付等支付模式属于即时到账模式,在这些模式下,买家发出支付指令通常先于卖家发货或买家收货,而且不可撤销。因此,仍然存在卖家收到货款而不发货的违约可能。即使在担保支付账户模式下,也仍存在买家收货后点击退货,而卖家发货凭证丢失或者没有及时出示给第三方支付平台,卖家损失货物而得不到货款的可能。

(2) 支付平台自身的违约。现在很多第三方网络支付公司都采用担保支付的二次清算模式,这使得客户出现了在第三方支付公司的资金沉淀。为了保证交易更为安全,第三方支付平台要求只有买家收到产品并给予反馈之后,系统才能将货款给卖家,这就导致了在途资金的出现。另外,买家或者卖家在交易前后会在自己的账户中预存,而且数量在不断剧增,这也会导致资金沉淀。这些资金沉淀的安全性必然依赖于第三方支付平台自身的可靠性。

3. 宏观政策风险

第三方网络支付机构面临的宏观政策风险主要表现在以下两方面。

第一,第三方支付机构作为货币服务机构创造了电子货币,对传统货币的发行与流通以及货币政策的制定和执行带来深远影响，货币形势调控更为复杂，不确定因素增加。

第二，第三方支付服务机构的金融化发展，对传统金融监管带来挑战，稳定与发展成为监督管理部门棘手的抉择。监管政策的取向与变化也会深刻影响第三方支付机构的市场行为，对机构的经营发展带来不确定因素。

(1) 电子货币与货币政策风险。第三方网络支付机构作为货币服务机构，介于电子商户与银行之间，通过设立虚拟账户，为客户提供便捷的电子支付服务。虚拟账户的设立创造了电子货币，客户通过交易前后充值预存或暂存货款的方式获得支付机构发行的“电子货币”。依据电子货币载体的不同，电子货币可分为两类：卡基产品和软件基础产品。前者也称“多用途储值卡”或“电子钱包”，后者以网络或软件为基础进行数据传输并进行电子支付。中国第三方支付服务机构通常同时提供以上两种电子支付方式，但后者用户较多，使用频率更高。电子货币在电子商务零售支付领域完全替代了传统的现金支付工具（支票、纸币和硬币），发挥着传统货币所具备的支付手段、交易媒介、价值尺度和价值贮藏功能。支付平台为客户提供以电子货币为支付手段、电子支付指令为凭据的债权债务清算，在事实上发挥着电子商务领域的商业银行和中央银行功能。

现在，电子货币对央行货币（通货与存款货币）的替代也越为显著。这种替代效应主要体现在两个方面：一是电子货币的普及提高了支付效率和货币流通速度，减少了全社会对通货（流通中的现金，即支票、纸币和硬币等）的需求；二是伴随着通货需求的减少，商业银行的存款创造能力下降，存款准备金需求减少。

全社会对央行货币需求的减少，意味着央行铸币税收入的下降以及央行资产负债规模的缩减。铸币税收入的减少可能迫使央行为满足正常运营需要而不得不开辟新的筹资渠道，进而影响了央行的独立性。央行资产负债规模的减少，意味着央行可能缺少足够的资产去实施公开市场操作，削弱了货币政策的调控能力、时效性和灵活性。电子货币的发行也使得通货与活期、定期储蓄及有价证券之间的交易变现转移更为便捷、迅速，金融资产之间的替代性增强，各层次货币的定义和计量变得十分困难和复杂。此外，分散的电子货币发行机制以及难以预测的货币流通速度也使得央行货币供应量的可测性和可控性受到严重影响。

(2) 支付平台金融化发展与监管政策风险。自 2010 年以来，人民银行发布了一系列针对第三方支付机构的监督管理办法，这么做的目的在于对非银行支付机构进行规范，保证其服务的本质，对第三方支付结构的清算情况、账户管理等加以限制，同时对身份验证、支付限额等加以强化，这是为了最大限度地降低风险。但是，这些监管会大大增加交易成本、降低交易效率，因此也会深刻影响第三方网络支付。

（二）我国网络支付监管

1. 制定相应的监管政策

对第三方支付进行合理监管的前提是对监管进行明确定位，保证制定推行的相关法律法规与政策能够贯彻执行。根据《支付清算组织管理办法》的规定，第三方支付结算业务属于支付清算组织提供的非银行类金融业务。按照相关法律规定就可以看出，由中国人民银行、工商行政管理部门、信息产业管理部门及税务机关等部门和机构对第三方支付机构进行监管。

同时，监管部门还应该结合本国国情，顺应市场规律进行市场监督和管理。了解和分析现在的市场情况，根据分析结果制定相关的管理措施。

2. 构建第三方网络支付监管框架

机构监管遵循的基本理念是特定类型机构的所有监管事项由特定的监管者统一负责，而不论其涉及何种业务。功能监管遵循的基本理念是具有相似金融功能的金融服务应该受到统一、公平监管，而不论该服务是由何种类型的特定机构提供。两种监管模式各有利弊，机构监管更有利于实施微观审慎性监管，控制个体机构风险；功能性监管将把所有市场参与者置于公平竞争的监管环境下，对所有提供相似服务的机构实施统一监管，尤其是对于跨机构、跨市场的金融创新服务可以实现有效监管，有利于维护公平竞争环境，防范跨市场系统风险。鉴于中国第三方网络支付业务的发展现状以及未来发展前景，借鉴欧美经验，可以构建功能性监管与机构监管相融合的第三方网络支付监管框架。可以考虑借鉴欧盟模式，立法明确第三方支付机构作为货币服务提供者的金融企业合法身份，避免相关法律法规的不一致或相抵触，为金融执法提供可靠依据。

3. 适度放宽监管，实现安全与发展相平衡

中国监管部门应借鉴欧美经验，适当放松对第三方支付服务的监管，采取轻准入、严业务（重点是安全认证和备付金管理，而非支付额度限制和账户管理控制）的监管思路，确保风险可控与创新发展相平衡，避免监管政策成为支付创新的壁垒。

4. 进一步完善消费者权益保护制度

第一，实行存款延伸保险制度。在客户备付金利息收入返还难以具体操作，而客户备付金又不受存款保险保护的前提下，以客户备付金利息作为保费，向存款保险基金管理机构（目前由央行下属金融稳定局管理）购买存款保险服务，或者购买商业保险，防范客户备付金存在的操作风险、信用风险。

第二，明确消费者免责条件与损失限额。对利用消费者支付账户从事未经授权支付交易，立法明确消费者在通知支付机构前后所具有的免责条件和损失限额。

5. 加强跨境电子支付金融消费者权益保护

完善跨境电子支付金融消费者权益保护立法，明确跨境电子支付消费者属于“金融消费者”范畴。设立跨境消费者权益保护

协会，组建专业的跨境法律咨询团队，为其提供专业的法律咨询意见和维权途径，畅通投诉渠道，提升维权效率。建立专门的跨境电子支付金融消费者权益保护机构或部门，专门负责跨境电子支付中金融消费者权益保护的理论研究和实务操作，牵头制定有关保护条例和监管措施。加强跨境电子支付金融消费者权益保护的国际协作，促进各国消费者权益保护制度与技术协调。

（三）我国网络支付风险控制

1. 强化安全技术研发

第一，支付平台应该提高服务器的安全防范水平，加大投入研发支付安全技术，保证交易信息的完整性、保密性以及可审查性。支付平台应该加强对数据和信息的管理，保证其安全性，避免被不法分子利用损害消费者权益。同时，应该升级软件及硬件设施，加强对专业技术人员的培养。

第二，加强安全意识，不仅支付平台需要加强安全管理，支付平台用户也应该加强安全防范意识。发布科学合理的使用守则，从安全意识上防范支付风险。

2. 加强企业内部建设

第一，第三方支付平台应该建立科学的客户备付金制度，并建立客户资金保障体系和保险制度，以保证客户资金的安全，同时应该按照支付机构的规模、管理和运营等多方面条件制定沉淀资金支取准备金的提取比例。

第二，随着交易规模的不断扩大，支付平台上有大量的沉淀资金，对这些资金的安全管理极为重要。为了保证客户沉淀资金的安全，相关部门可以对支付机构使用沉淀资金进行严格的限制和管理，规定使用范围和使用上限，并建立完备的沉淀资金管理制度。

3. 加强网络支付立法建设

为了更好地进行网络支付风险控制，不仅要在技术和监管方面采取相应的措施，还要加强立法建设。针对目前网络支付活动中出现的问题，应建立相关的法律，以规范网络支付参与者的行为。对于网络支付的操作、资金划拨等方面进行法律规范，并制定相关法律案件的惩治办法。对电子商务的安全保密也必须有法律保障，对计算机犯罪、计算机泄密、窃取商业和金融机密等也都要有相应的法律制裁，以逐步形成有法律许可、法律保障和法律约束的网络支付环境。

三、农村电商环境下的支付难关

农村居民相较于城市居民银行卡的使用普及率较低，网银、支付宝等支付工具的使用更少，而农村电子商务必然与网络支付紧密相关，这对渠道下沉的纯电商们来说，是一个难以逾越的鸿沟。

（一）消费观念难以突破

随着网络的发展和普及，近年来农村居民也越来越多地使用网络，但是很多农民还是没有转变消费观念，习惯于“一手交钱、一手交货”的消费模式，因此必须采取一定措施让网络消费的观念、习惯在农村真正得到普及，具体措施如图 2-2 所示。

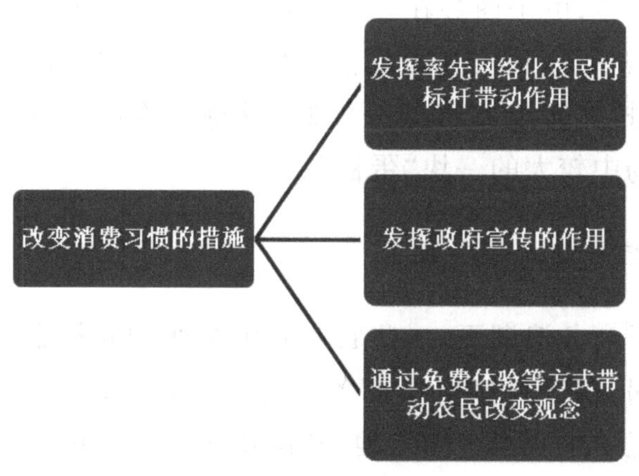

图 2-2 改变消费习惯的措施

（二）支付成主要障碍

对于我国农村电商发展来说，只有解决了支付问题，才能促进农村电商的进一步发展，才能从真正意义上推动电子商务深入农村市场，带动农村发展。

目前，大部分农民仍使用信用社存折存取钱款，这对需要电子支付的电商平台来说也是一种限制。转账到账周期长、手机银行开通率低、银行网点布局分散等现状让一些有心“触网”的农民望而却步。当前，我国农村银行网点布局依然不够全面，农村居民想要到银行开通网银存在一定的困难，在县城，基本都能找到四大银行以及一些商业银行，但到乡镇一级，距离县城比较近的还能找到银行网点，较远一些的乡镇银行网点就很少了。一些农村虽然设立了农商行的金融服务站，但开通不了网银，开通网银只能到镇上的银行网点。开通网银不方便，网银的操作、支付宝的使用这种现代化的支付工具不能很快被接受等支付问题限制了农民的网购。

（三）重新布局电商环境下的支付网络

我国城市发展本来就领先于农村，在电子商务发展迅猛的今天，城市电商消费已经逐渐趋于饱和，而农村市场则有待进一步开发。可以说，电子商务在乡镇农村市场的增长潜力必然大于城市。然而，想要吃到农村电商这块“蛋糕”并非易事，在激烈的竞争下，谁能抢先布点并将服务做好，或将能抢占农村电商甚至农村金融市场中较大的一块“蛋糕”。

1. 开启一站式金融服务

在电子商务浪潮下，一些农业龙头企业和农村金融机构从中看到了机遇，积极对接电子商务，试图通过展开合作的方式在激烈的市场竞争中获得一席之地，开辟新的发展空间。

农村信用社相较于其他银行机构具有显著优势，其在农村市场覆盖的广度和深度具有显著优势，这也是其对接和迎战电子商务浪潮的关键所在。

2. 全力打造“金融电商超市”

推进农村电商发展，不仅要积极建设与电商对接的农村服务站，还应该加强农村金融机构与电商的对接，充分发挥农村金融机构在农村电商发展中的作用，全力打造“金融电商超市”。

3. 建设农村淘宝服务站

农村电商可以大力开发农村市场潜力，过去由于网络及网络终端没有在农村得到普及，影响了农村电商的发展，而现在农村网络基础设施建设不断推进，农村居民也开始普及使用网络，这就为农村电商发展打开了大门，淘宝就率先进入了农村并抢占了农村电商市场。

在农村电子商务环境下，村级服务站的发展为农村居民的创业和消费带来了新体验，他们不需要购买计算机，甚至也不需要自己操作计算机，就可以完成网上购物、网上开店等行为。从某种角度来说，村级服务站打通了农村电子商务的全部障碍。

第二节　农村电商与物流配送

一、电商环境下农村物流的新机遇

2015 年，中共中央国务院印发了中央一号文件《关于加大改革创新力度加快农业现代化建设的若干意见》，文件中涉及“五个重大”，每点都关乎中国的农业、农村和农民问题。由中央一号文件我们可以看出，我国今年的工作重点就是强化农业基础、加快农业发展、促进农民增收。2015 年 1 月 30 日，杭州举行了首届淘宝大学县域电商服务提升班，与会者大都是县域电商经济发展的主力。由此看来，阿里巴巴已经着手向农村市场发起进攻了。

据中国互联网络信息中心（CNNIC）第42次《中国互联网络发展状况统计报告》显示，截至2018年6月，我国农村网民规模为2.11亿，占整体网民的26.3%，较2017年年末增加204万人，农村地区互联网普及率为36.5%。[①] 不管是从比率上看还是数字上看，都呈上涨的趋势。所以，网上交易行为增多必然会促进线下物流的发展，县域电商的发展势必会促进农村物流的发展，农村物流发展主要有以下三大机遇。

（一）推动农村冷链物流发展

在当今社会，创新是社会发展的重要发展力，对于农村经济发展来说也是如此，发展农村电商需要激发创新动力，加强农村物流的创新建设。目前，中国农村的物流主要是常温物流，在流通过程中，农产品的损耗问题应引起足够重视。

农产品的损耗会直接影响商品形象，使得商品的销售量以及未来的买卖行为受到影响，进而农民或经销商的利益受损。从最直观的角度来看，整个城市的贸易流通数字会受到影响。对此，利用有效的保鲜技术，减少农产品在流通过程中的损耗是一种有效的方法。

在冷链物流中，始端为农产品的原产地，冷链产品配送的一个重要特征是时效性，也就是必须保证农产品快速运往目的地。从农村产地向千里之外的销售市场配送的过程中，冷链的各个环节要具有高协调性，实现从农村产地到销售市场的无缝对接。

企业需要加大人力、物力和资金的投入，以便冷链物流可以更好地进入农村市场，电商企业不论是借助第三方物流体系，还是搭建自身的物流体系，都需要较高的成本。为了促进农村物流发展，政府应出台相应的政策来解决这类问题，如降低货物运输

---

① 第42次《中国互联网络发展状况统计报告》[EB/OL]. http://www.cnnic.net.cn/hlwfzyj/hlwxzbg/hlwtjbg/201808/t20180820_70488.htm.

费用、营造便利的交通、取消不合理收费、优化中转配送环节以及提供运输货车停车位等相关政策。与常温物流相比，冷链物流需要投入更多的资金，产品价格自然也比较高，所以物流企业和农牧业电商企业都可以向当地政府申请资金补贴。

（二）加强物流节点建设，完善农村物流最后一公里

物流体系不完善严重影响了电商进军农村市场的进程，由于物流限制，电商无法在农村实现“门到门”服务，无法充分发挥电商优势。要想让客户足不出户就能收到货物，物流节点的建设还需进一步完善。比如，为让村民可以方便地在线上购买农资产品，可以成立社区服务站，同时为使农村高品质的农产品或者土特产可以通过线上销售出去，农民可以通过线上平台把自己的意见反馈出去，形成县域地区 O2O(Online To Offline，线上到线下)闭环。传统的农民企业家或者本地的农场主都可以成为农村新网商，把更多的绿色农产品经过加工输出原产地，然后通过完善的物流节点将产品信息汇总之后配送至客户的具体地址，逐步实现农村物流“门到门”服务，壮大农村县域电商。

（三）整体供应链规划

1. 从供应链规划出发划分整体供应链规划

(1) 被动式规划，围绕消费者的需求进行拉动式的供应链规划。

(2) 主动式规划，围绕县域的主打商品进行推动式的供应链规划。

2. 从县域电商出发划分整体供应链规划

(1) 县域农牧产品组织形态，如市场分析、地域产品分析、供应商分析等。

(2) 品牌传播方案，如事件营销等。

(3) 县域农牧产品标准,如生产标准、产品推广标准等。

(4) 适合农牧业产品的营销、仓储配送、售后反馈等。

(5) 县域农牧产品品质检测监控,如选择第三方检测、检测流程标准等。

(6) 渠道建设,如市场容量分析、制定渠道管理机制等。由此看出,县域电商农村物流以及对应的整个供应链体系将成为县域电商的建设重点。

二、农村物流发展策略

随着电商向农村市场的进军,农村电商形成和发展已经成为必然趋势,而想要真正打通农村电商发展通道,就必须切实解决物流问题,要搭建双向流通体系。在电子商务领域,阿里巴巴牵头成立"菜鸟网络",对未来电商物流生态将产生重要影响。在国际运输领域,中外合资推出跨境物流电商平台,充分利用领空和领海资源,将分散的国际运输资源整合起来,发挥最大效用;在家电物流领域,海尔日日顺物流建立了"送装一体化"的社会化服务平台,负责运输家电以及大件商品,通过整合物流网、配送网、服务网、信息网四大网络,使物流体系覆盖全乡镇。

在城镇化进程逐渐加快的背景下,客户对物流服务提出了更高的要求,这意味着物流想要满足客户需要,就要做出新的改变。在这样的背景下,物流网络向二三线市场、居民社区以及农村乡镇延伸。在物流下沉的过程中,考虑到农村以及社区的经济条件、地理位置等因素,尤其重视冷链物流的发展。但是,目前我国农村的物流发展还比较落后,运输成本高、效率低,制约了电商的下沉。解决农村物流滞后的难题可以从以下几方面着手。

(一) 抢占电商物流大市场

从我国电商发展和农村物流发展的实际情况来看,电商下沉是一种必然趋势,而农村电商发展就必须抢占农村物流市场。《淘宝村：乡村振兴的先行者——中国淘宝村研究报告（2017 年）》显示，截至 2017 年年底，中国淘宝村数量已经达到 2118 个，遍布 24 个省（自治区、直辖市），展现出集群化发展特征，发展势头猛进，2017 年全国淘宝村销售额超过 1200 亿元。数字经济为中国乡村振兴提供了一条非常好的道路，创造了一种新的中国方案，淘宝村已成为乡村振兴的先行者。展望未来，2020 年中国淘宝村将会超过 5500 个，网店超过 100 万个，带来 300 多万的就业机会。① 随着城镇化进程的加快以及互联网的发展，电商下沉是必然趋势，农村物流市场的发展前景无限。

阿里研究中心的数据显示，随着电商的下沉以及农户网上购物习惯的养成，未来几年将是农村电商的舞台，淘宝村的数量也会适时增加。此外，淘宝网也会在家居用品、服装、小商品的基础上向外拓展，经营多样化的产品。

发展农村物流不仅是农村电商发展的基础，也是促进农村整体发展的重要途径。发展农村物流可以满足“农资”的供给，还能满足农民日常生活的需求，更重要的是，发展农村物流能够消除农民信息不对称的问题提高他们的收入。发展农村物流、加快农产品的流通速度、解决配送过程中“最后一公里”的问题是新农村建设的关键，有利于促进农业以及农村物流向现代化转型。此外，发展农村物流，还有利于农产品的升值，从而提高农民收入。

（二）发展农村物流的基础设施

要想发展农村物流，首先要加强基础设施建设，这是发展农村物流的基础条件。具体而言，可以从以下两个方面来推动农村物流基础设施建设。

---

① 2017 年中国淘宝村研究报告[EB/OL]. http://www.askci.com/news/chanye/20171213/101849113875.shtml.

1. 完善农村物流网络体系

完整的农村物流网络体系是农村物流发展的关键。应该采用“梯级转运”的运输方式,在县(市)建立物流分拨中心,与乡镇的邮局、供销社相连接,再将邮局、供销社与较大行政村、供销超市、农资超市、农村集市相连。通过层层分级,充分利用农村的自有资源,为农产品的输出提供便捷的渠道。

2. 建设先进的、现代化的基础设施设备

应该加强农村基础设施的现代化建设,积极使用先进的、现代化的基础设施设备,在基础设施建设和完善中使用新技术,有效补充传统农村物流。具体来说,可以利用叉车、托盘、液压车等先进工具,并利用现代化的运输存储手段,发展冷链物流,建设冷冻仓库,保障农产品在运输途中的质量。

(三)建立双向流通的物流体系

要发展农村物流,应该打通农村物流与城市物流之间的通道,实现农村物流和城市物流的顺畅对接。农村物流与城市物流相对接,主要是为农村居民服务,打通农村与外界联系的渠道,为农民的生产、生活以及其他经济活动提供物流支持。

农村物流与其他物流不同的地方在于,农村物流是个双向流通的体系,在将农民生活、生产资料配送到村后,还承担着将农产品输出农村的责任。因此,农村需要建设双向流通的物流体系,既充分利用农村的现有资源,又打破农村的封闭状态,使之与外界相连。

(四)建设物流服务信息平台

随着网络信息技术的发展,农村物流发展呈现新特征,在信息化、碎片化的社会环境中,农村物流发展必然会搭上信息化的快车，这对于农村物流发展来说具有积极意义。

在农村物流的信息化建设过程中，需要充分挖掘信息化服务平台的潜能，为农产品输出提供多样化的渠道。可以在互联网的基础上完善通信网络的硬件，扩大农民获取信息的渠道，为农民提供综合性的服务。打破农民与流通企业、物流运营主体的信息隔阂，实现资源共享。运用信息化的手段监管物流运输配送，实时跟踪农产品的加工、整理、仓储、运输、装卸、配送、信息处理等流程。

三、发展农村物流

重庆工商大学教授龚英认为，农村电商和农村物流作为推动农村商品流通方式转型、促进农村消费升级的先导性产业，在推动农业供给侧结构性改革、培育农业农村发展新动能、实现乡村振兴战略和现代化建设方面发挥了重要作用，尤其是到了2020年脱贫攻坚决战决胜的最紧要关头，农村电商和农村物流发展更是起到不可或缺的重要作用。

随着经济的发展，农村消费市场日益繁荣。国家政策重点扶持农村电商和物流，互联网加速向农村渗透的趋势。与此同时，农村地广人稀、分布零散、交通相对落后、货物难以集散等问题成为乡村物流的痛点，“最后一公里”难题成为摆在快递下乡、电商下沉面前的一大难点。不少企业纷纷将农村物流作为延伸业务，试图在农村市场开启一片新天地。

其中，菜鸟推出“菜鸟乡村”业务，搭建了一张遍及全国的农村物流网络，将厂商与农村直连起来，直接入村甚至入户的物流模式，极大地提高了农村消费者的生活品质和消费体验。菜鸟物流网不仅使农村消费者实现了“消费升级”，解决了“送进去”的问题，还有效地帮助农民解决了农副产品“送出去”的问题。过去，农民不仅要考虑“怎么种”，还要操心“怎么卖”，落后的运输网络往往成为制约农副产品外销的障碍。菜鸟乡村物流网的完善为优质农产品更快更好地进入城市消费者的购物车提供了可能。菜鸟农村物流的发展，刺激了农村电商的发展，对于提升农民收入、改善农民生活、实现脱贫致富、促进农村经济发展都有着重要的意义。截至2018年8月，菜鸟乡村已覆盖29个省（包括直辖市、自治州），700多个县，近3万个村。

在电商发展的驱动下，京东物流不断完善基础设施建设，推进物流网络下沉，2017年5月已实现大件和中小件网络在大陆地区所有行政区县的覆盖。为给农村用户提供与城市无差别的服务，京东物流早在2015年就开创了京东帮的服务模式，与配送中心互为补充，以“一县一店”的方式，为农村用户提供大家电“营销、配送、安装、维修”一站式服务，并在县域基础上把服务下沉到辖区的所有村庄。京东物流给乡村带来现代化生活便利的同时，也助力农产品上行融入乡村产业发展，积极发挥自身供应链优势，创新物流服务，打造了一批服务现代农业示范项目，促进农民持续增收。近年来，京东物流加快在冷链物流领域的布局，充分发挥F2B2C（工厂—商家—消费者）一站式冷链服务能力优势，在农产品原产地打造“产地仓”“协同仓”等创新仓储模式，将供应链环节前置到距离产地最近的地方，有效从田间地头解决“最后一公里”的难题，助力农产品上行。京东物流还依托强大的商流优势，帮助农户在打通线上销路的同时，打造地方特色农产品品牌，提升品牌的“溢价”能力，助农民增收。

苏宁2015年计划建成1500家苏宁易购服务站，计划在5年内建立10000家，深入全国乡村，从渠道建设层面打通“农村电商”发展壁垒。在经营方面，苏宁超市将通过专业经营采销体系，把大量优质商品带到农村，同时启动农产品直采、农产品众筹等项目，把大量优质农副产品销往全国各地。目前，苏宁零售云采用下沉到乡镇市场、农村市场、城市社区市场的新模式，大大降低了乡镇商户的库存成本，并相应地带来销售额增加。

顺丰也在农村物流发展大趋势下进军农村市场。2014年国家邮政局正式提出和立项了三大工程——快递下乡、快递西进、快递向外，统称为“三向”。同年，顺丰鼓励员工去部分乡镇创业，在农村地区设立乡镇代理站，将服务网络延伸到农村。2016 年 9 月 13 日，顺丰与中国供销电子商务股份有限公司签署战略合作协议，在农产品物流服务、县域物流体系合作、仓储物流建设与管理输出、特色农产品电商销售、农村电商物流能力培训、物流金融服务等方面展开全面合作，打造供销社县、乡、村三级物流体系的无缝结合，让农村居民与城市居民同享“当日达”与“次日达”等物流服务。近年来，顺丰围绕鲜花、水产、水果、肉类等若干生鲜子行业，聚焦行业客户需求，制定集销售、物流、金融、数据、科技、品牌等于一体的行业综合解决方案，助力广大农户和农业企业扩大销路，开展智慧营销，协助地方政府打造生鲜农产品的知名度，驱动行业升级。

总而言之，农村物流是一片未来可期的蓝海，仍有很多问题需要解决，有很大潜力可以挖掘，农村物流市场足够大，关键还是要看谁能实实在在地做好运营、做好服务，真正带来价值。

第三节　农村电商与信息技术

一、发展大数据农业，促进农村电商发展

随着社会的发展，现代信息技术日新月异，网络时代为电子商务发展提供了条件，为现代社会发展带来了新变化。当前，科学技术发达和信息交流便利，使人们的交流越来越密切，生活也随之变得更为便捷，其中大数据就是这个高科技时代的产物。农业是与大众息息相关的行业，对大数据的应用尤其突出。大数据对农村发展、农业发展产生了重要影响，大数据农业成为农业发展的重要方向。大数据农业的实质就是数据的集合，而大数据农业的特征如图 2-3 所示。

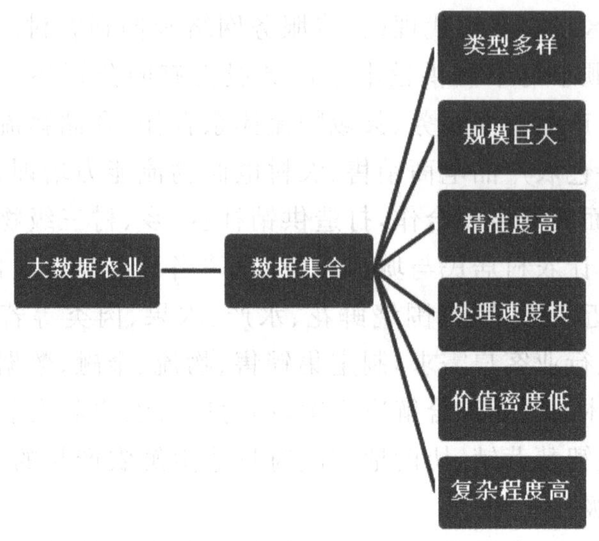

图 2-3 大数据农业的特征

大数据使农业内部的信息流得到了延展和深化，并且以此为基础，逐步建立农业大数据云平台。云平台包含四个系统，即质量追溯系统、物联网管理系统、智能专家系统和电子商务系统。

（一）发展大数据农业，提高农业生产效率

在信息时代，信息的价值是有目共睹的，尤其是对于促进产业内的生产效率方面而言。农业大数据是大数据理念、技术和方法在农业领域的具体实践。要了解大数据对农业生产效率的提升作用，就需要明确大数据在农业中的获取途径，如图 2-4 所示。

在农业大数据中，进行大数据分析是关键环节，这个环节涉及的方面众多。具体来说，可以从农业整体、农业地域以及农业垂直方面，对提高农业生产效率的问题进行分析，三个方面的分析内容如图 2-5 所示。

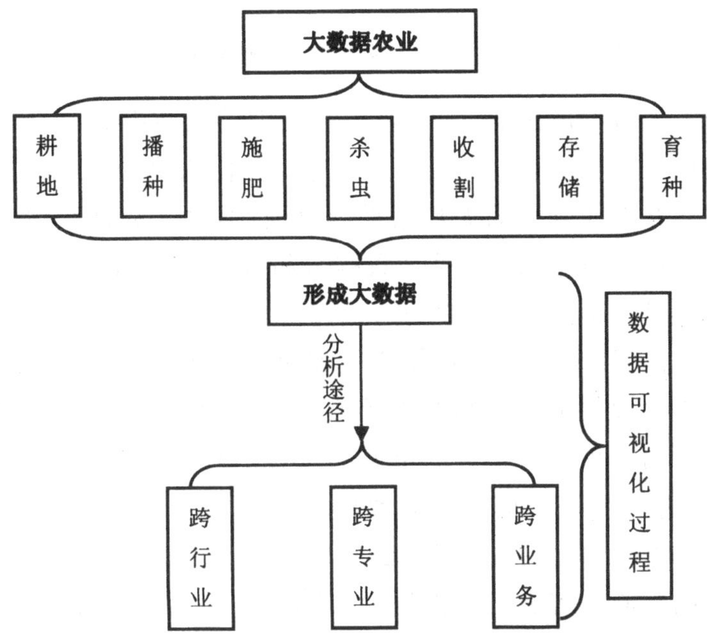

图 2-4　大数据在农业中的获取途径

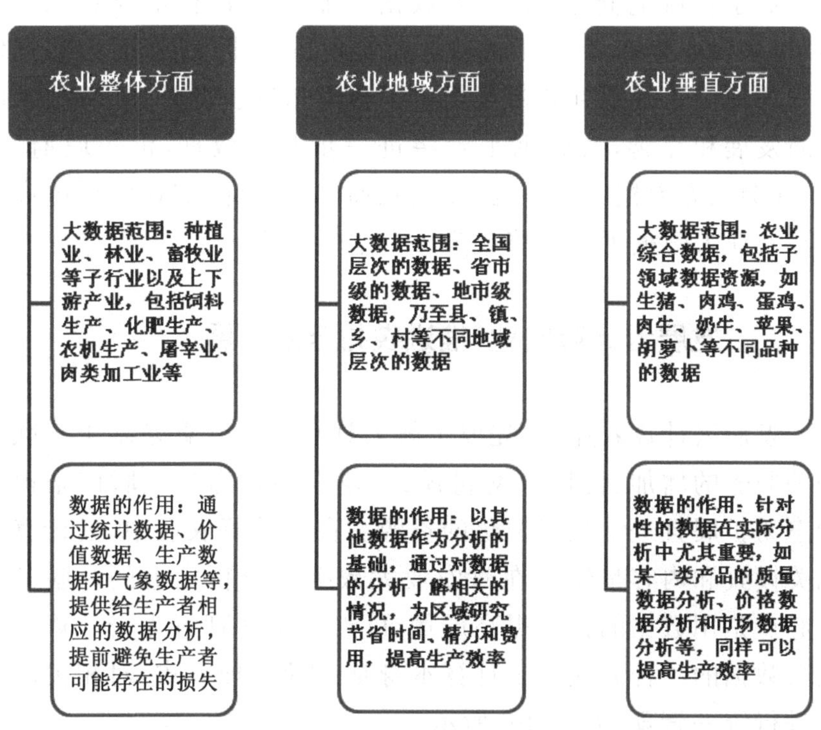

图 2-5　提高农业生产率的数据分析

（二）搭建大数据平台，推动农村电商发展

随着大数据应用的不断推广，农业中的大数据必然会更为复杂，同时数量会更为庞大，这一切就会促使大数据平台的出现。现在已经有农业领域的大数据平台出现，通过大数据平台可以对农业市场进行科学分析，通过数据分析掌握农产品市场行情，以此为基础可以帮助农业生产者和消费者做出更科学的决策。

在信息时代，发展大数据农业是必然趋势，而运用大数据及时搭建农业大数据分析应用平台是这种发展趋势的一个具体表现。平台的出现对于整合上下游的资源、更好地创造一个农业生态圈、提高生产效率是十分必要的。随着科学技术的发展，大数据平台的内容将会越来越广泛，以农业大数据应用云平台为例，平台上的核心内容就是数据资源。除了数据资源之外，平台还提供更多的附加服务，如面向大众的专家资源以及机构专区等。

对于农村电商来说，与大数据农业对接具有重要意义。目前，很多农业生产者可以通过电商实现进一步发展，而大数据农业则为他们正确地判断市场提供了科学依据。此外，随着技术的不断发展和完善，大数据平台将进一步共享数据，汇集政府、企业、社会三方数据，实现资源互联互通。基于此，实现农村电商平台与农业大数据平台也将成为一个重要趋势。

二、发展云计算农业，推进农村电商发展

发展云计算农业，首先要了解云计算。云计算是基于互联网相关服务的增加、使用和交付模式，通常涉及通过互联网来提供动态易扩展且经常是虚拟化的资源。在云计算农业中，云计算的相关模式和内容是建立在对农业大数据的分析之上的。服务的中心点是用数据的方式提高产量，可以简单地理解为云计算是运用大数据的一种方式。云计算本身是一种管理方式，对相关的方面进行统一管理，如图 2-6 所示。

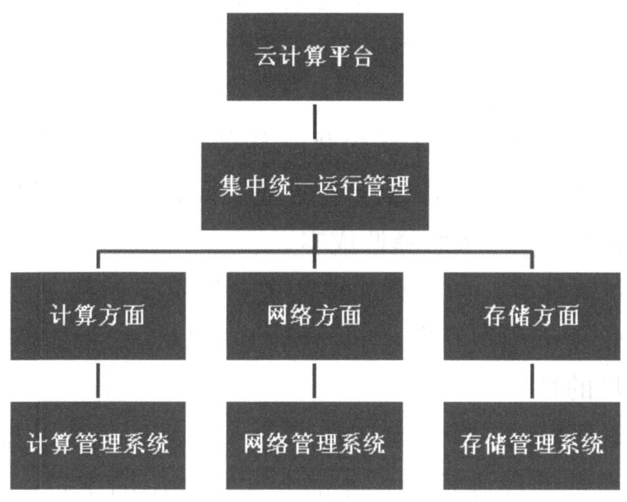

图 2-6　云计算的管理方式

（一）降低运营的成本

近年来，云计算发展迅猛，这主要归功于云计算在实际应用中发挥了重要作用，利用云计算可以为多方提供更便捷的服务，在很大程度上降低了其运营的成本。在降低成本的过程中，不能离开云服务提供商，对于农业公司或者企业而言，通过云服务提供商来进行云计算，是生产过程中的组成部分。阿里巴巴集团当前就开发了自己的云平台，即阿里云，如图 2-7 所示。

图 2-7　阿里云平台主页

云计算在农业领域中主要是适合企业团队的职业发展，借力于云服务平台，降低运营的成本，主要体现在简化过程、创新发展和硬件投入这三个方面。

(1) 简化过程。云计算简化了软件、业务流程和访问服务。与传统模式相比，云计算更能帮助企业操作和优化投资规模，简化实际运营的过程，从而降低成本。

(2) 创新发展。云计算能够让企业用更少的精力进行诸如新产品和新业务市场的开发，同时云计算的数据分析能够让企业的创新更有目的性。

(3) 硬件投入。降低运营成本的一个方面就是基础投入，节省了硬件和基础设施投资。外部云计算应用的维护、维修、升级和支持所需的成本投入要小得多。

(二) 推动农业云计算发展，对接农村电商平台

从整体上看，云计算未来将更进一步地为高校与科研单位提供实效化的研发平台。与农业相关的各大高校根据自身研究领域与技术需求建立云计算平台，并整合相关的特色资源，创建高效可重复使用的农业云计算平台，如图 2-8 所示。

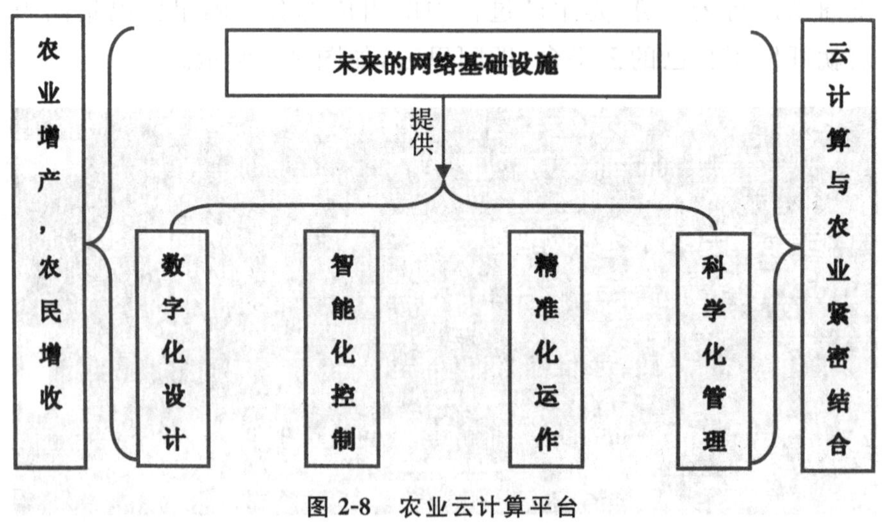

图 2-8 农业云计算平台

云环境下的大数据产生在很大程度上也降低了消费者和电商之间的信息不对称程度。一方面，电商通过多元化的信息获取渠道掌握消费者的全面信息；另一方面，分散孤立的消费者又可以通过渠道了解产品的各种信息，从而逐步呈现出个性化和多样化的趋势。交互透明的双方信息反而更能够促进消费与生产，消费者的个性化需求也成为电商、企业关注的核心。可以说，在农村电商的未来发展中，云计算的应用已经成为关键。

第三章　农村电子商务发展突破口

我国农村发展已经进入新阶段，实施乡村振兴战略，精准脱贫攻坚，成为农村发展的重点，而发展电子商务可以有效推进乡村振兴战略实施，可以帮助我国农村居民实现脱贫目标。当前，我国农村电商发展面临的问题很多，其中培养农村电商人才、发展农村金融是两个急需解决的问题，是进一步推进农村电商发展的突破口。

第一节　培养农村电商人才

一、农村电商人才发展的问题

目前，缺乏专业电商人才是制约农村电商发展的重要因素，下面就针对农村电商人才发展的问题展开分析。

（一）农村电商到底缺什么人才

“人才”的概念十分广泛，仅就电商而言，就有管理型人才、技术型人才、研究型人才、应用型人才、综合型人才等区分。对于整个电商行业来说，最缺的还是实践操作人才，即一般意义上的应用型人才，这种人才主要集中在三个领域：运营推广、美工设计和数据分析。也可以称之为具有一定技术含量的“蓝领”电商人才。解决缺乏“蓝领”电商人才这个问题并不难，只要政府和企业真正重视起来，进行合理有效的短期强化集训与实战演练，人才“出师”也是挺快的。可惜的是，现在大家的心态太浮躁，热衷于人才的争夺战，却不肯用心去培养，导致人才荒越来越严重。

（二）适应电商人才状况的新常态

目前电商人才稀缺，实际上，更多的是缺一线电商从业者，就像用工荒一样，这也会成为一种新常态。当下的问题是，能不能吸引有真才实学的人才来从事电商行业，并为电商行业的繁荣发展贡献力量。现在人们普遍追求体面的收入、有尊严的生活，如果电商不能有效提供这两者，那么也就没有吸引、招揽人才的优势，自然无法解决人才缺乏的问题。

（三）反思人才供求的信息不对称悖论

近年来，高校电商专业一直是热门专业，众多学生家长趋之若鹜，与此同时，电子商务专业的就业率却始终低迷，很多人认为高校没有培养出产业发展需要的人才，培养的所谓人才徒有虚名，根本没有办法用。事实上，出现这种情况的根本的原因在于，目前电商行业的产学研是分离的，直接导致人才培养结构与产业需求不匹配，高校电子商务培养目标和定位缺乏统一的指向，培养方案、课程设置、教学方法等方面不利于电子商务专业人才创新创业能力的培养，教学体系需要根据产业现状做出调整，这是今后改进的重点。

（四）追问为什么留不住人才

现如今，电商人才的流动异常频繁。一些老板感慨道：“一再加薪，为什么人才还要走？”原因很简单，请来的客人总是要走的，除非把他们变成自己人。业内人士指出，阿里巴巴创造财富神话的背后，实质上为整个互联网创业强化了一个公司治理模式的信号，即传统的股权控制与职业经理人制度在互联网领域要改一改了，全新的事业合伙人企业正风起云涌。如果说传统企业像刘邦搭台拜韩信，或者说像晋商的东家磕头请掌柜一样对待人才，那么现在的企业就要像梁山好汉聚义一样，大块吃肉、大碗喝酒、大秤分金银，只有志同道合，才能一起打拼。人才机制在互联网企业中，不能再像传统的企业那样，是一种雇佣制，而应是新型合伙制，是基于未来愿景的共同打拼，否则人才无法长久留下来。如果要再加上一个限定条件的话，那就是必须有好的企业前途和一个值得跟随的企业领袖，企业烂、老板人品差，指望人才留下来，无异于痴人说梦。

（五）寻求解决人才困境的应急办法

正是因为人才难请，所以不得不重视内部培养。对此，可以大力培养“父子兵”“夫妻店”“兄弟连”“姐妹帮”这样的小团队。一些传统企业做电子商务，企业主往往年龄偏大，思维跟不上，运营方面也存在困难。建议这类企业可以把儿女们请回来，让他们掌舵电子商务，老爷子可以退到幕后，专心搞好生产，这就是一个完美的“上阵父子兵”模式。

二、农村电商人才的建设现状

近年来，我国大力推进农村发展，乡村人才队伍不断壮大，对我国农业经济发展、农村经济发展做出了突出贡献。但是，与发展现代农业、推进乡村振兴战略的总要求相比，乡村人才队伍在规模、结构、素质等方面仍存在不小的差距，仍存在一些矛盾和问题。

前面已经提到，电子商务人才并不仅仅是指电子商务的运营管理人员，一切与电子商务相关的从业者都属于电商人才，对于农村电商来说，农村电商人才可以理解为从事电商相关工作，促进农村发展的各种人才。目前，我国乡村人才总量不足，结构不合理，整体素质偏低，示范带动作用不明显。人才地域、行业分布不合理，欠发达地区人才严重不足；人才培养开发、评价发现、激励保障机制还不健全；投入不足，工作条件相对艰苦，人才流失严重。具体来说，可以将乡村人才分为生产经营人才、乡村治理人才、创新创业人才、公共发展人才和社会服务人才五类。

（一）生产经营人才

目前，很多农村青年借助电商销售农产品，而销售农产品的前提是生产农产品，因此生产经营人才对于发展农村经济、推动农村电子商务发展具有重要意义。现代农业是乡村产业兴旺的主要内容，新型职业农民和家庭农场主是现代农业生产经营人才的重要代表。

新型职业农民是以农业为职业、具有相应的专业技能、收入主要来自农业生产经营并达到相当水平的现代农业从业者。《"十三五"全国新型职业农民培育发展规划》指出，截至2015年年底，全国新型职业农民规模达到1272万人，比2010年增长55%。新型职业农民总量低，后备力量弱，文化程度低。短期内如何真正将农业作为一种体面职业，吸引更多的年轻人从事农业，解决"谁来种地"的问题仍然面临较大的困境。

（二）乡村治理人才

发展农村电商有利于实现乡村振兴，乡村治理是推进农村发展的重要内容。乡村治理的重构是新型城镇化进程中乡村可持续发展的重要保障。乡村电子商务的发展在重构乡村经济结构的同时必然启动乡村治理结构的转型，形成新的促进乡村电子商务发展的治理模式。乡村治理人才不仅包括县乡一级的政府人员，也包括村一级的治理干部，如村干部、第一书记、大学生村干部。

实施乡村振兴战略，推动农村电子商务发展必须有村干部，尤其是村党支部书记和村主任的支持，因为他们是乡村振兴和农村电商发展的直接推动者、组织者和实践者，是各项政策在农村的贯彻者和实施者。为了培养乡村治理人才，农业部、中组部制定了农村实用人才带头人培训计划：截至2017年年底，累计培训

8万余名村“两委”成员、大学生村干部、种养大户等农村人才；中组部已培训边疆民族地区和革命老区农村党支部书记11.6万名，未来三年，中央组织部直接培训1万人，各省区市培训10.6万名，从而实现全员轮训。

大学生村干部是推动农村发展的新鲜血液，他们应该充分发挥自身作用，通过适当治理打造适合电子商务发展的乡村环境。大学生村干部是一支集知识、技能、创新于一体的“三农”特殊人才，2016年，全国在岗大学生村干部超过10万人。为了培养大学生村干部，2018年5月5日上午，2018年第1期(总第38期)贫困村大学生村干部培训班在安徽省阜阳市委党校举行开班仪式。此次培训班旨在紧紧抓住2018年脱贫攻坚关键年，扎实做好精准扶贫、精准脱贫各项工作，以实施乡村振兴战略为契机，统筹推进基础设施建设、特色产业发展和农业农村改革，发挥大学生村干部在精准扶贫中的重要作用。

（三）创新创业人才

创新创业人才是农村电商发展中最需要的人才之一，在农村市场发展电子商务需要相关从业者有创新精神。在乡村振兴战略下，发展新产业、新业态是必然趋势，但是县乡一级新产业、新业态急需人才严重不足，尤其是一些贫困地区和民族地区。

农业部、教育部、团中央联合组织实施了现代青年农场主培养计划，培养计划的目的就是吸引年轻人务农创业，提高其创业兴业能力。该计划主要针对中等教育及以上学历，年龄在18～45周岁的返乡下乡创业农民工、中高等院校毕业生、退役士兵以及农村务农青年。2015—2016年已经连续开展了两期，每期培训1万人，培训时间为3年，其中培育2年、后续跟踪服务1年。

（四）公共发展人才

电商发展需要适应的乡村环境，实际上，农村电商发展与乡村振兴战略实施是相辅相成的，只有不断地优化乡村公共环境，提高农村居民的生活水平，才能促进农村电商发展。就我国当前农村发展来说，需要大批从事教育、医疗、文化、环保等公共事业的人才支撑。乡村教师和医生是公共发展人才的重要代表。

总体来看，乡村学校教师队伍整体年龄偏大，以中老年为主，愿意留在乡村学校的年轻人偏少，民办转公办教师、临聘教师占比偏多；学科结构不合理；信息技术应用能力偏低；乡村教师整体水平偏低导致学校教育质量低下。全面提高乡村教师的质量，打造一支“下得去、留得住、教得好”的乡村教师队伍，不仅是解决乡村生源减少、提高乡村教育的主要举措，也是吸引乡村人才回流、保持乡村生机与活力、保障乡村产业兴旺的有力支撑。2018 年，《乡村教师支持计划》和《教师教育振兴行动计划(2018—2022 年)》出台，针对当前教师教育发展不平衡、不充分的问题，将实施十大行动，全面提升乡村教师的质量和数量。

乡村医生承担着乡村振兴各类建设主体的健康职责。乡村医生队伍年龄老化，断档严重，诊疗水平低，留不住病人，病人越来越少。乡村医生向职业(助理)医师转化困难；参加培训积极性低；收入偏低，待遇无保障；“老无所养”等严重问题。县城医院也面临招人难、留人难、流失大的困境。乡村医疗卫生事业投入总体少，乡村卫生室条件差，乡村医生待遇低，无法吸引更多优秀的医学院毕业生加入乡医队伍中。

(五) 社会服务人才

实施乡村振兴战略，推动农村电商发展，培养和发展社会服务人才势在必行。社会服务人才是指从事科研、技术、经济、规划等服务工作的人才。农业技术服务人才队伍建设仍然面临很多难题，如基层农技推广人才队伍老化，农技人员学历、专业、水平异化严重；农业科技人才科研创新和成果转化能力不强，高层次人才匮乏，以能力和业绩为导向的农业科研人才分类评价机制尚未开展。

三、培养农村电商人才的途径

近年来，随着互联网技术的普及，农村电商加快发展，特别是自2009年以来呈爆发增长趋势，有力促进了农产品销售和农民增收，也带动了农村经济发展。在不断发展中，人们认识到农村电商人才的培养十分重要。下面就来探讨具体的培养途径。

（一）注重青年农村电商人才培养

在农村电商发展中，青年是主体。从某种程度上讲，能否抓住一批好青年，是关系农村电商成败的关键。

1. 青年是农村电商发展的主体

首先，大批青年返乡从事电商创业，成为农村电商发展的主力军。电商创业，只要一台计算机，一根网线，注册一个淘宝账户就能开张，启动资金只需几千元，产品由农民生产，发货由物流公司代理，自己只需要用好网络就行，还满足了年轻人要体面、收入好、挺时尚的创业心理。

其次，青年的积极探索推动了农村电商发展。通过研究淘宝村现象，发现农村淘宝之路是年轻人率先想出来的，也是他们自发地闯出来的，甚至在创业之初可能被认为是不务正业、离经叛道，但最后的事实证明电商英雄出少年，从而为村庄打开了一道互联网时代的发展大门，实现了经济上的新突破。

最后，电商正在成为青年农村创业的看好领域，热情高涨。青年作为最活跃的创业群体，已经成为农村电商的最大活力来源。虽然我们难以期望农村电商也会迅速产生“淘品牌”那样的暴风骤雨式的成长奇迹，但至少可以相信，以年轻人为主体的农村电商创业群体必将在今后几年中蓬勃发展，一定会形成一批影响农村经济方式的现代电商企业。

2. 青年农村电商创业还面临现实困难

其一,对电子商务认识不够深刻。绝大部分青年对电子商务这个词并不陌生,但大都只停留在名字本身,电子商务究竟做什么,很少有人能讲清楚。

其二,电子商务创业技能不足。电子商务创业需要懂得计算机与互联网的操作,也需要懂得商务和营销方面的知识和技巧。目前,大多数电子商务创业青年具备了一定的计算机与互联网操作技能,但缺乏的是市场营销、电子商务数据分析、网站推广运营、网络整合营销传播等专业的商务和营销方面的知识和技能,对农产品自身特点也不十分清楚。虽然各地投入专项资金用于农民培训,但电子商务内容偏少,电商专项培训班更少。

其三,缺乏政策资金扶持。电子商务在我国还处于成长过程阶段,再加上是新型经济,政府近几年才逐渐出台一些扶持政策,而且主要在东南沿海地区,西北地区很少有政府专门出台电商创业的扶持政策。同时,电商创业虽然成本低,但是必要的资金投入还是必需的。没有扶持政策,缺少资金,限制了青年农村电商创业规模和速度。

其四,物流配送体系不健全。物流配送是电子商务的重要环节,物流的发展直接推动了电子商务的发展。然而,农村地区电子商务发展较慢,很多第三方物流公司还没有覆盖到农村,不方便且费用高,同时农产品保质期短、容易变质,对物流的速度和技术提出了较高的要求,这些都成为制约青年电商创业的重要因素。

3. 对促进青年农村电商创业的建议

(1) 提高政府部门的认识。当前的农村电商发展总体还处于起步阶段,基层干部群众普遍认识不足。一些地方,青年很热,政府很凉。建议政府部门加强学习和宣传,充分认识电子商务的重要意义、深刻内涵。例如,针对传统农特产品内涵丰富、门类繁多的实际，应加大市场摸底与调研，准确定位产品品类和目标群体，促进网上销售。支持鼓励青年主动学习电商知识，了解电商，促进青年电商创业。

(2) 切实加大农村青年电商人才培养。目前，全国电商人才短缺 150 万人，农村电商人才更加稀缺。因此，要把培养人才作为电商发展的关键举措，不遗余力地推进，切实加大电商技能培训。可以考虑以区域为单元，统一建立农村电商服务中心，负责该区域的电子商务网站建设、管理和维护，农产品市场供需信息的收集、发布和网络销售工作，积极设立县域电商创业孵化园区，免费提供创业场地和培训、信贷、加工仓储物流的配套支持，让更多青年想创业、能创业，注重对电子商务实用型人才培养。同时，由于电子商务人才培养属于复合型交叉类学科，因此，政府需要进行前瞻性规划和安排，有必要加大对电子商务专业人才的招生力度，注重与国内大型网络交易平台公司的交流，提升学生实践能力。

(3) 出台更多政策和资金支持。为了让更多的青年参与电子商务创业，政府应该给予相应的优惠政策。比如，可以给予电子商务创业资金补贴、税收减免及创业贷款。同时，政府应当积极协调、推动国内大型电子商务平台类企业为青年提供相应的贷款或较低的准入费用。同时，政府需要在政策上进行全面的引导，解决土地、人才、网络资费、能力建设等瓶颈问题。开发针对电商创业青年的专属金融产品，争取发放无须抵押担保的小额信用贷款。

(4) 积极搭建发展平台。在淘宝、天猫平台同质竞争严重的情况下，应该加大与各大电商的沟通，推动地方农产品登录更多大型电商平台，扩大销售视野。同时，应尝试建立推动地方农产品登录各大平台的有效载体，如开设农产品地市馆甚至县级馆等，集中上线一批优质放心农产品。应该加强电商行业组织建设，把生产、加工、销售等产业链条充分衔接起来，把各类电商经营主体进行有效聚集，制定行业标准和规范，实现抱团发展。

(5) 完善农村电商服务体系。目前，电商的发展已经由个体自发向区域连片、政府主导方向演化，电商生态建设竞争日趋激烈，能不能建立一个涵盖电商纵向与横向相关产业的配套服务体系是农村电商能否快速发展的关键所在。比如，针对电商技能不足，应大量引进电商服务商，为电商发展提供全方位服务。再如，由于农村电子商务发展较晚，应针对特色农产品比较集中的地区吸引第三方物流公司进驻农村，形成竞争，有效减少物流费用。

(二) 加强新型职业农民培养

长期以来，“三农”问题始终是党和国家高度重视的重中之重的战略问题，国家连续印发“一号文件”，出台重要政策措施，不断推动“三农”发展。在“三农”发展中，开展农民继续教育工程，培育农村农业人才则是一项基础性、战略性的智力支撑和组织保证。

中央早就明确提出“培养有文化、懂技术、会经营的新型农民”，2012 年又提出了“大力培育新型职业农民”的新任务。党的十八届三中全会进一步强调农业现代化的关键是农民的现代化，关键在于培养数以亿计的新型农民，数以千万计的新型职业农民。可以说，大力培育新型农民，特别是新型职业农民，是我国推进农业现代化、构建新型农业生产经营体系的重大举措，是着力解决农业现代化条件下“谁来种地、怎样种好地”问题，是建设现代化新农村、全面建成小康社会的战略选择。

农业农村部部长韩长赋说，未来种地要靠新型职业农民。新型职业农民不仅能种地，而且有能力把地种好。他们把资本、科技、机械等现代因素融入农业农村，实现农业的高质量、高效益、绿色化发展，带动乡村振兴。

1. 新型职业农民的概念

目前，我国的“农民”概念从广义上理解多指“农业人口”，指的是“农业人口”的一种身份。1958 年以后，随着户籍制度的实施，我国开始将持有农村户口的农村人口统称为“农业人口”，与此相对应的是“非农业人口”。“农民”即泛指“农业人口”。在这种定义下，在不同语境中的“农民”这一词汇往往不是一种职业含义，更多的是一种社会等级、个人身份、社会资源占有状况、生存状态社会组织形式，甚至是一种文化模式和社会心理结构，因此我们把这种按身份划分的农民称为“身份农民”。“身份农民”反映了我国二元社会结构的现状。户籍制度及其相关政策赋予农民的这一不公平的身份，是造成我国当前农民素质不高的重要原因。

2. 新型职业农民的素质要求

(1) 思想素质。一般来说，新型职业农民需要具有以下几点思想素质。

其一，具有正确的人生价值观。树立正确的人生观是新型职业农民人生价值、人生态度的一个重要表现。从客观实际出发，采取科学求实的态度来想问题和办事情，认清人与自然、人与社会的关系，克服挥霍浪费、摆阔气、讲排场的不良风气，把个人致富与集体致富、勤劳致富与勤俭持家有机结合，抵制和反对拜金主义、享乐主义、极端个人主义，具有热爱农业、献身农业的良好品质。树立幸福、乐观的人生观，对人生抱有积极乐观的态度。

在新时期，新型职业农民的价值观应该是理性的，是用来评价自己合意的目标的准则，是对社会存在的反映，要对权力、金钱等予以正确对待，客观认识和处理现实与理想之间的关系，应该将群体、社会的利益放在首位，努力为农村的发展做贡献。社会主义新型职业农民应成为思想观念新、创新精神强、科技知识精、致富信息灵的新农村建设领跑者。

其二，具有较强的集体主义精神。集体主义是社会主义精神文明建设主旋律的重要组成部分。新型职业农民要能够认清社会主义制度的优越性，坚持共同富裕的发展方向，教育、引导周边广大农民群众发扬团结互助的集体主义精神，并能正确认识和处理国家、集体、个人三者之间的利益关系。认清国情,坚定社会主义信念,只有爱祖国、爱集体、爱新农村,才能在建设新农村精神的感召力下感受社会主义制度的优越性。

其三,具有较好的民主法制观。国家公民法律水平的高低反映了国家法制化、民主化的程度。法律素质是指人们所具有的法律知识、法律意识以及自觉应用法律处理问题、解决问题的基本能力。它由法律知识、法律心理、法律观念、法律理论、法律信仰等要素构建而成。具有较强的民主法制观念是新型职业农民的重要特征之一。在农村,建设民主法制事关农村经济发展和社会稳定,是社会主义新农村建设必不可少的重要工作。民主和法制能充分保障农民当家做主的权力,是农民合理表达自己意愿的有效方式。新型职业农民应是具有较好民主法制观念的农民,要积极参与农村基层民主法制建设,学法、知法、懂法、守法、普法,学会用法律武器保护自己的权益。在民主方面,要依据国家的政策和法令以主人翁身份直接参与决策,参与管理农村社会生活领域的各项事务,从而树立起较强的民主意识和法制观念,养成良好的民主习惯,共同制定村规民约,具有较强的政治参与意识、自我表达意识、自我管理意识以及主人翁意识,积极主动地参与民主选举、民主决策、民主管理和民主监督,学会珍惜自己拥有的民主权利,通过合法途径表达自己的愿望和民主诉求,保障自身的民主权利。

其四,具有较强的市场竞争观和效率观。社会主义市场经济已经初步建立,并在逐步完善中。农村市场经济作为市场经济不可缺少的部分,正随着建设社会主义新农村的进程不断完善。改革开放 40 余年来,市场与市场经济已经逐渐深入我们的生活,农业活动也在其中。市场经济是竞争经济,竞争就必须按优胜劣汰的规律行事。新型职业农民要适时打破与当前市场经济不相适应的传统小农经济,提升竞争能力和应变能力。新型职业农民应该树立与市场经济和社会化大生产相联系的竞争观和效率观,要适应市场经济发展的需要,农业生产必须以市场为导向,逐渐摆脱传统农业的弊端，对市场经济的运作规律进行掌握，从市场的需求出发，生产与市场需求相匹配的产品，只有这样才能及时捕捉各种新的信息，随时掌握市场动态，对市场规模、需求情况、发展趋势等做出科学预测，按照市场需求组织生产，积极地参与市场竞争，从而更好地促进农业和农村经济的发展。

其五，具有敏锐的信息观、政策观和创新观。在信息化时代，一个人的思想观念只有不断更新，才能与时俱进。观念决定着发展的思路，思路决定着发展的出路，出路决定能否在市场经济中致富。新型职业农民应当关心国家大事，了解党中央关于农村的经济发展政策，对社会主义新农村建设的宏伟蓝图有真正的了解，这些对于搞好农村经济建设有着非常重要的指导意义。农民只有对国家的政策有清楚的了解，才能根据国家与社会的需求来对自己的生产进行规划，才能做到有的放矢。新型职业农民通过经常性的形势和政策的学习，联系国际形势、国家大局，能够正确地观察和分析形势，全面准确地理解党的政策。在形势好的时候看到问题，不盲目乐观；在遇到困难和挫折的时候看到光明，不悲观失望。

(2) 道德素质。一般来说，新型职业农民需要具有以下几点道德素质。

其一，热爱农村，具备主体责任意识。农业是国民经济的基础。我们的农民世世代代劳动、生息、繁衍在农村，从事着农业生产，他们依靠自己勤劳的双手发展生产、扩大经营、战胜灾害、克服困难，为国家提供了大量的粮食和农副产品，为工业的发展提供原料、劳动和资金积累，奉献社会，服务人民。因此，新型职业农民应该喜欢农村生活，热爱农村，了解中国农业的现状，并能认识到扎根农业、从事农业、干好农业是一项光荣而崇高的事业，从而树立发展农村经济的主人翁的责任感和事业心。

其二，诚实守信，恪守职业道德。诚实守信是对公民道德的基本要求，不仅是中华民族的传统美德，也是当代农民应具有的品质。应把职业农民的诚信教育摆在突出位置，作为新一轮农民职业道德教育的总要求，使诚信文化渗透农民工作、学习、生活的方方面面，增强全体农民的信用意识。尤其是在市场经济发展的今天，诚信显得更加重要。农业已从封闭落后的半自给自足的产品经济逐渐转向开放的、活跃的商品经济，职业农民的生产已不是主要为了满足自身需要的自给自足的生产，而是为了创造更多用来交换的商品。现代市场经济是交换的契约经济，更是诚信经济。诚信是现代市场经济健康运转的不朽灵魂，诚实守信、恪守职业道德是市场经济条件下新型职业农民必须具备的道德素质。

其三，文明高尚，摒弃封建迷信思想。在社会生活中，新型职业农民要展现现代意识，包含精神风貌、思想观念、提高修养等层面。乡风文明是社会主义新农村的一个重要表现，因此要不断净化社会风气，营造文明风尚，破除封建迷信思想，让健康、文明、科学的生活方式自觉融入家庭和农村社区中。新型职业农民应摒弃自给自足、墨守成规、循规蹈矩的生产生活方式，脱离对土地的严重依赖心理，树立创造新生活的愿望和勇气，重视农业科技创新，推进高产、高质、高效的农村农业经济模式。

其四，保护环境，具有强烈的环保意识。当前，环境问题已成为全球人类关注的重要问题，环境保护的问题已成为衡量一个人道德水平高低的重要尺度。保护环境，即实现经济发展与环境保护的和谐发展，认识到资源是有限的，环境污染的危害非常大，注重资源保护与环境保护。我们当前进行的社会主义新农村建设就应该以科学发展观为指导，坚持可持续发展的原则。

新农村建设的要求中重点提到“村容整洁”，涵盖了农村生态环境建设的相关内容。伴随农业经济发展，要特别注重保护农村生态环境，树立环保意识。农业生产要依靠农业科学技术而非扩大种植面积的方式来增加产量，严禁大面积的森林砍伐；严禁过度放牧而导致草地被毁，丧失保持水土的功能；合理控制使用农药化肥，保持土地质量。

农村生活方面要树立良好的生活习惯，不将生活垃圾直接扔到河边、村头、庄稼周围，保护农村水质与空气质量，禁止将污染型企业引入农村，加剧农村环境的恶化。

社会主义新型职业农民应当具有生态意识和绿色环保意识，要认识到保护自然环境、维护生态平衡是每个社会成员包括新型职业农民应尽的社会责任和道德义务。

(3) 科学文化素质。科学素质是公民素质的重要组成部分。农民的科学素质通常是指农民所具备的科学知识水平以及农民掌握和运用科学技术知识的能力。农民科学素质高低的主要标志是农民懂得专业科技知识的广度和深度、科技兴农意识的强弱、对科技知识的需求欲望大小等。

一般情况下，农民的文化素质主要指代的是农民所具备的文化知识水平，是农民接受文化教育、掌握知识多少的反映，也包括农民的思想观念、情感意志、文化艺术素质等人文素质。同时，农民的文化素质还包括农民在生产生活实践中学习、磨炼、陶冶所形成的反映农民综合素质的、体现农民时代特征的精神品格和内在涵养，它的高低对社会主义新农村建设有重大影响。

3. 新型职业农民的培育机制与途径

党的十九大提出实施乡村振兴战略。乡村振兴，产业兴旺是重点，人才支撑是关键。习近平总书记强调，要就地培养更多爱农业、懂技术、善经营的新型职业农民。新型职业农民是农民中的精英，是带动农民发展现代农业和致富奔小康的领头人，是实施乡村振兴战略的生力军。“农业丰则基础强，农民富则国家盛，农村美则社会安”。进入21世纪以来，国家连续出台了有力的强农、惠农、富农政策，农业农村经济取得了举世瞩目的成就。与此同时，推进现代农业发展，迫切需要农业体制机制创新，迫切需要培育一批高素质的新型职业农民。

(1) 新型职业农民培育。2012年，农业部在全国具有代表性的100个县开展了新型职业农民培育试点工作，并取得了初步成效。在此基础上，2017年，农业部发布《“十三五”全国新型职业农民培育发展规划》，在政府政策的指引下，新型职业农民培训规模不断扩大，财政投入力度持续增加，培育了一大批新型职业农民。

其一，构建新型职业农民队伍。以服务现代农业产业发展和促进农业从业者职业化为导向，着力打造一支懂技术、有文化的新型职业农民队伍，为促进现代农业的发展贡献自身力量。

其二，探索建立培育制度。适应现代农业发展要求，建立适合我国国情的新型职业农民培育制度，通过培训机构的培训，不断提升农民的素质，提升他们的生产经营水平，实现农民自我发展。

其三，建立健全培育体系。充分发挥各级农业广播电视学校的作用，创新运行机制，统筹利用好农业职业院校、农技推广服务机构等培训资源，构建新型职业农民培育体系。

(2) 加强农民继续教育的管理。

其一，基地管理。目前，我国开展农民培训的基地层次多、种类多，既有教育部门、农林部门、人力资源和社会保障部门举办的，又有社会力量举办的。针对农民开展的培训，既有不同层次的学历教育，又有不同等级的职业培训。因此，我们必须按照实事求是、服从需求、坚持标准的原则，对各类办学机构进行分类管理。

据农业部固定观察点抽样调查显示，我国农业劳动力年龄主要集中在40岁以上，占全部从事农业生产人数的75.9%，平均年龄接近50岁，部分地区甚至达到55岁以上。据有关资料显示，在全国4.9亿农村劳动力中，高中及以上文化程度的只占13%，初中文化程度的占49%，小学及小学以下文化程度的占38%，其中不识字或识字很少的占7%。鉴于我国农村劳动力的现有文化知识结构呈初中及以下学历者占多数的现状，很多地区开展农民继续教育，还须从初等或中等文化知识的补偿教育起步。一是小学后学历延伸教育(初中文化知识的补偿教育)。目前，在一些农村经济和教育欠发达地区，在基本扫除青壮年文盲后，将农村成人教育的重点放在了小学后的学历延伸教育(初中补偿教育)上。一般情况下，这项工作是通过教育部门举办的乡镇成人文化技术学校协调当地中小学和乡村来组织实施的。这种由当地义务教育段全日制学校提供师资和教材,借用全日制学校的校舍或在村民学校组班开展教学的方法,既是农村成人教育的传统方式,又受群众欢迎。在长期实践中,这种小学后学历延伸教育(初中文化知识的补偿教育)的方式较少在办学资质的认定上引起争议。二是初中后学历延伸教育(中职或成人高中的文化知识补偿教育)。从全国各地的实践来看,开展对农村人群初中后的学历延伸教育,主要途径是成人高中学历教育、中职学历补偿教育,或者是与职业技能培训相结合的“学历+技能”成人高中“双证制”教育。这种类型的办学主体一般是中等职业学校或乡镇成人文化技术学校。

在办学资质上,中等学历教育也有自己的管理。第一,中等职业学校的资质管理。现在,国家鼓励广大中等职业学校从“离农”转型为“向农”,让已务农的农民“回炉”职业学校,培养职业农民,无疑为中等职业学校赋予了历史重任。通常来看,各地中等职业学校面向成人,尤其是面向农民开展中等职业教育,都是采取结合职业技能的培训进行的。这对于全日制中等职业学校来说,办学资质应该不成问题。需要强调的是,中等职业学校开展农民继续教育或新型职业农民培育,并开展相应的学历教育,也必须经过严格的资质审核。由此说明,中等职业学校开展新型职业农民中等职业教育或农民继续教育,在专业设置、师资配置、教学条件配套等方面都应达到相应的资质条件,并得到主管部门的许可。第二,乡镇成人文化技术学校的资质管理。乡镇成人文化技术学校是在20世纪80年代我国农村经济体制改革和农村教育体制改革中应运而生的农民学校。乡镇成人文化技术学校一般由乡镇政府举办和管理,专职管理人员和教师一般由教育行政部门派遣,成人教育业务也在上级教育行政部门的指导下开展,这类学校通常称作教育系统的乡镇成人文化技术学校。目前,全国各地的乡镇成人文化技术学校办学条件参差不齐,学校规格、建制标准和办学层次也不尽相同。因此,不同办学条件、不同建制标准的乡镇成人文化技术学校，其办学资质也是不同的，如上海、江苏、浙江等经济发达省份，乡镇农村成人文化技术学校有的是按高级中学建制标准设立的，这些学校举办成人高中学历教育的资质毋庸置疑。但很多地区的乡镇成人文化技术学校，即使是教育部门举办的，由于受办学条件限制，多数不具备高中阶段学历教育办学资质。这些学校大多基础设施和办学条件比较简陋，没有专门的师资，办学经费投入少，学校运转比较困难。有的仅有一两名管理人员，没有固定的校舍，还在乡镇政府院内办公。

此外，中等学历教育还要求加强乡镇成人文化技术学校基础能力建设。乡镇成人文化技术学校是农村成人教育基础，可以说是农民继续教育的生力军。农民继续教育不是短期的阶段性任务，而是发展现代农业、建设新农村的长期任务。第一，建设标准化的乡镇成人文化技术学校。全面推进乡镇成人文化技术学校的标准化建设是推动农民继续教育的治本之举。以浙江省为例，为全面推进成人继续教育，完善农村成人继续教育网络，从2006年开始，在全省实施成人继续教育推进工程，其内容涉及乡镇成人文化技术学校标准化建设、新型农民素质培训示范基地建设、成人"双证制"教育培训、农村预备劳动力职业技能培训、成人继续教育网络课程和精品教材开发等方面。第二，建设高标准的乡镇成人文化技术学校。开展标准化的乡镇成人文化技术学校建设是面向全体成校的一项基本要求，建设高标准的乡镇成人文化技术学校则是打造龙头性、高端化农村成校的示范性工程。一般而言，建设高标准、示范性的乡镇成人文化技术学校，应在提升内涵、扩大辐射上起示范引领作用。其示范性一是体现在新型职业农民培养和终身学习的理念上；二是体现在学校办学体制机制的突破和创新上；三是体现在所开展的教育服务的质量效益上。通过建设高标准的乡镇成人文化技术学校，从而在农村形成一批办学水平高、设施先进、成效显著、特色鲜明，具有典型示范作用的现代化、骨干型乡镇成人学校，使其成为促进当地现代农业发展、提高农民综合素质和生活品质的教育培训中心、资源建设中心和农民学习中心。第三,建设农村成人教育集团化学校。可以以中等职业学校为依托,建设乡镇成人学校集群。以中等职业学校为依托,联合乡镇成人文化技术学校,形成办学网络,是近阶段开展农民继续教育的有效措施之一。这种模式的前提条件是中等职业学校要有统一的专业教学标准,有专门的师资条件,有统一的课程实施方案,并有统一的考试考核等认证条件。乡镇成人文化技术学校作为中等职业学校的教学点,负责学员的招生工作和教学班的日常管理。否则,不具备成人高中学历教育认证条件的乡镇成人文化技术学校独立开展新型职业农民中等职业教育或农民继续教育,其资质和质量都会受到社会的质疑。第四,推动农村成人学校的格式化办学。对于不具备高中学历教育资质的农村成人学校,可在上级教育行政部门的整体规划下开展学历教育的格式化办学,即由省或地(市)教育行政部门统一确定学习项目的课程和标准,统一提供教材,统一组织考试,统一进行学习认证。其中,各地乡镇成人文化技术学校只是在统一的规划下组织生源、组织教学活动,完成相应的教学任务,浙江省实施的"双证制"教育培训便是一例。

除了中等学历教育,还有高等教育。培育新型职业农民也离不开农业高校的教育。第一,要努力构建涉农高校农民继续教育体系。新型农民培训不仅要着眼于对现有农民生产者的培训,还要对农业继承者进行培训。高等农业院校应该从自身的人才优势与学科优势出发,从新型农民的内涵与本质考量,对农民继续教育体系加以构建。通过对学科专业进行整合,构建农民继续教育的职业培训体系。第二,创新培训方式。高校要实现集中授课和基层培训相结合、讲授与现场指导相结合、对面交流与远程交流相结合、教学研究与具体实践相结合,从而推进新型农民培训体系的构建。

其二,教学管理。首先,要编制教学计划。实施新型职业农民培育工程,必须编制相应的教学计划,这是构建和实施农民继续教育模式的基础性环节。根据《中等职业学校新型职业农民培养方案试行》所确定的课程类型和课程要求，制订新型职业农民中等职业教育或继续教育的教学计划，都必须充分考虑农业教育的特点和“学历＋技能”人才培养模式的特点。其次，要编制教学大纲。课程教学大纲是教学的基本文件之一，具有重要的指导作用。制定课程教学大纲时，要遵循以下原则：

1）一致性原则。课程教学大纲要准确体现教学计划中对人才培养的规格要求，符合农民继续教育的教学目标、培养规格对教学内容的基本要求。同时，各门课程的教学大纲都要服从课程结构和教学计划的整体要求，相同课程在不同专业的教学计划中应根据各自课程结构的要求有所区别。

2）成人性原则。突出成人教育特点，构建以学习为中心的教学大纲。组织编写教学大纲，首先应紧扣成人教育人才培养模式，在制定编写教学大纲的指导意见中提出切合成人教育教学实际的规范要求。特别是要以人为本、更新观念，在具体内容、形式上融入对成人学员的教学要求、学习内容，如遵循农业生产规律，与农时季节紧密结合，遵守理论学习与实践教学、自主学习相结合的基本原则。成人教育形式多样，因学时不同，授课内容的广度、深度不同，在教学方式上有所不同，如强调对自主学习的指导，提供更多的综合信息，增加学习资料、学习方式、日常作业、成绩评定等项目。

3）评价性原则。每门课程都要有相应的知识、能力和职业素质测试标准与考核方法。这样既能帮助教师按照教学大纲实施教学，努力提高教学质量，又能为新型职业农民的评价与认证提供客观依据。

4）前瞻性原则。课程教学大纲应较好地反映本课程在现代农业发展中的先进成果及其发展趋势，充分体现现代性、职业性，并为学员终身发展打好基础、留出空间。

5）动态性原则。随着科学技术、社会经济和现代农业的不断发展，农民继续教育的人才培养方案会适当调整。随着人才培养目标的变化，课程教学大纲也要适时调整、更新，以充分体现其在教学中的规范和指导作用。因此，必须利用教学大纲编制系统，对课程教学大纲实施动态管理，及时修订，以确保教学大纲的适应性。

6）必需、够用原则。课程教学大纲既要明确本课程在教学计划中的地位、作用和任务，又要符合职业能力分析和行动导向的要求，课程内容的选取、深度与广度的把握，都要以“必需、够用”为度。技术课要加强针对性、实践性，强调技术应用能力的形成和职业素质的养成。特别是对于实践教学课程，教学大纲要明确具体的基本结构与内容：一是实践课程的性质、目的与任务，指出本课程实践环节的具体实际训练内容，应掌握哪些基本操作和技能；二是实践课程教学的基本要求应按应知、应会、掌握三个层次写明实践课程的主要内容和要求。

（三）完善农村电商人才的相关政策

1. 充分发挥高校和科研院所的人才培育功能

要把科研院所建设为推进农村电商发展的“智力库”，引导各类智力服务机构聚焦乡村、服务乡村，利用各大高校和科研院所的人才培育功能，为农村电商输送人才。随着乡村产业的聚集、人口的聚集，现有处于自然布局状态的村庄都需要加强整体规划设计，乡村环境、村落建筑、乡村文化也需要保护。这就需要地方高等院校开设乡村规划、住宅设计等相关专业和课程，为乡村建设的多样性、特色性提供去同质化的规划设计人才。随着乡村旅游、休闲养老等产业的发展，对相关人才的需求增加，科研院所及职业院校应根据乡村产业发展所需加大乡土式、工匠式农民人才的培养规模，培育壮大“乡村工匠”队伍。地方高等学校、职业院校应综合利用教育培训资源，灵活设置专业，为乡村振兴培养专业化人才。

不仅要通过高等院校、科研院所培养农村电商人才，还应该建立健全高等院校、科研院所等事业单位专业技术人员到乡村和企业挂职、兼职和离岗创新创业制度。通过一些重大的人才项目，如农业科研杰出人才计划和杰出青年农业科学家项目，发挥科技人才支撑作用。对贫困地区、民族地区的乡村振兴需要，加大科研人才培养力度，如中国扶贫开发协会组织的100所高校1000名博士后的科研团队，发挥高校科研力量全面参与脱贫攻坚。

高等教育体系和职业院校要树立最终的教育目的是将人才留在乡村、服务乡村，而不是跳出乡村到城市就业。所以，这些科研院所和职业教育开设的课程是围绕农村电商发展需要的，提升学生的乡村建设能力，使其更好地服务农村电商。

2. 创新人才培养方式，坚持人才引育并举

农村电子商务发展面临着乡村人才总量不足、质量不高、结构失衡的困境。人才培养是一项长期事业，所以在本地培养的基础上，还需要大力引进外来人才，坚持引育并举。

为了促进农村电商发展，应该创新乡村人才自主培养培训机制，鼓励并引导各种社会主体承担培训责任，就需要政府、农民专业合作社、专业技术协会等共同发挥作用，为电商发展培育乡村本地生产经营、创新创业、社会服务等类别人才，加大自主培养力度。

农村青年外出务工成为社会主流，很多大学生毕业后也喜欢选择大城市就业，这就要求我们培育人才的“叶落归根”传统观念，通过这种方式吸引城市人才回乡服务。中国落叶归根的传统一直是乡土社会保持地方人才的重要途径。现阶段城市众多领域的知识精英、政治精英等都来自农村，他们都具有家乡情结，既有回乡服务的热情，也有回乡建设的能力。各级政府应该充分利用这些精英人才，创造政策环境，支持他们返回家乡建设家乡。

3. 分类培育乡村人才,适应农村电商发展要求

农村电商发展是一项系统工程,其涉及的领域很多,这就要求我们培养各相关领域和专业的人才。由于不同人才的成长环境、地域需求不同,导致他们的培养机制和政策重点也有所不同。在一些具备地域优势和产业优势的地区,对创新创业人才(如返乡农民工、外来创客、企业负责人等)需求更为旺盛,在引进这些人才的同时重点培育其企业家精神,政府应给予他们更多配套的宽松的创业政策,如土地、贷款、税收、保险等支持,以便他们能够以较小的成本和风险从事新产业新业态。对于公共发展人才,如广大的乡村教师、医生,政府应该侧重基础待遇和社会福利保障,尤其是在边远贫困、边疆民族地区,通过政策支持加大对公共发展人才的招募及培育力度。对于乡村治理人才,如乡镇干部、第一书记、大学生村干部,政府应更加注重选拔任用环节,根据不同乡村振兴的发展需要,匹配更优秀的外来治理人才,加强干部队伍的培养、配备、管理、使用,把到农村一线锻炼作为培养干部的重要途径,引导优秀治理人才向农村基层一线流动。

4. 建立人才发展规划,创新人才激励机制

不论使用哪种要素都要进行全局规划,人才的培养也是如此,必须从整体上把控人才的培养和发展。人才的建设与使用也需要有顶层设计,需要建立与当地乡村振兴相适应的长期和短期规划。政府需要做好乡村人才规划,以人为本,制定由人才主导的乡村振兴战略,由人才推进的农村电商发展战略。人才的政策制定必须从人的角度出发,将个人的发展和农村电商的发展相融合。政策的制定设计要同时满足人的需求和乡村振兴的需求,政策目标围绕人和乡村的相互促进,这才能保证政策的预期实施效果。大学生村干部政策最初的设计初衷和实践效果相背离,就是因为政策设计忽略了村干部自身发展的需求,所以村干部在农村实际的工作效果未能达到预期效果。对此,发展农村电商的同时

要发展人才，涉及人的政策也要更多地体现人的需求、人的发展，只有同时满足人的需求和发展，农村电商才能发展。

同时，应该以此为基础引入市场机制，创新人才激励机制，如基于产权和价值回报的种业等领域科研人员的分配政策、公益性和经营性农技推广融合的发展机制、农技推广服务特聘计划等。

在人才建设方面应该强调激励，在制定政策时应该将激励作为重点，防止反向激励，提升正向激励。在乡村振兴战略下发展农村电商是一项长期的、复杂的工作，绩效考核政策应更注重长期隐形效益，而非短期显现效益。政策更应保证其落实力度，如切实保障外部人才在交流、挂职期间在职称评定、工资福利、社会保障等方面的权益。只有政策落实可信，才能吸引更多的人才投身乡村振兴战略。

5. 重点培育“绿领”一族，增强新农人职业荣誉感

在乡村振兴战略下发展农村电商，培养农村电商人才，就需要提升农村电商从业者的荣誉感，使其感到从事农村电商工作是一份令人羡慕的职业。如今，城乡差距过大是导致农村人才单向流动到城市的主要原因。要通过城乡一体化建设解决城乡差距过大的问题，包括解决城乡收入、公共设施、公共服务、公共投资四个较大的差距问题，促进城乡均衡发展。只有缩小城乡差距，才能留住和吸引更多的新农人回归乡村，实现产业兴旺和生活富裕。

实施新型职业农民培育工程，根据新型职业农民的实际需要，提供农业生产经营管理、市场营销能力培训和正规学历教育的培训。注重能力培养，同时注重学历培养。探索新型职业农民采用弹性学制获取中高等农业职业教育的学历。完善配套政策支持体系，建立认定条件和标准的职业农民资格制度。对符合条件的职业农民颁发证书，开展职业农民职称评定试点工作，实现职业农民从身份向职业的转变。

第二节 发展农村电商金融

一、传统农村金融缺失的表现

在电商未下乡之前，传统的农村金融一直存在，但是基本上处于抑制阶段，即农村金融极不发达，金融生活远没有成为农村居民日常生活的一部分。

据相关文献显示，农村有六成的农户有借款需求，但是真正借款的农户大约有一半，但是这些借款性的需求主要集中在生产性的借款方面。农村的借款主要是通过非常规的方式进行的，即通过熟人关系向亲友借款，这也是民间借贷非常发达的一个重要原因之一。

农民的借贷基本上集中在生产性借贷方面，这是因为农村分田到户，农民通过在宅基地上自建住房就能满足一家人的居住要求，并且这种房屋远离市场化，所以住房的问题不像城市中那样需要通过借贷的形式来实现居住需求。农民有地，基本上可以通过自家种植来满足生活的需求，所以生活性消费支出很少，反而在生产性资料方面，如种子、化肥、饲料和农具方面，都需要一定的购买资金，因此农民在生产性资料方面的支出额度较大。

正规的金融机构很少将资金贷给农民，造成这种结果的原因是多方面的：农民没有可满足金融机构要求的抵押物，即使有，正规金融机构也会对抵押物进行评估，但是农民提供的抵押物往往价值比较低，这就阻碍了金融机构向农民提供贷款服务。另外，我国农业的规模较小，科技含量较低，抵御风险的能力差，金融机构随时面临着收不回贷款的风险，自然不愿对农民贷出资金。农民的贷款即使集中在生产性资料方面，但是这种贷款的额度对于金融机构而言还是比较小的，金融机构预期收益较小。我们从实际情况中也可以看出，当前农业市场极不发达，部分农村的生产工具基本上和两千多年前秦汉时期使用的工具差不多，农业的进步非常缓慢，并且涉及农业的保险机制不完善，应对风险的手段非常单一。农村是一个熟人社会，建立的经济关系基本上也可以称之为熟人经济，所以借贷也基本上是在亲戚朋友之间腾挪，向正规金融机构借款的意愿不是很强烈。

2008 年以来，农村经济发展呈现两个方面的特点：一方面，以党的十七届三中全会通过的《中共中央关于推进农村改革发展若干重大问题的决定》为开端，国家农村政策的调整和大量惠农政策的实施，激发了农民生产的积极性；另一方面，美国金融危机给我国经济带来了深刻而广泛的影响，导致大量农民工返乡。这两个特点使得农民对金融需求产生新变化。此后，农民的金融需求增长迅速，主要表现在七个方面：消费信贷需求愿望强烈、农地生产经营贷款需求增加、专业合作社贷款需求明显、加快发放农民工创业贷款、有效增加农村商品流通贷款、农村基础设施建设信贷需求较强和满足新农村建设对资金的需求。

造成以上转变的原因主要在于：国家对“三农”问题的重视，农民的利益受到保护，国家政策性银行加大了对农村金融的扶持力度；农民生活水平的提高使得其在生活消费方面也加大了支出，农民不仅在生产性资料方面贷款，而且也开始尝试在生活消费方面贷款；电商金融要求的小额、高频、短期的金融特点影响了传统的金融机构，传统金融机构纷纷转型，不断推出灵活多样的服务形式和理财产品，加大了对农村金融领域的开拓；互联网浪潮的涌动，电商下乡为农村带来的观念震动，互联网对服务的专注以及体验的注重，对金融传统的思维方式产生了巨大的影响，间接带动了金融机构在转型方式上做出努力。总体而言，目前农村金融需求呈现大幅增长趋势。

农业领域的唯一一家政策性银行——中国农业发展银行，主要是为粮食收储企业、农业产业化龙头企业等企业客户提供融资服务，但是并不对农民个人提供金融的相关服务，农民个人的金融服务业被排除在了农业银行的实际业务外。2009 年，农业银行从国有独资银行转变成为股份制银行之后，面向“三农”成为其主要的经营目的，但是向农民贷款这种服务还是没有体现在其实际的业务中，在帮扶“三农”方面，这一点没有变化。反观美国，其法律规定所有银行必须拿出10%支持农业，我国其实也有这样的规定，但是在实际中并没有得到严格执行。我国四大国有商业银行中，工商银行、中国银行、建设银行都不向农民贷款，尚且可以不论；但是挂着“农业”两字的农业银行不向农民个人贷款，这种现象在中国显得有点突出，何况“三农”问题是包括农民在内的。大型的农业加工企业还可能拿到农行的贷款，但是养殖专业户、农户基本上不可能从农业银行中得到资金支持。据多方资料显示，除了大型企业质押贷款和信用企业贷款，包括农行在内的银行几乎没有给农业生产发放过贷款。

农村信用社似乎是唯一向农民发放小额信贷的金融机构，但是它们的存款来源越来越少，并且不能在金融市场上筹措资金。农村信用社在为农民提供贷款服务中发挥的作用越来越小，全国原来有近6万家农村信用社，现在只剩下2万多家了。本来，农村信用合作社由参社的社员提供资金，由民主推选的社员管理，资金来源于合作社成员，服务于合作社成员，为农村经济发展服务。但是，由于农民资金不足、存款来源少等问题，其对于农村发展所起的作用越来越小。

我国农村地域广阔，经济发展不平衡的问题很突出，各个地区的经济发展存在多种差异，因此建立多种形式的金融机构并存的格局，确立分工合理、功能互补、相互竞争的多层次金融体系是十分必要的。但是，在这个发展过程中我们受到了互联网金融的强烈冲击，互联网金融的商业模式、经营思路以及对市场的观念影响，让金融市场重新重视传统农村金融，让我们思考互联网金融的碎片化、小额、高频的贷款方式能否大规模地融入农村金融新体系的构建中，而不是等待传统金融机构漫长的改革。这或许是建设多层次的农村金融竞争格局中另外一个值得关注的方向。

纵观农村金融的发展历程，过程太过漫长，真正落地也需要一个较长周期的等待，而传统金融机构由于种种原因已经不适应现代农业经济的发展需要了。整体而言，农村金融的发展要全面鼓励新型金融机构在农村的创设，杜绝非市场化的行政手段出现，同时有条件的地区可以对传统农业机构进行改革，最终让农村金融机构更好地为农业发展和农村经济服务。

二、构建新型农村金融供给体系

在较长一段时间，商业性金融显现出的一个主要特征就是高门槛性，这就导致农村地区越来越强的金融需求无法被充分满足，这就要求我们必须改变单一的商业性金融经营模式。因此，当前对农村融资问题进行恰当解决的方法就在于将合作性、政策性金融机构与商业性金融结构整合起来。在组织体系上，我国农村金融属于合作性、政策性、商业性三种类型的金融机构并存的模式。多种金融机构的并存构成了一个通力协作的体系，从而更好地服务于农村经济的发展。

（一）合理定位商业性农村金融供给主体

对于我国当前的农村金融体系构建来说，功能异化是一个显著问题，正因为存在这个问题，导致我国的农村金融体系难以充分发挥其在支持“三农”发展方面的作用，同时在一定程度上加剧了农村金融资金供给不足问题的恶化。虽然我国加大了对农村金融的建设，但是仍然有一大部分的农村存款并没有用于“三农”建设。因此，中国的农村金融改革需要考虑国有企业“体制外”改革的方式，实现新老划断，即基于农村信用社这一主导的供给体系，构建多元化的新供给主体，构建多层次、多主题的新型农村金融供给中介体系。

（二）完善金融资源向农村转移的市场机制

中国邮政储蓄银行于2007年3月正式成立，其是我国农村金融服务体系的重要组成部分。中国邮政储蓄银行拥有超过3.6万个的营业网点，并且大部分的网点都在县以及县以下进行分布，尤其是在一些偏远地区，邮政储蓄是其唯一的金融服务机构。由于受到金融管理体制和银行经营管理体制的制约，邮政储蓄资金未能足额有效地返回农村使用和支持“三农”发展。对于中国农业银行和中国邮政储蓄银行，政府应通过主导的金融政策和制度创新以及金融机构自身的业务创新，进一步加强商业化改革。就我国当前农村金融发展现状来说，中国邮政储蓄银行存款余额主要来自农村地区，但是通过邮政储蓄渠道返乡的资金并不多，在邮政储蓄自主运用资金中所占比例并不高，也就是在这方面明显出现了不合理的情况。

近年来，我国农村利率市场化不断推进，农村的利率定价获得更大的自主权，存款利率不断提升，存贷利差也将随之有所缩小。农村金融机构要适应利率市场化进程，完善利率覆盖风险机制有助于引导金融供给主体的资金回流农村。此外，灵活的利率政策能有效动员农村地区的金融资源，显著提高农村金融机构筹资能力、调动农村居民进行货币积累的积极性、提高农民贷款的可获得性。利率市场化是“双刃剑”，利率市场化背景下需要农村金融机构对信贷预期风险进行合理定价，要综合判断金融机构的经营业绩和关注由于信息不对称所导致的道德风险问题。农村金融机构必须进一步加快业务转型升级步伐以规避利率风险，实现资产与负债的合理匹配，不断丰富业务品种。

三、构建新型农村金融机构

（一）新型农村金融机构面临的问题

1. 准入门槛低，抗风险能力差

银监会于2007年10月决定扩大调整放宽农村地区银行业金融机构准入政策，将试点省份从6个省（自治区）扩大到全部31

个省(自治区、直辖市)。由于准入门槛较低,导致新型农村金融机构的抗风险能力相较于大型金融机构较为薄弱。

2. 缺乏健全的法律体系

随着我国不断加强金融建设,金融领域的法律法规也不断完善,但是在农村金融方面的法律还有所欠缺。目前,我国的新型农村金融机构还处于探索阶段,没有形成一套完整的法律框架来界定其法律地位,而完善的法律保障是农村金融机构健康良好发展的前提。

3. 资金来源不足且单一

推动新型农村金融机构的建设和发展,一个重要基础就是拥有充足资金,而当前我国在该方面存在资金来源不足的问题,这要求我们必须及时寻找正确有效的解决途径。无论是村镇银行、小额贷款公司还是农村资金互助社,资金来源都是开拓贷款业务的基础。然而,由于规模小、网点单一等因素,新型金融机构规模无法扩大,持续性得不到保障。加之市场需求旺盛,新型农村金融机构存在无钱可贷的现象更加明显。其主要原因有两点:一是受限于"农村资金互助社不得向非社员吸收存款"的制度安排。对于贷款公司,"只贷不存"造成了资金约束严重。二是居民普遍认为新型农村金融机构的规模小且又是新鲜事物,信誉度不如"国"字号的银行放心,受传统观念的影响,广大居民对这些小型的新型金融机构感到陌生,认同感不高。许多居民表示不清楚这些新型金融机构的性质,不敢在这些银行存款;一些居民认为很多外国大银行都在金融危机和国内形势的影响下相继倒闭,质疑新型农村金融机构的可靠性,无法给予其充分信任。

(二)创新构建新型农村金融机构

1. 改善新型农村金融机构生态环境

为新型农村金融机构提供良好的生态环境具有重要意义,而想要实现这点就少不了政府的支持，政府必须投入充足的人力、物力和财力来更好地建设健全新型农村金融机构服务体系，要形成多方合力，共同营造一个良好的金融生态环境。

2. 开展全方位的监管

加强农村金融建设的一项重要工作就是对新型农村金融机构进行全方位的监管，金融监管部门应引导新型农村金融机构建立起完善的法人治理结构和银行组织体系，建立健全内控制度和风险管理机制，帮助新型农村金融机构提高风险防范能力。

(1) 建立健全信息披露制度。应该加强新型农村金融机构的信息披露，建立健全相应的制度。

(2) 建立健全准入制度。对于新型农村金融机构董事和高级管理人员的任职要进行严格的审查。为了让公众放心地对申请者的资信、品行进行评议，还应该开办相应的新型农村金融机构举报制度。

(3) 建立健全运营监管制度。由于新型农村金融机构的经营具有高风险性，抵抗风险的能力也相对薄弱，因此谨慎的运营机制是非常必要的。

3. 完善服务配套政策

我们需要以农村金融机构服务需求的特点为基础，建立健全合作性金融、政策性金融和商业性金融“三位一体”的金融支农服务体系，从而更充分地满足金融服务需求，提供全方位、多层面、产业化、多元化的金融服务。

推动农村金融发展，必须加强农业信贷建设，这就要求我们必须建立健全农村信贷制度，以此为新型农村金融机构服务带来更广阔的空间。加快新型农村金融机构信贷主要可以从以下几个方面来进行。第一，不断提高支农再贷款使用效率。支农再贷款对新型农村金融机构增强支农资金实力、引导农村信贷资金投向、扩大农户贷款、缓解农民贷款难问题都发挥了重要的作用。

第二，扩大新型农村金融机构贷款利率浮动幅度区间。贷款利率浮动幅度的扩大，有利于新型农村金融机构根据借款人的风险和效益状况等因素区别定价，进一步加大对“三农”的信贷支持力度。第三，进一步完善扶贫贴息贷款的运作模式。结合国际上扶贫帮困的经验，在总结经验的基础上新增试点地，这无疑可以为提高农业贷款效率起到促进的作用。

4. 拓宽资金来源渠道

首先，新型农村金融机构应该充分利用各种媒体渠道进行自我介绍和宣传，保证社会公众对其有一个基本认识，了解其基本情况和相关业务，在此基础上，鼓励群众和中小企业将闲置资金存到新型农村金融机构。

其次，可以在各地设立合理的分支，把新型农村金融机构的涵盖范围扩大，更有利地吸收资金。

最后，新型农村金融机构可以通过其他途径增加融资渠道。

5. 提高科技投入，推动新型农村金融机构的创新

创新是推动新型农村金融机构持续发展的重要力量，因此新型农村金融机构应该加大在创新方面的投入，积极挖掘现有设备的潜力，尽可能提高其使用效率，并积极与国有大中型金融机构进行交流合作，拓展服务的范围和内涵。

（三）创新农村金融产品和服务

1. 农村金融产品创新

（1）农村金融产品创新的必要性。改革开放以来，我国农村金融不断发展，从整体上来说，这个发展过程主要经过了四个重要时期，即恢复期、调整期、发展期和深化期，在经历了农村金融的不断发展和变革后，我国农村金融机构的发展取得了巨大的进步。农村金融改革积累了很多有益经验，但也存在很多不足之

处，其中农村金融产品缺位、不丰富就严重牵绊了农村金融改革的步伐。目前，农村金融产品主要集中在储蓄存款业务、贷款业务和汇款业务上，产品少。针对这一状况，农村金融机构应该加大金融产品的创新力度，丰富农村金融产品。农村金融产品创新的必要性可以归纳为以下三点。

第一，提高农村金融市场有效性的需要。随着我国金融市场的不断发展和创新，金融产品也为了适应人们不断丰富的需求而创新和发展，在这样的背景下，会有大量参与者受到吸引进入市场，交易量不断扩大，竞争加剧，这样金融市场就日趋成熟，市场的有效性不断增加，从而降低了金融市场的交易成本。

第二，培植新的利润增长点，防范化解金融风险的需要。随着农村金融产品的不断创新，会出现大量新技术、新服务、新工具、新交易，极大地提升了金融机构积聚资金的能力，更充分地发挥出农村金融机构的信用创造功能。金融机构可以通过向不同偏好的客户提供不同风险程度的金融产品，将本身所承担的风险降到最低限度，有效地转移风险，同时大量可供选择的金融工具使得金融机构可以根据自己的需要进行资产负债管理和风险管理，为规避风险提供了可能。

第三，传统农业向现代农业转化的迫切需要。随着我国经济社会发展，产业机构调整，我国农村经济发展呈现出多元化发展格局，与之相应的农村金融发展必然做出相应调整和改变。同时，普通农村居民的消费性需求和教育需求不断增加，部分已经富裕的农户的理财要求日益突出。因此，客观经济条件的发展要求农村金融机构从服务“三农”的角度出发进行业务创新。在信贷与理财产品方面从品种、利率、期限等多方面予以创新，以适应新时代的变化，为农村经济的多样化、多层次性提供专业化、差别化、多元化的金融服务。

（2）农村金融产品创新的途径。第一，完善农村信用体系，创新良好的信用环境。推动农村金融产品创新的一个基础条件是为其提供良好的农村信用环境，只有为农村金融发展提供安全的信用环境，才能使金融产品的创新成为可能。信用体系越健全，金融机构产品开发的约束条件就越少，开发的领域越广，贷款主体应用也会更多、更灵活。因此，要以农村信用体系建设为切入点，创建良好的农村信用环境，使信贷双方建立互信机制，形成相互促进、共同发展的良性循环，吸引更多信贷资金投向农村。

第二，完善配套政策支持，健全农村金融服务体系。首先，完善配套政策支持。我们应该为农村金融产品创新构建良好的金融创新环境，发挥财政性资金的杠杆作用。同时，完善农村金融法规制度，加快金融机构支农责任的立法工作，依靠法律强制力切实保障契约履行和金融市场有序运行。其次，健全农村金融服务体系。为了促进农村金融产品创新，应该引入竞争机制，构建健康良好的竞争环境，形成服务“三农”的创新合力。建立以农村信用社等合作金融为基础，政策性金融与商业性金融业务适度交叉，农村村镇银行、贷款公司、农村资金互助社、小额贷款公司等四类新型机构为补充的多层次、广覆盖、可持续的农村金融服务体系，培育竞争性的金融市场，拓宽农村经济融资渠道。

第三，掌握客户需求，完善农村金融市场产品线。随着市场发展，客户的需求提议多元化、个性化，为了更好地满足客户需要，农村金融机构必须掌握不断变化的客户需要，提供多样化的金融产品。实现差异化竞争，农村金融机构首先需要确定目标客户群体，了解他们的需求，再根据客户不同的需求创新金融产品。这要求金融机构必须具备敏锐的观察力，对市场反馈回来的信息，经过适当筛选、取舍，确定新产品的特性，及时掌握客户金融需求，完善农村金融市场产品线，提供多样化、多层次的金融产品。

第四，以农村金融市场为基础发展中间业务。中间业务相较于传统的资产、负债业务具有一定的优势，因为其不需要占用金融机构的资产，也不会产生负债，可带来较为稳定的收入，具有较强的服务性。它不仅能够提供多样化的金融服务，适应社会经济生活和经济发展的要求，而且能通过中间业务起到服务客户、稳定客户、促进银行传统资产负债业务发展的作用，更重要的是它成本低、风险小、收益高，能够为金融机构带来巨额的利润，有极其旺盛的生命力和巨大的发展空间，为此农村金融机构应该积极在中间业务的产品上进行创新，寻找新的利润点。

第五，建立创新制度体系，营造良好的制度环境。健全合理的制度体系是金融产品创新的基础，只有保证金融产品创新具有良好的制度环境，才能保证其可以获得实质性的进展。要明确落实责任，开展全方位的产品创新活动。另外，上级社或上级行可以适当放宽基层信贷产品与服务创新权限，但要做到鼓励创新的同时预防创新过度。金融机构要建立包括信贷管理、风险管理、产品营销和监管服务在内的一整套制度体系，将风险控制在可承受的范围之内。监管部门应结合农村金融服务对象的特殊性，研究制定既符合加强监管、防范风险的要求，又适应农村经济发展不同层面服务对象的金融需求的监管标准和要求。

第六，加强人才培养，构建人才队伍。在知识经济时代，人才是社会发展的核心动力，在金融领域同样如此，人才是金融产品创新的关键和基础保障。农村金融机构可以面向社会选拔人才，招录一些金融专业高层次人才和计算机专业的优秀人员；而现有人员应该加大培训，选拔一批文化基础较好的人员到大专院校学习深造；还要善于发现人才、使用人才，把懂经营会管理、具有开拓创新精神的人员推向领导岗位；对于紧缺人才，金融机构应该适当地实行收入倾斜政策，以此加强对相关人才的吸引力，如对具有高学历的计算机、投资理财等专业的创新性紧缺人才实行年终一次嘉奖，在住房等问题上优先予以解决等措施，稳定现有人才队伍，吸引更多高素质人才加盟农村金融事业。此外，还应该建立适应农村金融行业的分配机制，按照工作人员的职责、绩效确定新薪酬，将绩效考核作为确定个人薪酬高低的核心因素，充分调动员工的积极性，另外对有产品创新建议和方案的人员进行额外的奖励，使员工有能力、有动力为金融产品创新服务。

2. 农村金融服务创新

我国农村金融面临着体系不健全、产品不丰富、基础设施缺乏等诸多问题。为更好地服务于“三农”，应该从政策、金融工具、服务等方面加强创新，以满足“三农”对金融的需求。

(1) 农村金融服务创新的必要性。

第一，有利于促进农村金融体制改革。为了更好地促进农村经济发展，我国调整放宽农村地区银行业金融机构准入政策，中国农业银行回归农村，政策性银行商业化运作，中国邮政储蓄银行定位农村，乡镇银行、专业贷款组织、信用合作组织、小额信贷组织等金融机构在农村市场相继建立。这些机构要想在农村金融市场竞争中立于不败之地，必须要有良好的金融服务做保障。

第二，有利于促进农村经济的发展。随着改革开放不断推进，农村改革的步伐也不断迈进，农村发展改变了原有的农村经济格局，农业生产组织化程度越来越高，农户基于发展需要对农村、农业发展提出了更多要求，扩大农业生产经营已经不再是农户的唯一需求，随着社会现代化建设的加快，农村产生了消费性需求、教育需求等，并且这些需求还在不断地增加和增强。从客观层面来说，农村经济发展具有多层次、多类型、多领域的特征，这就要求我们在培育和发展农村金融机构时必须加强服务手段、服务功能的创新，以此为农村发展提供更全面的金融服务，为农村经济发展搭建良好的农村金融环境。

第三，有利于推进新型城镇化建设。随着城镇化建设的不断推进，农村居民对金融服务的需求越来越多，不论是生产还是生活都与金融服务有着千丝万缕的关系。从农业生产的角度来说，农户需要充足的资金购买生产资料以实现扩大生产、投资办厂等目的，从日常生活的角度来说，农民需要充足的资金购买耐用消费品、盖房等。近年来，我国大力推进农村建设，推进精准扶贫，调整和升级农业产业结构，同时大力推进小城镇加速建设，在这样的背景下，农村房地产、医疗卫生、文化娱乐等产业也得到了迅猛发展，而从实践来看，这些建设工作都少不了农村金融的支持和服务。可以看出，随着农村的不断发展，农村金融已经与农户的生产经营、日常生活建立了密切关系，同时农村金融也是我国推进农村建设、实现乡村振兴的基础。

(2) 农村金融服务存在的问题。

第一，投资渠道单一。当前，我国农村金融机构已经得到了较大发展，但从整体上来看仍然比较保守，投资渠道相对单一，这就导致虽然设立了农村金融机构，但无法充分发挥农村金融机构的作用，同时在一定程度上影响了农村经济的发展。

第二，融资渠道单一。我国农村发展相较于城市发展比较滞后，这同样体现在农村金融发展方面。由于发展条件受限，农村金融机构的融资渠道相对单一，这对于农村金融的进一步发展造成了严重的不良影响。发展农村金融产业，一个重要的问题就是有效地扩展农村金融机构的投资渠道。长期以来，我国经济存在发展不均衡的情况，其中城乡经济发展不均衡是一项具体表现，在这样的背景下，大量资金和项目都集聚在城市地区，而这又进一步加大了城乡发展不均衡的程度，为了缩小城乡差距，促进农村发展，必须引导资金和项目流向农村。当前，农村经济不断发展，农村居民对物质生活的要求也不断提高，这就为我国农村金融发展提供了条件，但农村金融机构缺少资金，这就需要扩展融资渠道以更顺畅地获得发展所需资金。就我国当前的农村金融机构资金来源来说，吸收存款、贷款利息、办理中间业务手续费等是其获得资金的主要渠道，虽然也有一些农村信用社成员投资，但这不足以满足农村金融机构发展产生的越来越多的融资需要。

第三，服务网点不足。近年来，我国加大了对农村金融的扶持，促使农村金融得到了较快发展，大力培育和发展村镇银行、小额贷款公司等新型农村金融机构。但我国农村金融网点分布不均匀，甚至一些与“三农”直接联系的乡镇都没有设立相应的金融网点，同时新型金融机构虽然得到了一定发展，但仍处于试点和探索阶段，从整体市场来说，这些金融机构并不能形成较强的竞争，也就无法通过竞争推动创新和进一步发展。

第四，服务效率低下。虽然我国农村金融机构在建设方面近年来有了一定的发展，产品和服务的种类越来越多，质量也在稳步提升，但仍然存在服务效率低下的问题。就我国农村金融机构服务的现状来看，从业人员的专业能力、职业素养、服务态度、工作效率等均存在不足，同时农村金融机构的服务项目较少，无法满足越来越丰富的农村金融需求。农村金融机构的服务水平与其发展存在直接联系，同时服务水平会影响客户及投资者的信心，较低的服务水平会延缓农村金融机构的发展。随着市场经济发展，各行各业都面临着激烈的市场竞争，先要提高自身竞争力，不仅要提升技术水平，提升服务水平也是一个重要的方面。很大一部分农村金融机构的员工知识水平较低，缺乏专业知识，并且员工年龄普遍偏大，在一定程度上影响了工作效率，同时员工素质不高，对待客户的服务态度欠佳。鉴于此，农村金融机构想要实现进一步发展，就必须重视人才的选拔和培养，建立健全人才选拔机制，开展定期和非定期的业务培训，制定科学合理的绩效考核方法。

(3) 农村金融服务创新的途径。

第一，改善农村信用环境。在市场经济中，金融既是资金又是信用媒介，实现农村金融的良性发展，对金融风险进行有效管控，一个重要前提就是构建良好的农村信用环境，这是降低农村金融交易成本的重要内容，同时是开展农村金融服务创新的基础环境。因此，改善农村金融生态环境建设势在必行。

第二，加强对农村金融服务创新的政策支持。虽然我国农村金融机构已经将服务创新作为一项重要工作，但从当前的发展实际来看，这种探索仍处于起步阶段，这就要求政府为其提供良好的政策支持。也就是说，政府应该采取相应的财政政策、货币政策支持和适当的监管政策配合，以此使农村金融服务创新可以有一个良好的外部环境。

第三,明确创新为"三农"服务的理念。农村金融机构想要实现发展、获取利润,就必须为客户提供他们需要的特定金融服务。因此,农村金融机构首先要做的就是转变传统服务理念,真正树立客户至上、因客而变、真诚服务的理念,尽可能高质量地提供满足客户金融需求的服务,只有这样才能赢得客户。其次要做的是以客户为中心创新服务。在新的市场环境下,转变金融服务理念尤为关键,农村金融机构必须树立"以客户为中心,以市场为导向"的创新服务理念。农村金融机构也逐渐向城市化靠拢,这就要求农村金融机构必须将提高服务质量、加强服务质量管理作为一项不得不重视的工作。最后要做的是加强县域差别化服务。不同地区的经济发展情况不同,县域金融市场需求、客户层次等方面均存在一定差异,因此农村金融服务创新必须将市场细分作为一项重要工作,以此为基础为不同地区的客户提供差别化金融服务,以更好地满足客户需要。

第四章　农产品电商

优质的农产品是现代农业发展的重要方向。近年来，涉农电商迅速发展，一时间，“互联网＋农业”成为一个蕴藏着巨大商机的领域。整个农产品有几万亿元的市场规模，但目前的电商渗透率没有超过10％，因此农产品电商也被视为电商最后的蓝海。本章主要研究农产品电商的相关内容。

第一节　农产品电商的模式

当前农产品电商发展迅速，成为促进农产品销售、拉动农民增收、带动经济社会发展的重要“引擎”，如今农产品电商规模已经超过1000亿元，成为网购新宠。

一、农产品电商的定义及其入门问题

（一）农产品电商的定义

农产品电商是指在农产品销售过程中，全面导入电子商务系统，利用信息技术，以网络为媒介，进行需求、价格等信息的发布与收集，依托农产品生产基地与物流配送系统，为顾客提供优质农产品和服务的一种新型的商业运营模式。农产品电商主要分为以下三类。

（1）自产自销，即由农民、种养大户、家庭农场、农业企业等将自己生产的农产品通过网络销售出去，主要采用B2C、C2C模式，

优点是集“产加销”于一体,货源可控、质量可控、价格可控,缺点是品种单一、季节性强、单打独斗。

(2)专职电商,即由零售电商或电商企业通过网络为农民、农业企业销售农产品,有的采用代销模式,有的建有电商平台。优点是专业性强、选择性强、适应性强,缺点是货源、质量、价格不可控。

(3)自产带销,即上述二者的结合,既做产品,又做平台。

(二)农产品电商入门问题

如今最热的一个词就是“互联网”,就连一向被人们认为落后的农产品也开始在网上销售,这促进了农民增收,带动了农村经济的发展。要想做好农产品电商,就要先考虑以下五个问题。

1. 卖什么农产品

农产品基本上可以划分为干货和生鲜两大类(见表 4-1)。

表 4-1　农产品的品类划分

项目	干　货	生　鲜
品类	花生、枸杞、桂圆、茶叶、红枣、花椒、杂粮、葡萄干等	水产、肉品、水果、蔬菜、花卉、禽蛋等
缺点	网络上同类产品多,容易陷入低价竞争	物流成本高,导致价格反而比实体店要贵;损耗率非常高;标准控制很难

因此,对于网络上的销售来说,干货更合适,生鲜电商面临很多困难,传统渠道的销售更简单。

2. 用什么方式卖产品

网络销售基本上可以分为两种销售方式:一是 B2B,也就是批发型;二是 B2C,也就是网络零售,如图 4-1 所示。

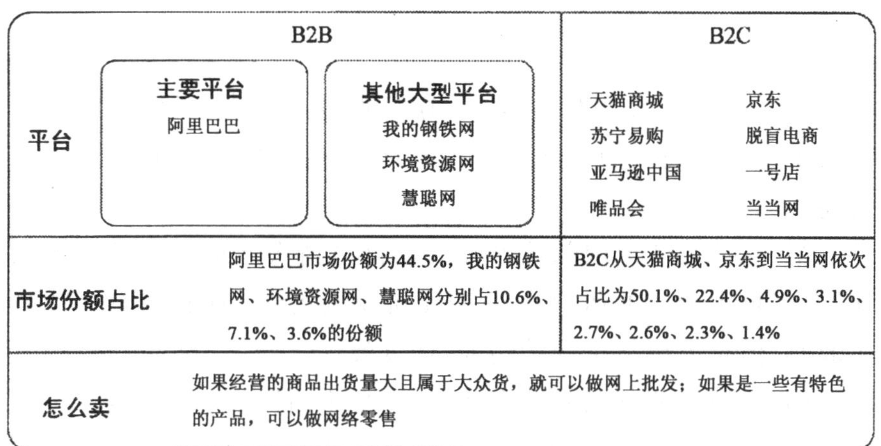

图 4-1 网络销售的两种方式

3. 在哪家平台卖产品

每家电商平台都有自身的特点，如表 4-2 所示。

表 4-2 常见电商平台及其特点

电商平台	平台特点
天猫商城	以经营品牌的商品为主，进入的门槛较高，而且要交一定金额的押金，处罚力度也非常大，卖的商品也比较贵。如果卖的商品没什么品牌，即使用这个平台也不好卖，而且商城目前已经关闭了一般的企业申请入口
淘宝网	几乎没有什么进入门槛，但由于进入门槛低，平台鱼龙混杂，低价恶性竞争非常激烈；但淘宝开辟了淘宝生态馆，提倡自产自销优质特色农产品
阿里巴巴	主要是面向中小企业的平台，这一平台加强厂农产品营销
苏宁易购	它由传统的电器企业转型而来，逐渐涉及了农产品，目前平台开放，招商政策也较为优惠
1 号店	这一平台是由沃尔玛集团控股的，专业做生活类产品，进入条件比较严格

无论是哪一种平台，农产品电商都可以根据自己的产品情况，先选择一两个平台，然后慢慢发展。

4. 让谁来卖产品

要考虑是自己上网卖，还是请专业的人来卖。目前，电子商务缺少人才是面临的大问题。有三种解决人才问题的办法，如下所述。

第一，请人才或内部培养。可以自己请人才或在内部培养人才，专门负责网店的运营管理，好处是人才稳定，而且自己人用着也放心，但是需要从头开始培养，速度慢。

第二，请专业的公司来运营。由专业团队来代为运营，好处是其具有丰富的网络营销经验，但费用比较高，刚起步的店铺可能承受不起。

第三，返乡创业人才。返乡创业人才可以和家人如父亲走父子结合的道路，儿子在网店前端负责营销与客服工作，父亲在后端管理产品的生产与发货。

5. 卖到什么程度

是要把农产品全部用来网上销售，还是一部分用来网上销售，一部分做线下销售？非专业的电子商务企业一定会面临传统渠道与网络渠道的精力分配问题，因此要在分析自己的实际情况之后再做出决策，如果精力大，就可以线上销售的同时兼顾线下。

需要注意的是，农产品的销售不同于服装类销售，服装企业可能会把卖不出的尾货放到网上，以非常低的价格卖出去以回笼资金，但农产品如果把品质不好的挂到网上，可能很快就做不下去了。因此，要想做好农产品电商，一定要对电商有清晰的认识、坚定的决心和足够的投入力度。

二、农产品上行电商发展模式

随着社会经济的发展，大众对农产品的需求已经逐步由“温饱型”转向“品质型”，人们逐步追求高品质、安全、高质量以及个性化的产品，因此对供给端也提出了更高的要求，由之前的“粗放型”逐步向“质量型”转变。

农产品上行电子商务的发展模式根据规模和交易对象的不同，可以分为大宗农产品 B2B 专业平台模式、农产品 B2B 交易信息资讯服务模式、农产品第三方平台模式（B2C/C2C）、农产品自建平台模式（B2B/B2C/C2B）、农产品社交媒体模式（B2C/C2C）等几种类型。

（一）大宗农产品 B2B 专业平台模式

随着产业互联网的快速渗透，一些农产品品类里已经出现了规模较大的专业电子交易市场，只做单品类或专有品类产品的网络交易平台，如生猪市场、花卉电子交易中心、芦笋交易网、棉花交易网等，这些专注于某一个领域，汇聚本领域的交易者，值得各类型农产品生产者的大力关注。大宗专业平台为交易商提供多项服务，包括交易服务、支付结算服务、融资服务、物流服务及质检服务等。

大宗农产品 B2B 交易的规模在商品农业经济结构中占有较大权重，目前也有很多以农产品为主要交易品种的大宗商品现货交易平台，这些交易平台的交易模式一般包括挂牌交易、竞价交易、协商交易、委托交易和特色专场等多种模式。

大宗农产品 B2B 交易的支付服务模式包括网上银行模式、银商通道模式和第三方支付模式。通过网上银行进行划款支付是重要的支付方式之一，支付过程是不经过交易市场的，由买卖双方之间按照合同约定完成；银商通道是指交易平台系统与银行系统连接，交易商通过交易平台或银行提供的多种渠道发出资金划转指令，实现相关资金实时划转；第三方支付结算平台通过与交易平台、银行相对接，为交易提供支付结算及其相关的管理服务。

大宗农产品 B2B 交易的物流服务也是必不可少的，平台采用自建或合作的方式提供物流服务，物流服务商为交易企业提供运输、仓储管理、配送等服务，同时为外贸业务提供代理报关、报检、报验、订舱等服务；交易平台将在平台上进行交易的产品物流信息进行整合，提取相关信息，为交易商及相关企业服务。

（二）农产品 B2B 交易信息资讯服务模式

农产品 B2B 交易信息资讯服务模式主要是指提供大量综合性农产品信息对接的平台，如中国惠农网、广东正地农产品交易所、新发地农产品电子交易中心等，平台通过发布产品行情信息、供求信息等为买卖双方提供服务。

此类平台按照产品品类、地域等维度分成不同的频道，包括价格行情、市场分析、现有库存统计、国际行情、相关政策信息、专家评述等，有的平台有自身的价格分析及预测的模型和工具，分析的价格具有一定的代表性，有的形成具有一定认可度的指数。服务内容还包括定制化的杂志、研究报告、定期分析报告等，也提供其他增值服务，包括短信服务、广告服务、企业网站定制服务等，平台同样可以通过增值服务获得收入。

（三）农产品第三方平台模式

农产品第三方平台模式（B2C/C2C）是指农产品生产者通过第三方电子商务平台将农产品进行销售，此类模式一般包括 B2C 或 C2C 两种模式，企业或者个人在第三方电商平台上售卖产品，消费者下单进行购买。

目前，这类第三方电子商务平台有很多，包括阿里巴巴、京东商城、苏宁易购、1 号店、聚划算、美团网等。淘宝网是 C2C 的代表，但是目前相对比较鼓励规模化和规范化经营，特别是对于可以入口的食品，消费者的要求也更高，很多产品以 C2C 的形式进行售卖，产品质量很难得到保障。如果作为合作社或农产品生产、加工企业，可以通过天猫商城、京东商城等 B2C 的平台进行产品的销售。

借助第三方平台销售农产品一般有两种方式：一种是在第三方电子商务平台上开设店铺，直接销售产品，这种方式需要农产品的卖方有一定的网店操作能力和运营技巧;另一种是将商品卖给平台,再由平台进行销售,这种方式一般是与自营型平台进行合作,平台对产品进行统一筛选,农产品供应商与平台进行商务沟通,无须在平台上自己开店和运营。

(四)农产品自建平台模式

农产品自建平台模式(B2B/B2C/C2B)一般是较有实力的大型企业建设自身的对外销售平台,销售的对象包括供应链下游企业或终端用户,这类平台依据交易对象的角色不同,分为 B2B 平台、B2C 平台和 C2B 平台,农产品卖方是一家企业,买方是下游企业或者终端消费者。这类平台最初的目的是销售自身的农产品,同时可以宣传自己的特色产品或定制服务,用更快捷、更全面的途径让更多的客户了解自己的产品,促进交易。随着交易的发展,自建平台可以跳出自身企业的限制,扩展到同类或供应链上下游相关企业的层面,自建平台可以逐步转向"自营+第三方混合"的交易平台,为更多的上下游企业服务,但此时对平台本身的要求也将更高,逐步向第三方电子商务平台所提供的服务发展。

(五)农产品社交媒体模式

互联网社交平台众多,包括之前的人人网、开心网,现在的微信、微博、QQ 空间、Facebook 等,由于微信、论坛、微博、直播等互联网媒体平台的快速发展,很多优质的农产品可以通过社交媒体平台进行销售。

农产品社交媒体交易模式的卖方可以是农产品生产企业,也可以是个人,产品的购买者一般都是最终消费者。这种模式一般是通过庞大的粉丝群进行销售,主要依靠的是特定专题、故事、文案、互动等进行营销和圈粉,有些通过委托专业公关公司进行,有些将长期运营积累的用户引流到平台上,社交平台的价值在于强互动与强信任,有助于品牌的建立。

从农产品销售的对象及模式来看,社交媒体模式一般比较适合年轻的新生代农民，通过故事、互动卖出农产品，还可以提供乡村旅游、特色产品订制等服务。

第二节　农产品电商存在的问题

随着网络在农村不断普及，农村电商也实现了新发展，网络销售方式为农村居民带来了便捷，同时实现了他们的增收愿望，带动了农村的经济发展。但不得不承认的是，发展农产品电商是一项复杂的工作，涉及领域很多，在发展农产品电商时依然存在各种问题。本节就针对农产品电商存在的问题展开分析。

一、农产品标准化的问题

在过去，不同的生产方接到来自全国不同市场的订单，供应的产品、供应的方式，都存在不同的标准。但在电商市场，由于可以很容易地横向对比，消费者对特定商品的需求会逐渐趋同，集中在几种固定的款式上。在这种情况下，同村镇的同类产品的生产方会慢慢根据网购市场的需求，形成若干款相同的款式，成为事实标准，在这个前提下，才可能形成完全通畅的库存互补。

但这一点背后存在生产加工标准化的问题。如今农村电商上行，第一个困难环节就在这里。如果特产不能标准化，则不能代表一个地区的特产。如果在消费者端，某地特产在网络上呈现各种风格，从营销、包装、产品形态都不同，就很难形成这个地区特产的凝聚力。

对于不了解中国各地特产的年轻群体，产品销量很难依赖过去积累的特产口碑。比如，笔者在过去多年电商授课讲台常常会问一个问题“中国哪里的小枣最好”，这个问题的答案是山东乐陵，但学员中只有年龄较大的学员能回答，大部分年轻人会回答“枣庄”。或者很多人根本不知道大枣和小枣的区别，直接回答

“新疆”。

2016 年,河南很多商家创新性地将滞销的核桃和枣子放在一起,变成“枣夹核”,在网购市场成了爆款,深受年轻人喜爱。面对特产知识相对匮乏的网购市场,能够快速聚集起一个新的特产认知,就可以快速传播,形成爆款。

另外,大部分特产,特别是农副产品往往属于“三无”产品:无生产许可证(QS)、无生产日期、无生产厂家。非标准类商品消费者很难进行判断:第一,消费者缺乏专业的商品知识背景;第二,电商销售的限制使消费者只能通过图片和文字进行判断,真实性大打折扣。如果没有抱团快速形成标准化的款式,很难走出三无的困境。

电商平台对假冒伪劣的处罚力度加大,催生了专门寻找规则漏洞进行敲诈的职业打假人,单打独斗的农副产品卖家很容易成为职业打假人的针对对象。如果职业打假人举报农产品卖家销售的产品缺乏资质,卖家一般没有胜诉的可能,因为缺乏资质,平台也没有办法判卖家胜诉。由于目前农副产品电商销量尚未爆发性增长,这个问题还只是局部的,在特产电商发展越来越快的时候,尽快形成面向网购市场需求的标准化特产,是可以让产区内商家都受惠的好方案。

二、营销与创新方面的问题

大家都知道农产品上行困难,但是最困难是哪个方面?淘宝特色中国几乎汇聚了全中国所有地区的特色产品,细分程度甚至到县级市。可以说,中国大部分的农产品都已经上网了,而且都可以进行在线交易,以前只有去旅游才可以买到的土特产,现在随时都可以通过淘宝下单,不到一周时间就可以拿到。但是,我们细看这些土特产的销量,销量特别好的产品月销量能有几百单,大部分的产品月销量只有寥寥几单,尤其是中西部地区的产品,大部分是没有销量的。

农产品上行想要有好的销量,需要品牌价值。消费者在做出采购决策时,需要的是一个让他下单的理由,这个理由可能是价格促动、兴趣促动、情感促动等某个足以让消费者在做决策时可以推动一把的动力。电商市场经常打价格战,我们都知道价格战不能持久,只能偶尔冲销量,能让我们长期深耕挖掘的是品牌价值。就像三只松鼠的案例,同样的坚果,无论在价格上还是在销量上都能遥遥领先,凭借的正是品牌价值和品牌所带来的信誉价值。

第三节 农产品电商的发展趋势

在这个互联网时代,农产品电商要不断摸索新的营销方式,学会让农产品适应电商而不是让电商适应农产品,制定策略时要从消费者和市场的角度出发,不断创新发展农产品的销售手段,这样才能在竞争中立于不败之地。

一、农产品电商营销的总体发展趋势

(一)营销特点

1. 产品差异大

基于农产品的各种认证的市场较为混乱和无序,增加了电商企业的辨识难度。因为农产品的特殊性,不能通过标准化的流程收获标准化的产品,使得挑剔的消费者容易对农产品的品质差异产生不满。

2. 同质化严重

农产品作为各大农村电商的主营产品,大部分都是谷类、豆类、薯类、蔬菜类、水果类农产品或者农副产品,商品的差异化程

度较小，特别容易被模仿和复制，导致农产品的利润不高。

3. 运输成本高

农产品在运输和配送过程中需要严格控制温度和湿度，否则会大量腐败变质。大部分的生鲜农产品全过程都需要冷链保鲜，导致物流成本大幅上升。

（二）销售手段

在电子商务的流通模式下，农产品的信息流由以前的“单向延迟、线性传递、被动接受”变成“双向即时、网状连接、推拉互动”，生产者可以和消费者直接互动，消费者之间也可以横向交流，因而农产品电商有机会也有条件实践很多创新的销售方式。

1. 预售

预售就是将还没有采摘、收获的果实提前卖给消费者。预售的重点是解决信任问题，要为消费者提供安全绿色的食品，让消费者能够放心地食用。

预售本质上销售的是土地和服务，不追求产量，但是把果蔬的高品质看作最高原则，以保证果蔬的新鲜天然。这样纯天然、无污染的食品会成为重视食品安全的现代人竞相追逐的对象，因此在产品单价和附加值上就有了很大的盈利空间，这也是刚开始定期宅配十分赚钱的主要原因。

2. 私人订制

私人订制就是将土地出租出去，然后工作人员按照租客的要求进行种植，最后将产出配送给租客，租客也可将其视为周末休闲旅游的一个日程活动。私人订制为消费者提供更多有价值的服务来提升消费者的体验，如消费者可以在耕种、管护、收获的过程中获得更多的体验和食用真正安全的食品，也有助于提高消费者的信任度。

3. 周期购

粮、油、牛奶等一部分农产品在需求上表现出了很强的周期性特征，这些农产品是消费者必不可少的日常需求。按照传统的购物方式，消费者只能去线下超市定期进行购买，但在电商模式下，购物可以变得更加便利。

4. CSA结合电子商务

CSA(社区支持农业)最初是从日本发展起来的。当时的消费者为了吃到健康安全的食物，就与那些有稳定客源的农民合作。我国的CSA与国外的不同之处在于，我国的CSA是从生产端开始的，一些创业者和农户先生产出绿色安全的农产品，再进行销售，但由于成本较高，不容易找到合适的消费者。

随着电子商务的高速发展，CSA实践者看到了希望。例如，清华女博士后石嫣创办的“分享收获”，除了与农民合作外，还通过在淘宝开店将收获的农产品与新型流通方式对接，将这一小区域经济合作方式在网络上扩大，并将理念传播给更多消费者。

（三）营销工具

农产品电商的营销工具具有多样化的特点，如PC互联网就包括开网店、自建独立网站、微博等，移动互联网包括微信、手机淘宝等。

1. PC互联网

第一，开网店。如淘宝、京东等，通过开网店在网上发布产品信息，进行商品展示，建立良好的产品形象，从而实现更好的商品交易。网店中可以放一些农产品生产过程中的照片和视频，也可以发布一些产地的市场信息，或者农产品生产企业的新闻等。对于刚进入农产品电商的创业者来说，利用第三方平台销售不失为一个好办法。

第二，自建独立网站。一些有较全产业链和产业结构，以及有较强组织能力的企业，可以选择自建网站。企业自建网站，有B2B类型的，也有B2C类型的。B2B类型的如美菜网、链农等。B2C类型的如沱沱公社、本来生活等生鲜电商。这些自建网站型企业有的有自己的生产基地，同时也经销其他企业或农村合作社的农产品；有的则没有生产基地，只是农产品流通企业开设的网站。

第三，微博。这种营销推广方式成本很低，而且可以直接带来潜在客户，具有很好的实时性。有一些农产品企业通过微博进行营销，产生了不错的宣传效果，可达到几千甚至上万的转发量。

2. 移动互联网

第一，微信。建立个人微信账号或申请公众账号，微信公众账号也是完全免费的，这也就意味着任何人都可以在不花费一分钱的情况下拥有一个可以推送任何信息的平台。微信的载体是手机，它的屏幕自然不能与计算机相比，因此就不能像淘宝、京东这些平台一样上传大量细节图，那么前期可以上传一些农产品的日常常识，如营养知识、挑选方法等。每天都保持分享，逐渐吸引潜在客户。当前是移动电商的时代，微信营销模式的发展空间很大。

第二，手机淘宝。现代人的购物习惯已经越来越趋向于通过手机满足随时产生的购买需求，而通过手机淘宝的购物平台，是所有媒体中最有可能被转化为实际消费的。截至2017年12月，手机淘宝客户端累计下载量排名高居应用市场榜单前五名，2017年度淘宝“双十一”大促活动，无线端成交量高达90%以上，比2016年82%的占比持续提升。

二、农产品电商发展的具体途径

在经过一系列艰难尝试和探索后，农产品电商模式开始逐渐走向成熟，基本探索出四大最有价值的发展方向。

（一）品牌化

对于农产品来说，首先要重视产品的品牌化营销。近年来，消费者对优质品牌农产品的需求日益旺盛。在消费者心目中，品牌代表了高质量、可信任，他们愿意为此付出更多的金钱。目前，大多数农产品还停留在地域品牌的初级阶段，如洛川苹果、西湖龙井等，真正的市场品牌还非常少。因此，一定要深度开发农产品内涵，把农产品打造成独具特色和个性的品牌，提升品牌附加值，让产品能够在众多同质化产品中脱颖而出，避开低价竞争的误区，借助品牌化率先占领市场。

（二）社区化

很多农产品电商已经意识到“最后一公里”的重要性，开始深入社区进行物流布局，通过这样的方式把农产品的物流链缩短，降低物流成本，减少损耗。但在社区终端的建设上需要投入一定的成本，而且终端建设和渠道的融合还需要一定的时间。

另外，对社区终端的管理问题、细节问题都需要逐步完善。随着移动互联网技术的不断提高，以社区为中心的电商客户端将占据市场主体，这也是农产品电商未来发展的出路。

（三）O2O

O2O 是指将线下的商务机会与互联网结合。这个概念相当广泛，只要产业链既可涉及线上，又可涉及线下，就可通称为O2O。农产品电商可以将线上线下两个渠道结合起来，利用微博、微信等社交工具作为传播手段，开展网络营销，同时可以运用大数据对客户群体进行精准定位，大幅降低营销成本，实现高效率的营销传播，并从中摸索出一种正确的盈利模式。

（四）微营销

微营销是以营销战略转型为基础，通过企业营销策划、品牌策划、运营策划、销售方法与策略，注重每一个细节的实现。通过传统方式与互联网思维实现营销新突破。微营销是传统营销与现代农产品网络营销的结合体，在互联网使用中存在有线网络和无线网络；无线农产品网络营销即移动互联网营销，就是不用通过网线连接，而是用无线技术连接网络。需要指出的是，微营销不只是微信营销，微信营销只是微营销的一个组成部分。微博、微信、微信公众平台、微网站、App同时组合在一起也不是微营销，他们都是实现微营销的一个工具和方法的一部分。那么，微营销＝SNS(Social Net Service)＋微信？显然，这种理解也是片面的。下面就先向读者介绍什么是SNS以及由SNS衍生而出的SMM。

1. 社会化媒体营销

社会性网络服务(Social Net Service，SNS)是通过一个平台来建立人与人之间的社会网络或社会关系的连接，这个平台通常是网络平台，以个人服务为中心，以网络社区服务组为中心。社会化媒体营销(Social Media Marketing，SMM)，又称为“社会媒体营销”“社交媒体营销”“社交媒体整合营销”“大众弱关系营销”，就是利用社会化网络、在线社区、博客、百科或者其他互联网协作平台和媒体来传播和发布资讯，从而形成的营销、销售、公共关系处理和客户关系服务维护及开拓的一种方式。一般社会化媒体营销工具包括论坛、微博、博客、SNS社区、图片和视频通过自媒体平台或者组织媒体平台进行发布和传播。农产品网络营销中的社会化媒体主要是指具有网络性质的综合站点，其主要特点是网站内容大多由用户自愿提供(UGC)，而用户与站点不存在直接的雇佣关系。

移动通信时代的到来，使社会化媒体与生活的联系更加紧密，其核心就是注重媒体渠道的创新、体验内容的创新以及沟通方式的创新，强调虚拟与现实的互动。这些最适宜的承载平台正源于社会化媒体的运用。社会化媒体区别于传统传播介质(报纸、杂志、电视、广播),主要通过互联网技术实现信息的分享、传播,通过不断的交互和提炼,对观点或主题达成深度或者广度的传播,传统媒体的影响力往往难与之匹敌,更谈不上赶超。以SNS、微信、微博、博客、微电影等为代表的新媒体形式,为企业达成传统广告推广形式之外的低成本传播提供了可能。

社会化媒体营销具有传统网络媒体营销的大部分优势,如传播内容的多媒体特性、传播不受时空限制、传播信息可沉淀带来的长尾效应等。与传统营销相比,其具有以下显著优势。

第一,社会化媒体可以精准定向目标客户。社交网络掌握了用户大量的信息,抛开侵犯用户隐私的内容不讲,仅仅是用户公开的数据中就有大量极具价值的信息。不只是年龄、工作等一些表层信息,通过对用户发布和分享内容的分析,可以有效地判断出用户的喜好、消费习惯及购买能力等信息。此外,随着移动互联网的发展,社交用户使用移动终端的比例越来越高,移动互联网基于地理位置的特性也给营销带来了极大的变革。这样通过对目标用户的精准人群定向以及地理位置定向,在社交网络投放广告自然能收到比在传统网络媒体更好的效果。

第二,社会化媒体的互动特性可以拉近企业与用户的距离。互动性曾经是网络媒体相较传统媒体的一个明显优势,但是直到社会化媒体的崛起,我们才真正体验到互动带来的巨大魔力。在传统媒体投放的广告根本无法看到用户的反馈,在官网或者官方博客上的反馈也是单向或者延时的,互动的持续性差。往往是我们发布了广告或者新闻,然后看到用户的评论和反馈,而继续深入互动难度很大,企业与用户持续沟通的渠道不顺畅。社交网络使我们有了企业的官方微博或官方微信,在这些平台上,企业和顾客都是社交大平台上的用户,先天的平等性和社交网络的沟通便利性使得企业和顾客能更好地互动,相处融洽,形成良好的企业品牌形象。此外,微信、微博等社交媒体是一个天然的客户关系管理系统,通过寻找用户对企业品牌或产品的讨论或者埋怨,可以迅速地做出反馈,解决用户的问题。如果企业官方账号能与顾客或者潜在顾客形成良好的关系，让顾客把企业账号作为一个朋友的账号来对待，那企业所获得的价值是难以估量的。

第三，社会化媒体的大数据特性可以帮助我们低成本地进行舆论监控和市场调查。

通过社交媒体，企业可以低成本地进行舆论监控。在社交网络出现以前，企业想对用户进行舆论监控的难度很大。如今，社交媒体在企业危机公关时发挥的作用已经得到广泛认可，任何一个负面消息都是从小范围开始扩散的，只要企业能随时进行舆论监控，可以有效地降低企业品牌危机产生和扩散的可能。

通过对社交平台大量数据的分析，或者进行市场调查，企业能有效挖掘出用户的需求，为产品设计开发提供很好的市场依据，比如草莓供应商如果发现在社交网站上有大量用户寻找盆栽草莓信息，就可以加大这类产品的种植，在社交网络出现以前，这几乎是不可能实现的，而如今只要提供一些免费小礼品或者在社交媒体做一个活动，就会收到海量的用户反馈。

社会化媒体让企业获得了低成本组织的力量，反言之，无组织的组织力量确实是互联网带给我们的最大感触。通过社交网络，企业可以以很低的成本组织起一个庞大的粉丝宣传团队，而粉丝带给企业的价值回报则无法估量，这就是社会化媒体口碑营销的效应。此外，社会化媒体的公开信息也可以使我们有效地寻找到意见领袖，通过对意见领袖的宣传攻势，自然可以收获比大面积撒网更好的效果。社会化媒体在营销方面的优势显而易见，但是同时还存在很多问题，如社会化媒体营销的可控性差、投入产出难以精确计算等。

2. 微信营销

微信自 2011 年开始出现，用户数已超过 6 亿。人们获取信息的方式在不断改变，从通过报纸或电视获取信息到通过联网 PC 浏览信息到打开微博关注热点再到打开微信看自己的朋友圈。

随着微信用户规模迅速扩张，微信在功能上的创新使其在商业应用领域不断创下新的应用案例。从“查找附近的人”功能的探索，到“扫一扫”O2O模式的引入，再到公众平台及微信商城，微信打开了微经济的魔盒，释放出无限想象空间。微信是一个变相的即时通信工具。微信可以发送语音、视频、图片、文字等多形式的信息，用户可以通过手机客户端和网页登录；微信还提供公众平台、朋友圈、漂流瓶、摇一摇、消息推送等功能，这些功能体现出与QQ的差异化。但是，与QQ最大的不同在于微信跟手机通讯录的联系，形成了更加真实的关系链，打通了人们之间真实关系以及互联网之间虚拟关系的联系。微信的这些功能提供了一个更加真实的社交关系网络，并且在多种情况下可以取代短信、电话来进行联系，因此威胁到通信运营商的利益，这从侧面也反映出它受欢迎的程度。

微信是一个简化的应用程序(App)。对于没有App客户端的公众账号来说，微信是一个低成本、高效率的解决之道：简化生产流程、降低维护成本、让客户专注于生产与服务。没有App开发能力的个人或企业，完全可以在拥有6亿用户的微信平台上建立一个公众账号，几乎没有生产成本、维护成本、渠道成本，就直接生产内容或提供服务。

微信成就了一个自媒体时代。自媒体又称为“公民媒体”，是指私人化、平民化、普泛化、自主化的传播者以电子化的手段向单个人传递信息的新媒体。目前，微信已成为自媒体的最主要形式。

3. 创意营销

要想达到低成本、高性价比的“微营销”，创意和新传播手段必不可少，而在微时代，碎片化的媒体传播方式正为这种四两拨千斤的营销提供可能。在网络经济时代，创意成为营销不可或缺的驱动力。众多商家充分运用创意营销，颠覆传统营销思路。

让消费者在互动中感受企业理念，在主动中感知产品信息。

微电影营销是创意营销颇具代表性的一种营销手段，微电影营销完全可以让企业只花几万元就能达到几十万元甚至几千万元的广告效果。在如今广告满天飞的网络环境中，仅仅一篇广告视频、一段宣传文字已经远远不能吸引网民的注意，唯有以独到的创意展现内容的新奇，才能够吸引受众的眼球，让其驻足围观一个企业。能讲好故事，就可以花很少的钱达到更好的营销效果，而真正能讲好一个故事，源于一个好的剧本。当亿万网民为一部微电影情节津津乐道时，最令人感激的应该是幕后的创作者，是他们日夜苦思创作，让我们看到这么好的作品。

4. 事件营销

事件营销是指企业通过策划、组织和利用具有新闻价值、社会影响以及名人效应的人物或事件吸引媒体、社会团体和消费者的兴趣与关注，以求提高企业或产品的知名度、美誉度，树立良好的品牌形象，并最终促成产品或服务的销售手段和方式。事件营销是国内外十分流行的一种公关传播与市场推广手段，集新闻效应、广告效应、公共关系、形象传播、客户关系于一体，并为新产品推介、品牌展示创造机会，建立品牌识别和品牌定位，形成一种快速提升品牌知名度与美誉度的营销手段。

由于移动传媒如微信、微博等信息传递的特性，一个事件或者一个话题可以更轻松地进行传播和引起关注，成功的事件营销案例开始大量出现。事件营销具有针对性、主动性、保密性、不可控风险、可亲性、趣味性等特征。在进行事件营销实施时必须把握与企业形象保持一致、大企业必须谨小慎微、有选择地向媒体透露信息等关键原则。事件营销可选择的策略有名人攻略、体育攻略等。

5. 口碑营销

口碑营销是指企业在品牌建立的过程中，通过客户间的相互交流将自己的产品信息或者品牌传播开来。口碑源于传播学，由于被市场营销广泛应用,因此有了口碑营销。传统的口碑营销是指企业通过朋友、亲戚的相互交流将自己的产品信息或者品牌传播开来。“口碑传播”指的是用户个体之间关于产品与服务看法的非正式传播。口碑传播其中一个最重要的特征就是可信度高,因为在一般情况下,口碑传播都发生在朋友、亲戚、同事、同学等关系较为密切的群体之间,在口碑传播过程之前,他们之间已经建立了一种长期稳定的关系。

高可信度特征是口碑传播的核心,也是开展口碑宣传的最佳理由,与其不惜巨资投入广告、促销活动、公关活动来吸引潜在消费者的目光借以产生“眼球经济”效应,增加消费者的忠诚度,不如通过这种相对简单奏效的“用户告诉用户”的方式来达到这个目的。良好的品牌口碑营销效应是经过获得关注、搜集信息、深入了解、购买体验、感受分享这五大步骤形成的。在运作这种营销手段时,必须把握其实质:口碑是目标;营销是手段:产品是基石。

口碑的传播主体为消费者,口碑的客体可以是企业的产品、服务、组织、员工以及事件等;传播的内容通常包括介绍、体验、判断、评价、建议等。口碑的内容可以是正面的,也可以是负面的,而网络时代的口碑传播的一大特征就是将这种口碑效应进行放大,有时候这股力量会大到瞬间摧毁企业的地步。因此,网络时代所有面向消费者的企业必须十分重视口碑传播,研究其要素、特点,扬长避短,做好与消费者接触的每一个层面的工作,包括产品、服务等各个环节。

口碑为王时代已到来。一名普通的消费者通过线上线下结合的全渠道零售模式完成一次购买行为以后,如果他对这次购买体验感到满意,那么他极有可能会回到该购物网站给商家点赞,或者通过自媒体平台(如微信、微博)表达对商家的满意。在开放的网络环境下,这种对商家的好评就有可能被放大,从而有利于提高商家的网络口碑,这就是所谓的消费者口碑传播。

口碑传播是一种自传播,顾名思义,是用户自发对一件事物进行社交圈内的分享传播。相对于大众传媒，它利用的是人际传播渠道。人际传播不仅可信性强，而且富有活力、便于记忆，对消费者的影响力很大。由于这种传播出自用户身边的亲人或朋友，因而其传播效果要远胜于机构传播。同样，在今天的移动互联网时代，如果一名消费者在某一次购物体验中感到不满意，他极有可能通过微信、微博等自媒体平台表达自己的不满。

口碑传播的威力从没有像今天这么大，现在，整个社交化媒体就像一个巨型的口碑放大器，瞬间就可能在一个小时内将负面消息传递给上百万、上千万人，从而极大地影响商家在市场上的商誉。这就是移动互联网时代口碑爆发出来的巨大威力。因此，对于商家来说，要竭尽全力提升自己的服务水平，提高消费者的购买体验，经营好自己的口碑。网络口碑如此重要，不仅仅在于消费者能够利用网络发表对商品、服务和体验的评价，还在于今天的消费者在购物之前，越来越倾向于通过网络口碑来做出是否购买的决定。他们会选择相信其他消费者对商家和商品的客观评价，他们会选择通过微信朋友圈、社区论坛、微博等社交媒体了解产品和商家的信息。

换言之，消费者对于是否做出购买决策不再仅依赖于广告信息，在社交化、互动化的传播环境中，消费者越来越容易获取他人的体验经验，这些体验经验正在成为其决定是否购买的重要因素。这也给商家和商品的快速并大范围的口碑传播提供了良好的土壤，从这方面来看，口碑变得越来越重要，也就是商家给消费者带来的购买体验正在变得越来越重要。通过“他人的购物体验经验”来决定是否购买，本质上属于借助口碑传播，而口碑传播的实质其实是“去广告化”。

简言之，今天的消费者在购物之前，他们会了解其他消费者对商品和商家的评价，如果商家的网络口碑不佳(即好评率不高或者负面评价太多)，他们可能会放弃购买；另外，他们在购物行为结束以后会去网络上发表评价和看法，点赞或者点差评，从而影响商家的网络口碑。如何经营好自己的口碑既然在移动互联网时代如此重要，那么作为商家而言，如何才能经营好自己的口碑呢？其实，好的商品、好的服务、好的购买体验才是驱动口碑传播的发动机。好的口碑从何而来？任何好的口碑，一定是由好的产品、好的服务带来的。好的产品、好的服务、好的购买体验才是好的口碑的真正来源。

(1) 网络口碑营销。网络口碑营销(Internet Word of Mouth Marketing，IWOM)就是将口碑营销应用于互联网的信息传播技术与平台，通过消费者以文字等表达方式为载体的口碑信息，其中包括企业与消费者之间的互动信息，可以为企业营销开辟新的通道，获取新的效益。它是口碑营销与农产品网络营销的有机结合。

口碑营销实际上早已有之，地方特产、老字号厂家商铺及企业的品牌战略等，其中都包含有口碑营销的因素。农产品网络营销则是互联网兴起以后才有的一种网上商务活动，它逐步由门户广告营销、搜索广告营销发展到网络口碑营销。事实上，口碑营销一词的走俏来源于网络，其产生背景是博客、论坛这类互动型网络应用的普及，并逐渐成为各大网站流量最大的频道。

影响网络口碑营销效应的因素主要包括产品定位、传播因子及传播渠道。关于产品定位，很多营销人员希望口碑营销能够超越传统营销方法，但是如果营销的产品消费者不喜欢，很容易产生负面的口碑效果，结果不但没有起到促进作用，而且可能导致产品提前退出市场。传播因子具有很强的持续性、故事性，能够吸引消费者持续关注，并且容易引申和扩散。营销模型决定传播渠道，传播渠道的选择主要由产品目标用户群的特征决定，除了传统媒体和网络媒体，最具有影响力和最适合口碑营销的渠道是博客、论坛和人际交互。

网络口碑营销相较于其他营销的优势在于：宣传费用低、可信任度高、针对性强、具有团体性、提升企业形象、发掘潜在消费者成功率高、影响消费者决策、缔结品牌忠诚度、更加具有亲和力、避开对手锋芒。

(2) 口碑优化。口碑优化演绎了口碑营销与搜索引擎优化的完美结合,利用传播平台在搜索引擎的收录排名优势,进行热点关键词的排名优化,使得口碑信息能在搜索关键词时在众多信息中脱颖而出获得首页的良好排名,扩大分享平台口碑源。

口碑优化的价值在于,它是定位企业、品牌的最佳推广关键词以及口碑推广内容的方向;能够提高企业、品牌信息收录率;能够提升企业、品牌关键词优化排名,获取行业竞争先机;能够提高企业、品牌口碑信息覆盖量,为品牌建设奠定良好的网络口碑环境基础。

口碑优化的优势在于,营销效果可视化,即只要搜索企业优化关键词,就可以看到营销内容及效果;营销数据可追踪性,即营销效果周期长,数据效果可持续追踪统计;营销服务行业排他性,即营销效果为关键词首页排名,名额有限;营销形式独特性,即此方式是唯一基于 SEO 理念策划、撰稿、优化和维护的口碑营销服务。

6. 博客营销

博客营销也称“拜访式营销”,它是基于博客这种网络应用形式的营销推广。企业通过博客这种平台向目标群体传递有价值的信息,最终实现营销目标的传播推广过程。博客作为一种新的营销平台,其核心是互动、身份识别和招展。博客的优点在于针对性强、性价比高,更容易抓住目标群体的眼球。

博客自 2002 年引入中国以来,发展迅猛。据中国互联网络信息中心(CNNIC)数据显示,截至 2014 年 6 月,博客应用在网民中的用户规模达到 44430 万人,使用率为 69.4%。博客不仅是网民参与互联网互动的重要体现,也是网络媒体信息渠道之一。博客以其真实性与交互性成为越来越多的网民获取信息的主要方式之一。博客的巨大影响力也使越来越多的企业意识到博客的重要性,并逐渐参与到博客营销的热潮中来,通过博客来树立企业在网民心目中的形象。

从某种意义上说，企业博客营销是站在“巨人”肩膀上进行的营销。因为博客一般都是建在新浪、搜狐、网易、腾讯等大型门户网站的平台上或者博客园、中国博客网等专业的博客平台上。首先，这些平台本身就增加了网民对企业博客的信赖感。其次，一旦企业博客的内容被推荐到网站首页或者博客频道的首页，企业就会被更多的网民所关注。

7. 微博营销

利用微博可以进行个人微博营销和企业微博营销。微博营销的营销技巧体现在以下十个方面。

(1) 微博的数量不在于多而在于精。做微博时要讲究专注，因为一个人的精力是有限的，杂乱无章的内容只会浪费时间和精力，所以我们要做精，重拳出击才会取得好的效果。今天一个主题，明天一个主题，换来换去结果一个也做不成功。

(2) 个性化的名称。一个好的微博名称不仅便于用户记忆，也可以取得不错的搜索流量。这与我们给网站取名类似，好的网站名称都是简洁、易记的。当然，企业如果准备建立微博，在微博上进行营销，那么可以以企业名称、产品名称或者个性名称作为微博的用户名称。

(3) 巧妙地利用模板。一般的微博平台都会提供一些模板给用户，企业可以选择与行业特色相符合的风格，这样更贴切微博的内容。当然，如果企业有能力自己设计一套有自己特色的模板风格也是不错的选择。

(4) 使用搜索检索，查看与自己相关的内容。每个微博平台都会有自己的搜索功能，企业可以利用该功能对自己已经发布的话题进行搜索，查看一下自己内容的排名榜，与别人微博的内容进行对比。企业可以看到微博的评论数量、转发次数，以及关键词的提到次数，这样可以了解微博带来的营销效果。

(5) 定期更新微博信息。微博平台一般对发布信息的频率没有限制，但对于营销来说，微博的热度和关注度来自微博的可持续话题。所以，要不断制造新的话题，发布与企业相关的信息，这样才可以吸引目标客户的关注。因为刚发的信息可能很快被后面的信息覆盖，所以要想长期吸引客户的注意，就必须要对微博定期进行更新，这样才能保证微博的可持续发展。

(6) 善于回复客户的评论。企业要及时查看并回复微博上客户的评论，在自身被关注的同时去关注客户的动态，既然是互动，那就得互动起来，才会有来有往。如果企业想获取更多的评论，就要以积极的态度去对待评论，回复评论也是对客户的一种尊重。

(7) 灵活运用“#”和“@”符号。微博中发布内容时，两个“#”间的文字是话题的内容，企业可以在后面加入自己的见解。如果要把某个活跃用户引入，可以使用“@”符号，意思是“向某人说”，如“@微博用户欢迎您的参与”。在微博菜单中点击“@我的”，就能查看提到自己的话题。

(8) 学会使用私信。与微博的文字限制相比较，私信可以容纳更多的文字。只要对方是企业的客户，企业就可以通过发私信的方式将更多的内容通知对方。因为私信可以保护收信人和发信人的隐私，所以当活动展开时，发私信的方法会显得更尊重客户一些。

(9) 确保信息真实与透明。在搞一些优惠活动和促销活动时，当以企业的形式发布时要即时兑现，并公开得奖情况，获得客户的信任。微博上发布的信息要与网站上面一致，并且在微博上及时对活动进行跟踪报道，确保活动的持续开展，以吸引更多客户的加入。

(10) 不能只发产品企业或广告内容。有的微博很直接，天天发布大量的产品信息或者广告宣传等内容，基本没有自己的特色。这种微博虽然别人知道企业是做什么的，但是绝不会加以关注。微博不是单纯广告平台，微博的意义在于信息分享，没兴趣是不会进行产品互动的。企业应当注意话题的娱乐性、趣味性和幽默感等。

三、农产品电商发展的相关策略

（一）着力提高质量

（1）从供应链的源头来说，无论是自有基地还是与农户的合作，对产品的种植、管理、检验要严格按照规定执行，制定严格的质量标准，对每个批次的产品严格把关，避免国内农产品造假、农药超标等一系列问题发生。

（2）通过扫描农产品二维码，可以让消费者全面了解农产品的出产、生长、物流等信息，甚至能统计到何时灌溉、除虫、采摘，何人负责等信息，能够有效杜绝生产者造假的现象，让各种不透明因素暴露在消费者的眼前。例如，国内电商系统及服务商千米网推出了以二维码为核心的农产品电商专业解决方案，帮助农产品品牌供货商快速实现多渠道的电商分销。

（3）在农产品整个生长、采摘过程中，商家要派专业人员或邀请消费者随时进行监督、抽查。

（4）在物流和仓储方面也要进行严格的把控，精确把握产品成熟度，准确估计到货时间，并正确估计产品到达时刻的状态。

（二）注重品牌塑造

品牌已经成为衡量一个企业甚至一个国家的综合实力的标志，可通过文化塑造提升品牌价值。然而，传统农产品的生产者和经销商缺乏品牌意识，没有统一的品牌包装，也没有统一的规格标准，导致产品无法通过品牌推广实现品牌溢价销售。很多优质的农产品，由于缺乏品牌包装和推广平台，因此很难获得广泛的市场认可。

农产品从田间地头来到厨房餐桌，要想销量有所突破，需要借助文化的力量，使品牌增值。挖掘、打造、提炼和传播与食品相关的文化成为创建品牌的必需。比如，生产者可把生产过程中的一些故事、细节拿出来通过微信朋友圈、视频等多种形式传播。

从“褚橙”“柳桃”“潘苹果”的成功营销可看出，好的农产品具有投资大、见效慢、风险高的特点，需要沉下心来琢磨、研究产品的生产技术。同时，好产品需要做好品牌营销，将“褚橙”定位为“励志橙”是产品营销成功的法宝，与本来生活网合作、做电商的路径是成功的重要因素。

随着人民生活水平的提高，社会对农产品品种、质量、安全、功能等提出了更高的要求。目前，我国农产品发展迅速，特色农产品品种齐全，总量不断增加，质量不断提高，但市场竞争力仍很薄弱，针对这一现状提出特色农产品要树立自己的品牌，走标准化之路的观点。

加快农产品品牌化和标准化建设，为农业电子商务的发展奠定基础。电子商务的一个重要特征就是商品的品牌化和标准化，而我国在农产品尤其是鲜活农产品的品牌和标准化生产体系建设上一直相对滞后，这已成为制约农业生产发展的一个重要问题。为了适应发展电子商务的需要，一方面，今后要大力推进农产品名牌战略，加快实施农产品包装化、标准化和销售策略；另一方面，政府行业协调机构应当尽快引导广大农民加快执行国家的有关农产品质量等级标准、重量标准和包装规格等标准体系，以减少不必要的资源浪费，为实现农产品的电子交易奠定基础。

品牌是一个企业产品或产品系列的标志，它蕴含着企业的文化、个性特征、企业性格、群体划分、企业实力等，已成为企业独占鳌头的杀手锏。品牌化立足于品牌，是对某一类或一系列产品的认知标准化、宣传标准化，以达到市场突出和市场区别的作用，它的根本是创造差别使自己与众不同。品牌化对于企业和消费者来说是一种互利双赢的模式。对企业来说，品牌有助于树立企业形象，吸引更多品牌忠诚者，有助于产品的销售并保护企业合法权益，增强企业竞争力。对消费者来说，通过品牌，消费者能更方便地辨认、识别、选购商品，在购买商品时更放心，更好地维护自身的权益。

1. 扩大品牌开发的力度

要实施农产品品牌战略，必须进行产业化经营，形成规模经济效益，解决目前生产规模小、农产品品质差别小、营销方式落后等问题。在生产方面，建立专业性生产合作组织，内部实行企业化管理与经营，走专业化发展的道路，形成特色农业，将原来分散的生产单元集中起来，走规模化、标准化发展的道路；在市场方面，建立有特色的品牌产地市场，集中销售当地的名优品牌，同时建立稳定的销售渠道，开拓新的业务关系，促进农产品的流通；在营销方面，将品牌与产品的包装、标签和企业的形象相结合，提高品牌的形象，并且利用多种手段扩大品牌的影响力，提高公众对优秀品牌的认知度。

2. 提高农产品的品牌管理水平

和工业品牌相比，我国农产品品牌建设在观念意识、实施手段上都存在较大的差距。农产品品牌建设应借鉴工业品牌和国外的先进经验，结合农产品的自身特点，走自己的品牌管理之路。要建立起完整的品牌管理系统，采取有效措施来进行品牌维护和品牌推广，重视品牌质量的提升。具体方法有以下几种。

(1) 充分利用社会对绿色食品、无公害产品等概念的认知，在消费者心中树立品牌的绿色和地域特色，提升品牌的形象。

(2) 要慎重选择品牌诉求，突出农产品品牌个性化，防止被竞争者效仿追随，如美国新奇士饮品初始以营养、健康的理念获得消费者认同，很快被竞争对手模仿；后期则在宣传中突出阳光、沙滩、娱乐的诉求，并通过报纸宣传其理性观念，因此塑造了自己独特的品牌形象。

(3) 采用现代营销手段扩大品牌的影响力，重视产品包装，做好售后服务，运用品牌延伸策略不断提升品牌的价值。

3. 政府加强农产品品牌的支持和保护

农产品品牌建设需要大量的人力、物力和财力的支持，需要政策的支持，因此政府主管部门要给予支持和保护。

首先，政府要给农民更多的引导以及政策上的支持，鼓励其创建品牌的信心。

其次，加强农产品质量标准体系和监督体系的建设。食品安全、农产品检疫、农业技术标准化及有机食品开发等标准的制定与实施对农产品的品牌建设均具有十分重要的意义。

最后，加大农产品生产与加工中所需公共设施的建设。加大对农业所需基础设施的建设力度，提高农业抗风险的能力，提高农产品的竞争力，给农产品的品牌建设提供强有力的保障。

（三）提升物流配送服务

对于农产品电商来说，农产品的选择不同，其利润就有很大差别。

1. 确保运输质量高

生鲜农产品电商要有所作为，必须突破冷链配送的瓶颈，同时加强冷链配送人员的专业性，如配货人员要在最短的时间内完成拣货和包装。对于配送的高成本，商家可以通过开发高端商品或高附加值产品，提高产品单价来降低订单的配送成本。

2. 确保运输速度快

消费者网上购物不仅追求商品性价比高，而且希望物流速度快，对生鲜而言，要做到急速送达，避免商品变质。京东商城推出的“211 限时达”服务深受消费者青睐。

（四）降低农产品损耗

(1) 可完善农产品流通体系，鼓励农业龙头企业积极参与农产品仓储和运输的投资和运营；可以采取众筹的方式进行预定，降低农民的风险。

(2) 通过科技创新降低农产品流通成本。对农民而言，要选择合适的包装材料，确保运输过程中最大限度地降低农产品的损耗。

（五）完善农产品标准化建设

农产品标准化是对农产品类别、品种、质量要求、检测方法、包装、运输和储存等所做的技术规定，它直接影响农产品信息的正确传递与否，进而影响农产品的流通速度和交易。

对农产品生产过程的标准化控制，尤其是无公害农产品、绿色食品和有机食品的生产，一定要严格控制在国家的监测指标之下，严格遵照国家有关农产品加工的标准进行加工、流转。农产品标准化建设主要可以从以下几个方面入手。

1. 建立和完善农产品标准体系

标准化要以《产品质量法》《标准化法》为依据，研究世界各国农业标准体系，参照有关国家标准、行业标准制订地方标准，为实施农产品名牌战略、市场准入制度奠定基础。根据国家农业行业标准的制定和修订计划，在这些地方标准的修订上，应根据国家农业标准制订和修订计划，借鉴发达国家农产品标准的制定现状，力争做到五个创新——种子标准要创新、操作规程要创新、产品标准要创新、加工和包装标准要创新、贯彻实施标准要创新。同时，要注意标准的配套性（产前、产中和产后标准）、可操作性和适用性。

2. 完善农产品监管体系建设

发挥政府部门的组织和引导作用，联合行业协会、研究机构、物流企业，加大对农产品技术标准、计量标准、作业和服务标准、成本计算标准的研究，制定国家和行业标准，严格按照标准从事农产品生产经营活动，推动上网农产品质量等级化、标准化、包装规格化。充分发挥各级质检机构在农产品质量检测、检验方面的作用。在检测、检验机构的建设上，避免过去那种小而全、重复投资、低水平重复建设的做法。本着高起点、重实效、能吃饱的原则，集中有限的人力、财力，高水平建设同国际接轨的实验室。

由政府宏观调控，必要时通过考核权衡，依据检测能力（必须通过国家或省级计量认证），检测项目实行分包实验室制度。同时，对现有的质检中心按照国内一流的水平配套检测设施，添置检测仪器，完善检测手段，配备检测人员，不断提高装备水平和技术能力，充分发挥现有质检中心的作用。加强质检人员队伍建设。加大培训检测、检验人员的政治素质、业务水平的力度。实行“绿色巡视跟踪检查制度”。农业生产周期一般较长，通过实行“绿色巡视跟踪检查制度”，可将农产品的质量问题解决在农业生产的各个环节中。

3. 健全和完善农产品标准技术推广体系

农产品标准化需要推广和实施，才能变为现实的效益和成果，健全农业标准技术推广体系是标准化工作的重要环节。

（1）宣传和贯彻农产品标准化知识。通过网络、报纸、广播、电视等各种媒体和方式大力宣传标准化在农业中的作用，促进农民的观念转变和思想更新，增强农民的标准化知识培训，使他们掌握与其相关的农业标准化基本知识。

（2）建立标准化推广网络。充分利用现有农业技术推广体系，发挥各级农业技术推广人员主力军的作用，并以此为主干，建立示范乡、乡有示范村、村有重点示范户的标准推广网络，让农民亲眼看到农产品标准化的“效力”。

（3）充分发挥龙头企业的带动性。农业龙头企业的农产品标准化建设程度较高，开展农产品电子商务建设可以促进农业产业化发展，提升农产品竞争力，创造新的发展机遇。农业龙头企业向电子商务转型首先要加强企业内部信息化建设，建设企业内部网和通向国际互联网的外部网络基础设施，逐步实现主要业务向电子商务过渡，最终成为电子商务型企业。

（六）构建农产品网络销售体系

农产品上行是农村电商发展中的重中之重，如何解决农产品上行难的问题是很多县域发展农村电商中碰到的重要课题，而构建多元化的农产品网络销售体系，进行农产品网络营销策略创新是其中重要的解决路径。

1. 构建多元化的农产品网络销售体系

（1）拓展农产品网络零售市场。以“淘宝中国特色馆”“京东中国特产馆”等平台建设为主要载体，打造农产品网络销售平台、县域农产品特色馆，并逐步向其他知名电商平台拓展网络零售业务。

（2）积极构建农产品品牌场景营销，使营销方式与人们的生活场景紧密结合起来。即在销售过程中，以情景为背景，以服务为舞台，以商品为道具，通过环境、氛围的营造，使消费者在购买过程中口、耳、鼻、眼、心同时感受到“情感共振”式的体验，通过情景来打动消费者的购买欲望，激发消费者的共鸣，进而促进产品的销售。在农村电商发展中，应该积极搭建农产品场景营销，以满足消费者的需求。科技在进步，产品在迭代，体验也必须日新月异，这样才能打开产品销路。

（3）积极探索农产品跨境电子商务零售出口，加快形成向全球市场辐射的农产品网络零售体系。一是构建 F2C（Factory to Customer）的模式，指的是农户直接将农产品卖给消费者的模式，如为大农户，则建立起个人电子商务的网站；如为小农户，则在网上开店，此模式目前应用不多，却是未来电子商务的发展方向。二是构建 F2B（Factory to Business）的模式，指的是农户和农产品的相关需求之间进行电子商务的模式，此模式适合于大规模的农业生产企业或集体生产企业。三是构建 F2B2C（Factory to Business to Customer）的模式，指的是由农户、中介公司及顾客三者共同组成的电子商务的模式，此模式较为适合于小农户与消费者。

(4) 积极探索生鲜农产品网上直销。引导现代农业园区、特色农产品生产基地开展“网上农产品直销”和“时令农产品预订”，推动农产品生产基地和农村专业合作社转型升级。鼓励发展生鲜农产品“网订店取”业务，引导电商企业和社区便利店等传统商贸企业合作，提升生鲜农产品网上销售的客户体验度和服务水平。

(5) 适时开展季节性农产品网上促销。依托第三方网络团购促销平台，开展季节性特色农产品团购促销活动，促进季节性特色农产品销售，逐步缓解区域性农产品滞销等问题；加强全省协作，探索“网络购物节”等促销机制，培育一批季节性、固定式的农产品网络促销活动。

(6) 构建多层次的农产品网上批发渠道。结合农产品特点，积极发展农产品网上批发、大宗交易和产销对接等电子商务业务。推动特色农产品生产和加工基地依托知名电商平台建设区域性电商专区，开展农产品网上批发业务。拓展农民信箱农产品商务功能，促进农民持续增收。引导有条件的农产品交易市场和生产基地发展网络分销业务，推动一批标准化水平较高的农产品进行网上大宗商品交易，支持有条件的农产品批发市场建设网上现货交易平台。引导农产品经营者在国内知名的涉农商品信息平台发布农产品供求信息，促进农产品产销对接。

2. 农产品网络营销策略创新

(1) 健全农产品网络营销模式。目前，农产品网络流通主要为农业企业网站和政府农业网站，而且呈现无序化特征。在淘宝网等主流零售网站上，销售农产品的主体主要为经营农产品销售农业企业，农产品生产企业数量较少；而政府农业网站建设存在内容单一、建设滞后等问题。但就我国的农业现状而言，单一的农户在农业主体里仍然占有很大比例。

如何让这一群人直接参与到农产品流通中，利用网络无疑是一个简单有效的方式。另外，农产品网络销售模式一直以来只强调面向农业企业和政府的B2B、G2G、B2G方式，而现今网络上出现的C2C模式大大刺激了农产品的销量，即“个人与个人之间的电子商务”。

(2) 健全农产品网络营销的信息化服务体系。农产品自身的特点很容易使市场调节资源的能力在某种程度上“失灵”。现今农产品都是借助第三方平台推动网络营销的，具有规模和影响的农产品销售专业网络少之又少；缺乏一个立体的农产品信息化平台，使我国农业在生产和销售预测功能方面非常落后，表现为没有构建一个跨省(市)、地区协同运营的电子商务交易平台，加之没有完备的农产品信息数据库和缺乏农业信息化人才等原因，农产品网上销售监测功能弱化，构建一个全方位的农产品信息化平台迫在眉睫。

(3) 加强农产品网络营销保障体系。目前，国内电子商务企业解决交易双方商业信誉问题多采用“保证金”“无理由退货”等制度，借鉴这些成熟的制度，应建立一个既适合农产品又有效力的农产品销售的信用保障体系。既要确保农业生产者的收益，又要保护消费者权益。

要建立适合农民的安全、严密的社会范围的个人信用卡和电子货币网络支付体系，保障网站交易安全。要建立一个立体的农产品网上销售保险金制度，降低农业风险，这些保险应涵盖农产品生产的小额贷款、加工、包装、物流和消费等领域。农产品网络营销的高效率需要创新农产品物流体系，物流体系的核心是降低物流成本和提高物流效率，从而满足农产品网络营销要求。

第五章　农 资 电 商

随着土地流转速度的提升，土地呈现更加集中化的特点，新时代的农场主更加的年轻化、专业化、信息化，村头的农资店铺在产品丰富度等各方面均已很难满足他们的生产需求，因而越来越多的用户选择通过互联网渠道满足自己的产品购买需求。据不完全统计，2017 年仅淘宝，农资行业年销售额在 100 亿左右，增长幅度属于淘宝所有类目的前三位，其他电商如阿里巴巴、京东等也呈现出百花齐放的姿态。[①] 2017 年互联网观察发现，距离互联网最远的市场且未来容量最大的市场就是农资电商，这将是未来几年非常值得期待的一片蓝海。

第一节　农资电商的产生、特点及优势

一、农资电商产生和发展的必然性

（一）现代化农业发展提出的必然要求

随着科学技术的发展，现代信息技术近年来在农业领域得到了广泛应用，这无疑促进了农业的现代化发展，促使我国农业朝着集中化、机械化、规模化、信息化方向发展，而在这样的背景下，传统农业的管理方式与方法已经难以满足农业现代化的需求，需

---

① 百亿农资电商市场需要诚信经营[EB/OL]. http://www.chinatradenews.com.cn/content/201805/15/c19231.html.

要新的农业技术与管理方法出现。同时，随着我国土地流转政策的不断推进，农业生产也逐渐从分散的小户种植逐步转向农场式、合作社式、农资公司式、林场式的大型集中式种植模式。因此，农业现代化发展将导致农业生产更加集中，农业技术科技含量更高，农业产业链的发展模式将更加扁平化。处于农业产业链上游的农资企业作为农业的发起点，只有进行互联网电商化转型，才可以符合农业现代化的发展趋势，满足农业产业链下游企业"一站式"服务的需求。

（二）服务型市场竞争提出的必然要求

市场经济的不断发展不仅推动了我国经济社会的发展，同时转变了消费者的消费态度，服务成为企业竞争的关键，并且企业和消费者都越来越看重服务。这在农业产业中也有所体现，虽然农产品具有较高的相似性，但是每个农业参与主体的服务各不相同。尤其是随着网络技术在我国各行各业的渗透，互联网技术的高效与便捷特性使得农资企业之间的竞争转移到对下游的服务竞争，对于农资企业来说，可以提供相较其他农资企业越高效高质的服务，就越容易得到农业产业链下游企业的青睐，越容易获得市场认可。比如，农资企业可以使用互联网技术为农民提供信息服务，包括病虫防治、农事任务、天气预报等服务；农资企业可以使用大数据技术、云计算技术深入挖掘农业市场相关数据，为农业经销商提供各地的农产品价格、农产品品种信息、物流信息等服务。因此，农资企业向互联网电商化转型源自市场对高质量服务的需求。

（三）解决农业产业链发展痛点提出的必然要求

当前，我国农资产业信息不对称的问题严重影响了农业产业链的健康发展。农业产业链上游的农资产业无法获取可靠数据，这就导致他们不能根据实际需要为农业产业链下游企业提供相应的农资服务，也就造成了下游农业生产和流通领域效率低下等问题。但是，农资电商化恰好可以解决这个问题。第一，从农业生产厂商的角度来说，发展农资电商可以更好地对接产需。利用大数据技术，农业上游的农资企业可以更全面地收集农业市场数据，并通过对数据进行处理和分析判断市场对农业产品的需求种类与数量，最后根据推论结果通过互联网形式向农业生产企业提供相关种类与数量的农机、种子与化肥，充分实现农业生产与需求的对接。第二，从农产品经销商的角度来说，农资电商发展可以进一步拓宽农产品销售渠道，可以充分激发我国农产品市场需求活力，充分发挥市场规模较大的优势。第三，从农户的角度来说，农资产业的互联网化可以为农民提供更加快捷与便利的农业服务。农资电商发展可以通过互联网平台实现种子、化肥、农药、农资等农产品一站式采购服务，丰富商品资源并发挥价格优势。

二、农资电商的特点及优势

（一）农资电商的基本特征

大多数人认为农资电商实际上就是农村电商的基本延伸。基于此，阿里巴巴、京东、顺丰等都把农资电商作为农村电商的补充进行推广。但实际上，农资电商与农村电商有着截然不同的属性，交易内容和产品属性有了根本性的变化，是复杂的“变性”般的化学变化。农资电商的交易产品是农业生产资料，不再是普通消费品；被交易的产品并不是被一次性消费的，而是要进入再生产过程的。因此，传统电商消费者看重的便宜、方便因素已经不是农资电商最重要的衡量标准，而图 5-1 所示的因素则成为更重要的衡量因素。

此外，由于农资产品的专属性质，农资产品市场总量和采购频次远远低于普通商品，因此以销售额不断增长和购买频次不断提高为支撑的电商失去了其传统业绩推动发力点。

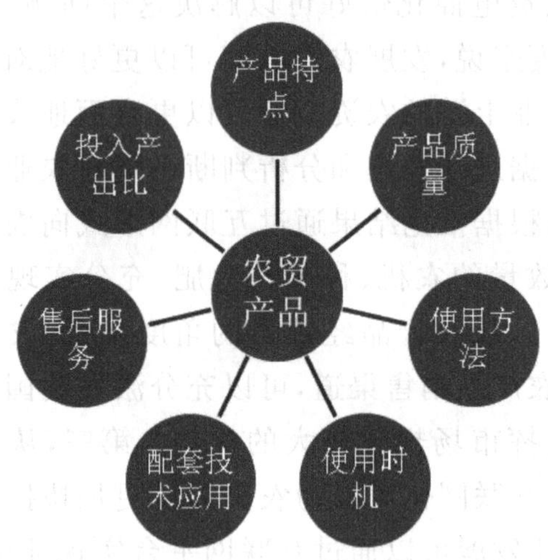

图 5-1 影响衡量农资电商标准的因素

(二) 农资电商发展的优势

随着互联网在农村的不断推广和普及,农村网购市场总量会不断增长。农村市场蕴含着巨大的潜力,而本身就基于农村发展的农资行业,如农药、化肥、种子等更是发展潜力无限,主要优势有以下几点。

1. 农资是刚性需求

我国农民每年都会在农资上耗费一笔不小的费用,在总支出中占比很大,并且随着农资价格的增长,农资在总支出中所占的比重将越来越大。如果电商能为农民提供物美价廉的农资,并且解决运输渠道问题,那么必定能抢占农村市场。

2. 农资行业呈现“大行业、小企业”的格局

在社会经济不断发展的背景下,大批农村劳动力到城镇工作,土地流转的进程越来越快,土地种植呈现出集约化趋势。种植大户更加青睐那些品牌好、信誉高的农资企业,同时面对管理的土地越来越多,种植大户们更加需要专业的咨询培训、技术指

导、测土配方、渠道双向流通等帮助。传统的“多级批发分销”方式已无法适应土地的集约化管理，针对这种情况，农资流通渠道的下沉是必然趋势。

3. 农资市场蕴藏巨大潜力

中国市场调研网发布的《2015年中国农资市场调查研究与发展趋势预测报告》显示，2015年中国农资的市场容量超过1.5万亿元，其中化肥8000亿元、农药3000亿元、农机4000亿元。但在农资行业内，生产与流通企业对农村电商的参与度比较低，影响力大的农资电商企业还没有出现。随着经济的发展、时代的进步，互联网等高新技术逐渐参与到农村土地的种植中，为农资电商的发展奠定了基础。

4. 政策的支持

为了进一步促进我国农村电子商务的发展，实现电商下沉，2015年5月7日，国务院出台《关于大力发展电子商务加快培育经济新动力的意见》。

2015年年初，国家四部委联合发布文件，鼓励发展先进的农村物流运作模式。该文件表示，国家将大力支持电商、物流、商贸、金融等企业参与农村电商的构建，发挥第三方电子商务服务平台的应有效用。2015年，李克强总理在《政府工作报告》中首次提出“互联网＋”行动计划，鼓舞了农资行业。随着移动互联网的发展，农业将进一步现代化，并带来无限的发展空间。

目前，我国的农资行业还存在诸多问题，而农资电商的发展将会有效解决这些问题。

农资电商的发展可以在一定程度上解决传统社会信息不对称的问题，从而实现信息和资源的共享；农资流通趋向扁平化，减少了多余的中间环节，农户可以因此节省一部分种植成本；能够有效规避假冒伪劣产品在农村盛行，使农产品经销商既能销售物美价廉的产品，又能获得利润；通过第三方电子商务平台，农户可以快速查询到产品的信息，从而节约宝贵的时间和成本；农资电商建立的最大优点将是建立信任机制，消除农资赊销的问题。

第二节 农资电商的模式

一、农资电商的基本模式

（一）B2B 模式

在 B2B 模式下，农资产品供给企业和需求企业利用电商平台进行农资交易是比较常见的一种农资电商模式。农资电商 B2B 模式的销售流程如图 5-2 所示。

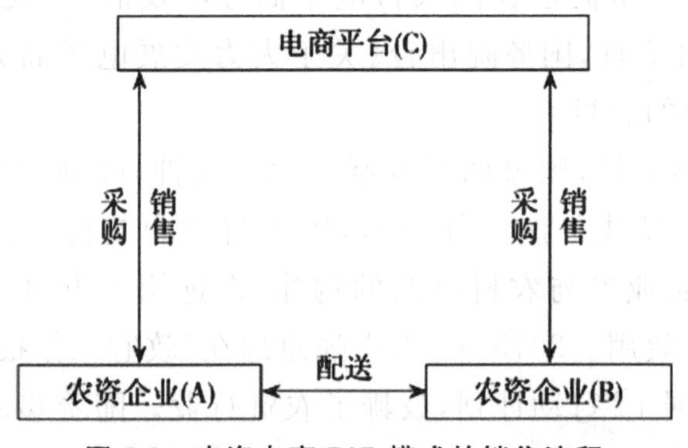

图 5-2 农资电商 B2B 模式的销售流程

按照目标客户不同，可以将农资电商的 B2B 模式进一步划分为综合性 B2B 模式和垂直性 B2B 模式。目前有很多 B2B 农资电商平台，其中阿里巴巴批发网是一家比较成功的综合性 B2B 模式平台，农资行业的上下游企业聚集在该平台上进行农资产品交易，电商平台也上架了复合肥、杀虫剂、蔬菜种子等多种农资产品。由鲁西化工集团上线运营的中国购肥网是农资领域中垂直性 B2B 网站的典型代表，通过该平台，全国的化肥经销商和零售商可以快捷地获取自己需要的产品信息，有效地帮助企业在全面掌握信息的基础上进行交易。但从实践中看，中国购肥网的产品展示性更强，网站上线的产品都是鲁西集团生产的，虽然设有在线客服，但是没有发挥其应有的作用，在网站设计和产品介绍方面也过于简单，甚至电商平台没有对支付方式、售后服务、物流配送等相关问题进行详细说明。

（二）B2C 模式

在 B2C 模式下，农资产品供应商、经销商与消费者通过电商平台实现交易，相较于传统的交易方式，有效地提升了交易效率。农资供应商和消费者会集聚在 B2C 平台上，供应商在电商平台上展示自己的产品并进行适当宣传，同时还可以利用大数据技术准确定位目标客户群。对于消费者而言，B2C 平台可以帮助他们更快捷地找到自己需要的产品，提高交易效率，B2C 模式销售流程如图 5-3 所示。B2C 模式是目前农资电商平台广泛使用的模式之一，如易农优选、云农场、阿哥汇等都是比较有代表性的平台。易农优选已逐步实现了对河南全省范围内和周边地区的配送。易农优选除销售传统农资外，还开展了大量旨在帮助农民销售特色农副产品的营销活动。云农场在山东省重点县市逐步建立了云农场村级服务站，服务站多由当地较有影响力的人运营，通过熟人关系网络口口相传，逐渐得到农民的认可。

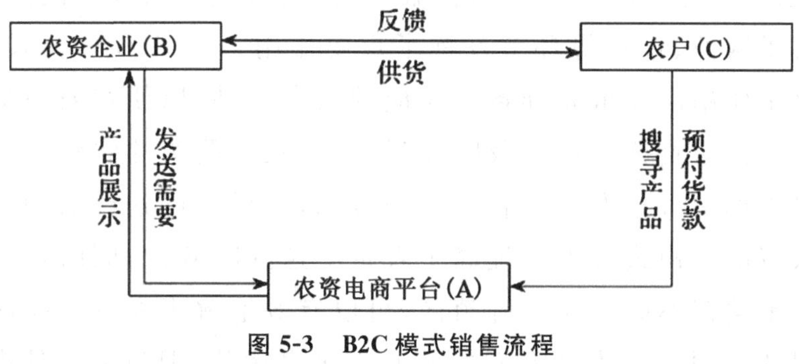

图 5-3　B2C 模式销售流程

（三）B2B2C 模式

农资电商的 B2B2C 模式是指供应商、经销商和消费者通过电商平台有机结合在一起，从而形成了一个集采购、生产、销售为一体的有序循环，是一个完整循环。对于 B2B2C 模式来说，其最显著的一个特点就是可以实现销售零库存。农一网是由辉丰股份和中国农药发展与应用协会主导投资组建的采用 B2B2C 模式的电商平台，其农资销售流程如图 5-4 所示。

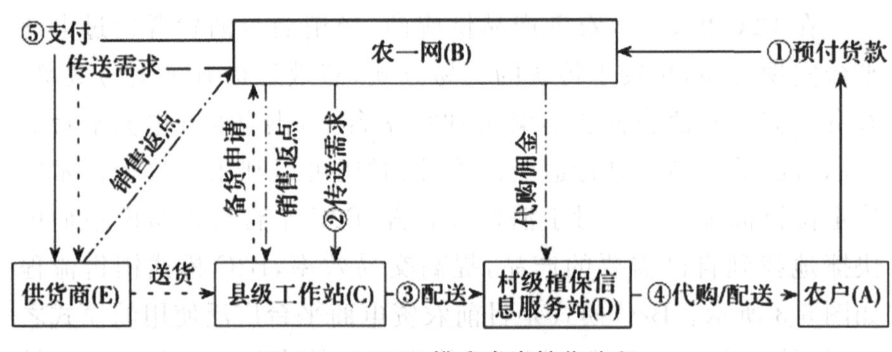

图 5-4　B2B2C 模式农资销售流程

在 B2B2C 模式中，工作站发挥了重要作用，工作站主要是由传统的农资经销商、植保合作社、植保服务公司等合作组建的。村级工作站、县级工作站和农村信息化服务站负责的内容不同，村级工作站主要提供农资产品代购和植保信息技术推广等服务，县级工作站和农村信息化服务站在农资仓储、农资配送、农业技术服务、代购等环节发挥了重要作用。在 B2B2C 模式下，县级工作站需要事先准备好相应的农资产品，以便在农户提交订单并预付货款后可以及时发货，一般农户购买的农资产品由县级工作站直接发货到各村级服务站，然后再配送给农户。这种农资电商模式极大地提高了农资配送的时效性，同时还可以更好地覆盖不同的作物种植区，可以有效地解决农资产品区域性强的问题。虽然 B2B2C 模式具有很多优势，但目前这种模式仍然存在很多难以解决的问题。以农一网为例，尽管农一网已经在全国范围内签约工作站700余家，但工作站缺乏明确的盈利模式；线上公布的农资产品价格较低，基本接近工作站备货价格；工作站加盟商前期投入较大，需要的备货资金较多；农资产品的配送成本较高；农一网支付给工作站和代购人的销售补贴较少。

（四）O2O模式

O2O模式是一种线上连接线下的电商模式，就我国电商行业的发展实际来说，O2O模式已经成为新蓝海，目前在餐饮、酒店、美容等服务性行业，该模式已经得到了广泛应用，O2O模式会直接在平台上发布产品活动、优惠打折等信息，消费者只需要在线上支付就可以在线下享受相关服务，也就是通过电商平台将线上线下有机结合在一起，充分发挥线上营销的作用带动线下消费。目前，中国传统的农资生产企业都建立了比较完善的分销体系，从而保证了将产品快速高效地送到田间地头。O2O模式相较于其他运营模式具有的最显著优势就是可以充分利用农资企业的线下资源，一方面可以协调传统农资经销商与农资电商的利益冲突；另一方面可以有效降低农资企业运营电商平台的阻力。同时，在O2O模式下，可以以线下门店资源为基础为用户提供更好的农业技术服务，可以有效提高用户体验。2015年7月16日正式上线的农商1号是国内目前投资较大的O2O农资电商平台，其整合了中国邮政的乡村网络及金正大10万名传统经销商，农商1号销售流程如图5-5所示，布局大量区域中心、县级中心，不仅保障了农资产品配送效率，也有效利用了金正大集团完善的分销体系，有效地协调了经销商与电商平台的利益冲突，实现了互利共赢。

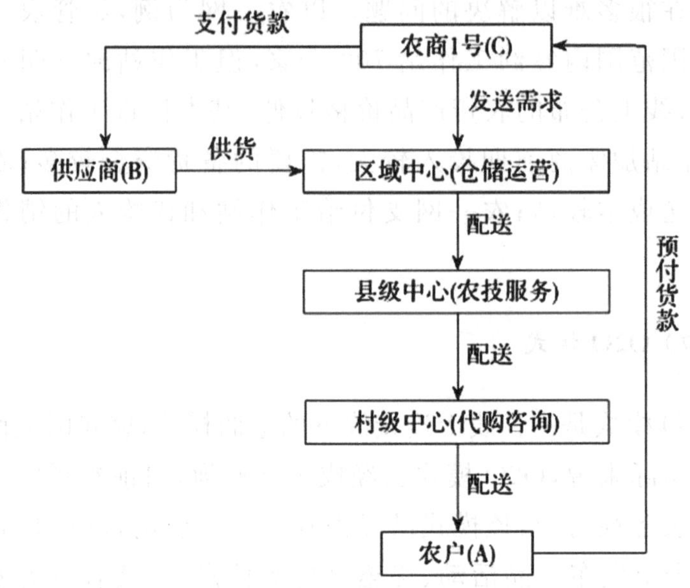

图 5-5 农商 1 号农资销售流程

二、案例分析——京东农资

(一)京东农资平台发展现状

京东农资是在农资方面对京东电商平台的延伸,属于京东集团的战略投资项目,京东认识到我国目前具有广阔的农村市场空间,因此将农村市场作为未来电商平台的重要发展方向。为了达成一定的市场占有率,京东将打通农资行业信息流,整合农资行业的各个环节,建立完善的供应链体系,向所有相关方面的人员提供配套设施。

1. 平台的出现时间

京东农资频道于 2015 年 8 月 11 日正式上线。京东农资频道有自己独立的运作界面和相关的产品信息。在具体产品提供上,主要是种子、农药、化肥、农具等农资产品,京东农资的出现标志着国内采取自营农资方式的综合电商平台开始出现。

农资频道正式上线是一个复杂的过程，并不是依靠简单的运作可以完成的，京东对农资频道进行了大量投入，以保证频道的正式上线，其中最主要的方面在于与农资企业达成合作协议。具体而言，在平台正式面向大众之前，已经与京东进行合作的公司相关情况分析如图5-6所示。

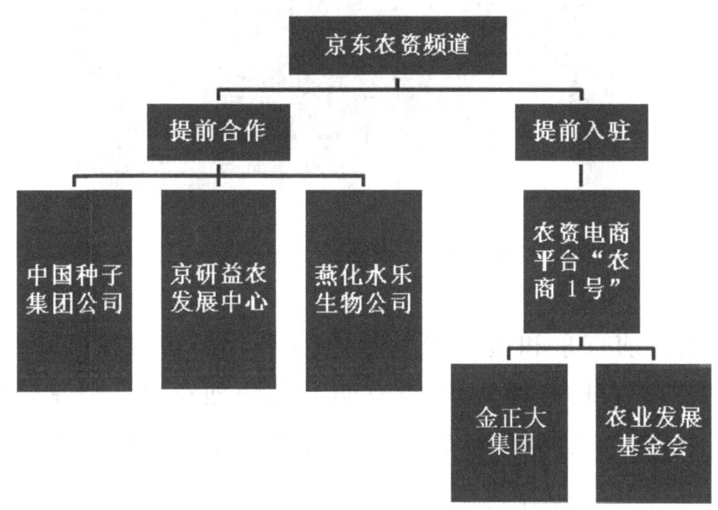

图5-6　京东农资频道合作情况

2. 平台的发展状况

随着我国大力推进“互联网＋”战略，电商发展前景光明，尤其是对于农村市场的广阔空间来说，农村电商已经成为新蓝海。政策不断向好，农民的消费习惯也在逐渐改变，信息越来越透明，这些为农村电商的腾飞奠定了基石。对于京东农资平台而言，环境的大好需要有效的利用。

京东对于农村淘宝而言是较大的竞争对手，相较于农村淘宝的未来计划，京东在2015年提出了规划，将在未来的5年里开设10000家服务站，覆盖全国四分之一的乡镇市场。同时，京东在较短时间内完成500家县级服务中心的规划和上千家以合作模式运作的京东帮服务店。为了完成这个目标，还要发展数万名村民代理。图5-7为京东的线下实体店，也就是京东帮服务店。

图 5-7　京东的线下实体店

虽然目前京东和淘宝等其他电商平台都在农村领域平稳发展，逐步进行农村市场开拓，没有明显的激烈竞争。但是，随着市场的缩小，在不久的将来，农村电商的竞争必然进入白热化阶段。

3. 平台的影响情况

在国家政策支持下，京东开始进军农村市场，搭建了京东农资电商平台，推出了京东渠道下沉战略，打通农村电子商务“最后一公里”。在模式上与农村淘宝相似，但因为重心不同，平台的特色较为鲜明。就实际的影响情况而言，主要是从根本上为农村的消费者解决了一些实际问题。

能够解决农村消费者实际问题的平台，就能够获得大众的信任。所以，京东帮服务店在全国县级城市铺开建设的速度也十分迅速，随之带来了影响力的提升。具体的影响情况根据受众的不同主要分为三个方面，即政府机构、线上平台和线下店铺。

(1) 政府机构。与淘宝相比，京东平台对政府机构的影响力较弱，但与其他大部分电商平台相比，京东目前也在逐步开展相关的建设工作，加强与政府机构的合作。

(2) 线上平台。京东作为专业的综合网上购物商城，包括家电、手机、计算机、母婴、服装等13大品类。农资京东的线上平台受众主要是年轻一代的农村用户，在范围上不及淘宝。

(3) 线下店铺。线下店铺的受众主要是所在地的农民，销售的产品不仅仅是农资农具等方面，也包括线上平台的线下购买机制。

4. 平台的网站设计

京东农资是京东电商平台下属频道，在网站设计方面与京东电商平台保持一致。要了解具体的设计方面，首先需要对京东有一定的了解。京东电商平台是京东集团的一部分，京东集团旗下设有京东商城、京东金融、京东拍拍、京东智能、京东到家及京东海外事业部。在具体的操作上，京东主要是通过内容丰富、人性化的网站和移动客户端，以富有竞争力的价格来获取用户黏性。

京东农资平台作为京东电商平台的组成部分，具备京东电商平台的优势，这主要体现在支付方式和物流方面等，服务质量也是被广泛认可的。同时，京东平台还为第三方卖家提供在线销售平台等一系列的增值服务。京东农资的官方主页如图5-8所示。

图5-8　京东农资的官方主页

京东农资平台对农资产品进行了基本分类，主要分为种子、肥料、农药、饲料、兽药、园林园艺、农机农具等。在平台主页上，平台又分别对每一类别的具体方面进行细分和展示。与农村淘宝平台不同，京东农资平台对于相关的重点类别进行了更详细的分解，主要是农用物资、京东村、农医院、品牌专区、农业示范区、农产品众筹和农村金融，产业链更加完善。图 5-9 就是京东的农村金融产品京农贷的界面。

图 5-9　京东的农村金融产品京农贷的界面

5. 平台的受众群体

虽然淘宝和京东都开设了线下服务店，但是二者存在本质的区别。淘宝的线下店是为了构建完整的农村战略，通过点的方式辐射周围，构建成巨大的地区网络，同时通过与农民打交道，建立起农村地区的品牌效应。京东的线下店在目前的作用主要就是线上的补充，以扩大销售面，并没有体现完整的战略发展。

由于京东线下店与淘宝线下店存在本质的区别，二者的平台受众也就有所不同。京东农资的受众并不是以传统的农民为主，而是以有一定互联网基础的新时代农民以及相关的平台销售受众为主。京东帮服务店为县域及农村消费者的农机农具消费提供代客下单服务以及大件商品送货、安装、维修、退换一站式服务。这种模式更多的是针对整个农村市场,而不是传统的农村农民。

(二)京东农资平台优势分析

京东农资平台的建设相比淘宝起步较晚,但是平台的优势同样在极短的时间内迅速建立了起来。下面从平台的自身内容出发,剖析平台的具体优势,主要集中在三个方面,即自营方式的优势、垂直化产品的优势以及售后服务的优势。

1. 自营方式的优势

京东电商平台具有很明显的独立性,以自营模式为主,而作为京东平台组成部分的京东农资也是如此。京东的自营商品就是京东自己出售的商品,而与之相对的是第三方商家,第三方商家主要是指其他商家借京东的平台卖自己的商品。由京东自营的商品,往往由京东发货并提供售后,商品质量通常有保证。图 5-10 就是京东自营的种子销售。

自营模式的好处有很多,最主要的体现就是这种模式有利于企业供应。生产和销售的一体化作业,系统化程度相对较高,可以满足企业对外进行市场拓展的需求。在实际的运作中,最让大众认可的就是京东自营商品的质量有保证。

图 5-10 京东自营的种子销售

2. 垂直化产品的优势

京东平台的产品种类、品牌繁多，具体的商品种类高达4000多万种。相较于淘宝平台，京东农资的细分类别更多，从消费者的角度出发，产品上更为垂直化。垂直化之所以能够成为京东农资的优势，主要在于品牌的入驻。为了进一步强化产品优势，目前京东已经形成了一套完善的推广和入驻审核机制，为入驻机构提供全方位支持，具体如图5-11所示。

3. 售后服务的优势

售后服务是京东平台在市场上站稳脚跟的一个重要原因，相较于其他电商平台，京东的售后服务更加贴心，从而赢得了数量众多的会员。无论是在京东平台上，还是在京东农资平台上，京东提出的7天无理由退货是真正意义上的无理由退货，基本上绝大部分7天内提出的退货申请都会被通过，然后根据具体流程完成。

在售后服务方面，京东推出了“售后到家”，这是京东为客户提供的一项免费取送、原厂检修的特色体验服务。京东“售后到家”相关流程如图5-12所示。此外，若在线技术支持完成后故障解决，则受理终止。

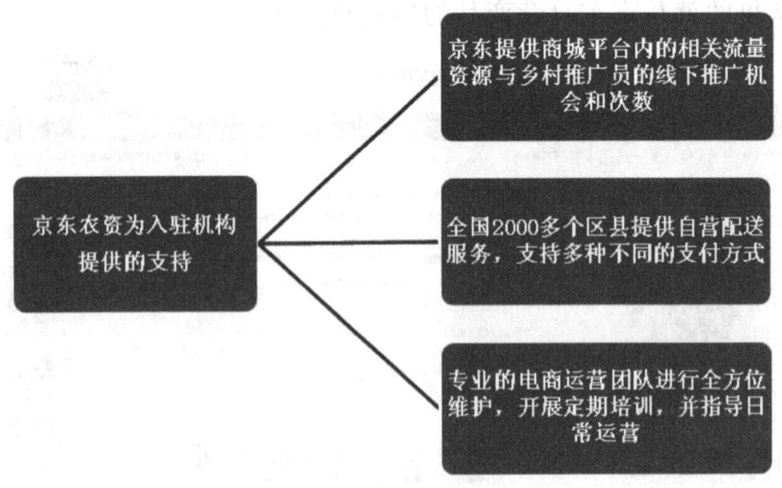

图5-11　京东农资为其入驻机构提供的全方位支持内容

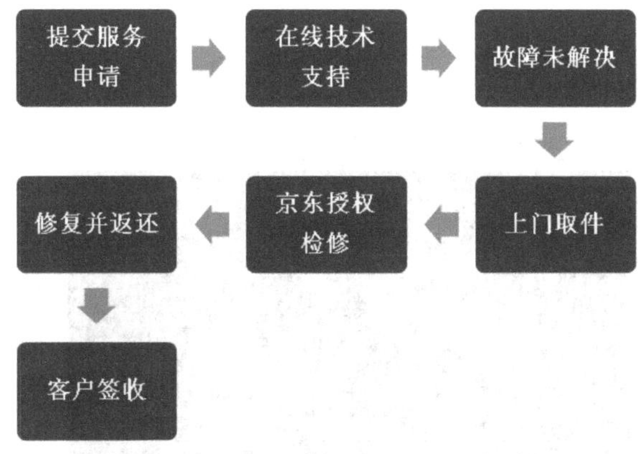

图 5-12 京东推出“售后到家”的相关流程

（三）京东农资平台成功分析

京东农资拥有较大的客户群，并且影响力较大，相较于其他农资平台发展得比较成功。从可以借鉴的角度出发，京东农资的成功因素主要集中在三个方面：一是大力打造京东村；二是构建供应链体系；三是重视与知名企业合作。

1. 大力打造京东村

京东重视下乡，在很多农村地区建设了大量乡村级别实体店，京东希望通过这种方式为自身产品销售打造完整的农村渠道，京东农资作为其最重要的一个方面获得了更多的资源。但是就整体而言，京东农资平台的成功还与京东村的推广有着直接关系，这是其他平台所没有的优势。京东村平台主页如图 5-13 所示。

随着京东村进军农村市场，带动了京东农资发展，提高了京东农资在农村市场的影响力，并更具体地体现出该平台的重要优势。相关内容分为三个方面，分别是物流体系完备、自营模式控制品质和强调为农民服务。京东的乡村布局使其拥有能够支撑到县域及县域以下的完备物流体系，这是其他农资电商平台不具备的；自营模式控制品质，建立了一种可追溯的、封闭的、保证质量的体系；在实际的服务中，京东农资的布局改变了传统农资的流通方式，进而优化了农资的整个产业链。

图 5-13　京东村平台主页

2. 构建供应链体系

随着电商在我国的发展，电商企业逐渐意识到打造完整的供应链体系具有重要的意义和作用，对于农资电商来说也是如此，只有构建了科学完整的供应链体系，才能充分发挥电商的作用，推动行业的发展。

从我国农资电商的发展实际来说，农资行业的市场空间约为2万亿元，规模庞大的潜力下却缺乏市场准则及行业标准，农户与企业之间处于信息不对称的状态。在这种情况下，京东农资电商平台根据已有的物流网络构建了一个封闭可追溯的农资供应链体系，具体的相关分析如图 5-14 所示。

在具体的运作中，京东农资平台既构建了供应链体系，又是体系的组成部分，除了电商平台以外，还包括了多个环节的内容。比如，京东众筹、京东白条、京东云等。从消费者角度而言，该平台通过互联网技术进行线上、线下的有机融合，提供一站式技术、金融、资讯、交易等综合服务。

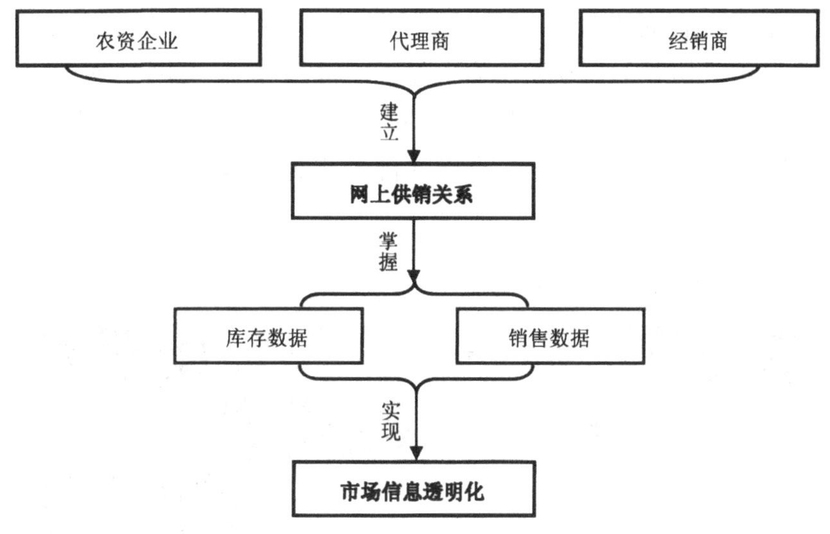

图 5-14 京东农资构建的供应链体系

3. 重视与知名企业合作

京东农资正式上线后，十分重视与知名企业的合作，种子、农药、化肥等农资产品大多数都是与国内知名品牌厂商合作进行销售，这些企业与京东农资达成协议，入驻京东农资频道。2015 年以来，诸多的知名企业加入，其中农资电商平台农商 1 号的加入也是京东农资初期发展的亮点。农商 1 号官方主页如图 5-15 所示。

图 5-15 农商 1 号官网

除了与农商1号合作外，京东还于2015年11月与191农资人发起正式协议，成为战略合作关系。191农资人网站属于互动媒体，主要是提供农资企业新闻、农资行业资讯等行业信息。

图5-16为191农资人的官方首页相关信息。

图5-16　191农资人的官网

（四）京东农资的未来发展

虽然京东农资是我国运营比较成功的农资平台，但是仍然存在一定的问题，为了促进平台的发展和完善，就需要以解决平台目前存在的问题为导向，对平台的未来发展进行科学分析。这主要包括三方面内容：一是构建农村农技服务点；二是提高京东品牌影响力；三是寻求县级运营和合作。

1. 构建农村农技服务点

售后服务对于京东农资的农村布局具有重要意义，尤其对于农资产品销售来说，售后服务链条冗长，并且相较于其他行业，农资行业售后服务还涉及农技服务问题。现阶段在全国范围内，农业的农技服务发展都是极为缓慢的。从服务本身而言，主要有以下四个缺点，即相关服务价格高、实质水平质量差、农民自主选择少以及具体服务程度弱。

为了解决农技这个难题，京东利用类似金正大这些产业链伙伴在农技服务网络方面的优势，联合打造了京东农技服务平台，用以实现农技专家在线上以及田间地头的技术指导，帮助农民解决选种、种植中遇到的问题。

2. 提高京东品牌影响力

对于企业发展来说，树立品牌并提高其影响力对于自身发展具有重要意义，对于京东农资及京东集团来说，这都是一个重要课题。作为农村战略的重要组成部分，京东农资频道将发展为多方共赢的农资市场平台，为进一步打造品牌提供动力。京东农资在未来将携手越来越多的农资企业，共同推动农业生产由传统粗放式向标准化、产业化的精细集约式发展。

同时，京东会进一步加深对农资市场的渗透，在农村居民中不断提升自身的实际影响力。比如，通过京东自营农资体系的标准化管理，帮助农民实现产销控制，并且更有针对性地开展种植等。通过日积月累的方式逐渐形成品牌效应，打造品牌的全面性。

3. 寻求县级运营和合作

在京东的未来发展规划中，寻求县级运营和合作是至关重要的方面。这首先体现在县级服务站的建立上。图 5-17 为京东商城乡村合作点。

此外，京东农资还十分重视与地方政府建立良好的战略合作关系。2015 年 12 月，广州市政府与京东集团签订战略合作协议。政府需要促进互联网与经济社会深度融合，而京东能够提供相关的技术支持。同时，京东能够通过与政府合作的方式获得在农村进行宣传的权利。

图 5-17 京东商城乡村合作点

第三节 农资电商的发展现状

一、农资电商发展面临的挑战

(一) 农户网购习惯需要转变

在传统的农资购买活动中,农户到商店中亲自挑选、购买农资,但要想成功实现电商下沉,农户的购买习惯就需要做出一定的改变,实现网上购物。培养农户的网购习惯是所有涉足农资市场的企业,尤其是农资电商需要解决的问题。

2013 年,京东就开始布局三四线城市的电商,到 2015 年,京东已经覆盖全国近 1900 个县区的配送站点,并且建立了自营队伍,有近 3 万名配送员。与此同时,通过县级服务中心、京东帮服务店和其发展的乡村推广人员,深入农村,为农户答疑解惑,让他们了解商品的信息和售后服务的政策,挖掘农村电商的潜力。2014 年 11 月国内首家网上农药直销平台——农一网上线,随后云农场等农资平台纷纷运营,为农户提供服务。

农资产品与普通消费品之间存在一个显著区别，就是其使用的效果具有滞后性，也就相当于投资无法直接检验投资成果。在这种情况下，农资电商建立信任机制，让农户放心网购才是关键。

农资电商可与知名度较高的品牌农资企业合作，从而提高信誉，让农户放心。互联网电商从农户熟知的品牌企业入手，通过他们打通农村营销渠道，并在保证产品质量的前提下，以较低的价格出售。此外，农资电商还需要培养一批乡村服务人员，为农户提供售后服务，帮助农户制定种植方案；农资电商也需要建立一批试验田以及农资合作店，为农户的种植做示范，消除他们的顾虑，进行产品营销，培养农户的网购习惯。

（二）需要搭建顺畅的物流通道

开展农资电商的一个关键在于顺畅的物流，必须为其搭建适合农资产品流通的成熟物流体系。目前，我国农村物流的主要问题是过于分散。由于我国居民的分布属于“大杂居、小聚居”的状态，尤其是在丘陵、山地地区，农户更是分散，使得农村物流的成本高、速度慢，再加上返程空载，更是增加了物流成本。如何解决农村的物流运输问题成为困扰各大电商的难题。

电商下沉可以实现农村资源的更有效利用。例如，利用农村的三轮车以及乡镇公交车等运输力量和村镇小卖部解决“最后一公里”的问题，实现“梯次转云”。首先，电商将物流配送终端设置在交通比较发达的乡镇集市；其次，农村自有运输力量将配送终端与村镇小卖部相连接；最后，农户到村镇小卖部取货。

（三）与传统渠道利益冲突的问题

在经济社会不断发展的背景下，大量农村年轻劳动力到城市务工，这就推进了土地流转的进程加快，种植大户们迫切需要专业的咨询培训、技术指导、测土配方、渠道双向流通等帮助。互联网的融入则有效解决了这一问题，同时还培养了农户的网购习惯。但有一点可以肯定的是，传统的农资购买渠道在短时间内并不会失去市场，线上、线下渠道将在很长的一段时间内共存。

对于农资电商来说，与传统的购买渠道形成和谐关系是一个关键性问题，甚至可以采取一定方法形成农资电商与传统农资的合作伙伴关系。如果农资电商能够调整产品的营销策略，合理利用线上、线下两种资源，逐渐进行转型，引导农户习惯网上购物，并为用户提供优质的售后服务体验，那么必将有利于电商下沉。

从目前来看，那些拥有大量的用户、发展前景良好的农资电商平台都较好地解决了以上几个问题，但电商下沉还有很长一段路要走。

二、农资电商的发展趋势

（一）传统渠道与电商渠道的对比

从渠道的角度来看，电商实际上是厂家运营的另一种途径，它可以将农资产品的销售直接延伸至农村地区，实现与零售商或大农户的直接对接。农资电商未诞生时，一部分厂家也试图延长自己的销售路线，但效果并不理想。大部分厂家为了降低经济风险或受限于本身能力不足，会选择与经销商联合经营。

社会在不断进步，农村地区的土地流转现象频繁出现，大农户作为生产商的终端消费者会逐步聚集起来，固守传统思想的大农户也会逐渐被那些思维方式进步的农户逐步代替。同时，互联网设施不断完善，农户对网购的接受度也会提升。所以，厂商在这时建设电商平台是顺应时代发展趋势的。

但是，农户通过电商往往很难在短期内实现大规模扩张或获得大量利润。因为当下新兴产品和核心产品通过网络平台发展的还不多，其利润主要来源于传统渠道，网上农资需要在探索中逐渐积累经验。

目前，电商渠道越过了各级经销商，可以与大农户和零售商直接接触。一部分零售商在这一模式中承担了电商服务站的职能，除非零售商的利润遭到侵害，否则是不会受到干扰的，不过是分销来源从经销商转变为现在的电商，与云农场的运作方式有共同之处。

但是，对于现阶段的农资电商来说，农户并不十分集中，在网络操作方面也不是很熟练，实现全面的厂商与农户的直接对接还存在一定的困难。不过，随着时间的推移，大农户逐渐集中，他们的操作水平也会逐步提高，厂商想直达农户的话，可通过电商平台负责销售、加强服务站建设及联手物流公司的方法来实现。

（二）发展农资电商的关键

当前的农户网购由于一些原因受到限制而发展缓慢，可以通过以下方式和途径来缓解和解决这些问题。

1. 改变农户的网购习惯

农户不仅不习惯在网上购买农资产品，对于其他产品也不习惯于网购，如家用电器和其他生活用品等，通常会选择到商店直接购买。因为不会网络操作，种植户的网购习惯需要慢慢培养。这种习惯的形成会大力促进农资电商的发展，也会对其他想要把农村作为线上市场开辟地区的大型电商企业产生巨大的价值。

2. 提高农户的网购信心

农资产品与家用电器或其他消费品的区别在于，此类产品与种植大户的生存问题挂钩。在农户中知名度较高的厂商开始发展自己的电商平台，向消费者提供高性价比的常规产品，让种植大户对网购农资的认可度不断提高。

一些农资厂商拥有优秀的推广部门，可以在开展线上线下推广时，为种植大户提供自身产品的线上信息，通过线上的方式展示产品内容。有些厂家掌握了种植大户的资源，可以通过各种渠道加强与他们的联系，在与其他企业竞争时把握先机。还可以为部分种植大户提供上门服务，教会他们怎样进行互联网操作，发挥消费者的口碑传播作用,使越来越多的大户加入网购队伍中来。

3. 降低产品价格,提高质量包装

依据大户的偏好来设计包装,采用与实体店经销的产品不同的规格,也可以调整产品的比重,避免出现线上线下两种销售途径冲突的现象。不过,要以高品质产品为基础,制定恰当的价格。

4. 提供良好的服务

搭建电商平台后,需要在平台上为用户提供各种信息咨询服务,不断提升自己的服务质量。那些具备优秀推广部门的厂家可以发挥自己的专长。在与大户交易时掌握客户信息,提供上门服务,帮助他们解决相关问题。这样不仅能在线上宣传,也能在服务过程中推广自己的产品。

5. 搭建顺畅的物流通道

对于农药或农作物种子这类产品来说,可以直接抵达消费终端,而化肥产品的配送对物流体系的要求比较高,可以在农村地区建设电商服务站。

第六章　县域电商

在我们党的组织结构和国家政权结构中，县一级处在承上启下的关键环节，是发展经济、保障民生、维护稳定、促进国家长治久安的重要基础。提升县域经济发展水平，是筑牢国家发展根基的需要，也是实现“两个一百年”奋斗目标的基本保障。因此，推动县域电商发展具有重要的作用和意义。

第一节　县域电商概述

一、县域电商的主要要素

（一）人才

1. 团队建设

发展县域电商必须重视人才培养，这就需要政府与企业的共同努力，同时还要保证政府和企业懂农村电商。政府团队为县域农村电商的人才摸索与培养提供政策保障，企业家团队为其提供核心驱动力。政府团队与企业家团队如能密切合作，做到官与商的有效配合，则可以很大程度地保证县域农村电商的人才配置。懂农村电商的政府团队可以通过发挥政策法规的作用，为高技能农村电商人才的培训提供制度保障。

通过发展农村电商可以有效带动县域的经济发展，政府团队则可以成为县域农村电商人才建设的重要推动力量。互联网技术的普及与飞速发展，让中外各国政府都将农村电商人才的培训计划提到日程上来。德国联邦政府曾颁布《职业培训促进法》与《职业培训条例》,培养出大量高技能人才,间接促进了德国农村电商行业的发展。

开展县域农村电商的人才建设工作,不仅需要政府团队的扶持,同时还需要企业团队进一步助推。对于大部分农特产品养殖的农民来说,电子商务还是新生事物。如果他们的产品因为运营的问题而无法大大提高销量,他们中的大多数人就会对电子商务失去信心。如此一来,农村电商的发展将会陷入瓶颈与泥沼中。县域农村电商需要企业团队与政府密切配合,培养出专业化的高技能人才,并由他们负责县域农村电商运营工作,而企业团队是农村电商人才培育的核心驱动力。

目前,已经有很多电商在精准扶贫的政策支持下更重视农村市场。一方面可以为农民带来更好的生活,发展农村、农业;另一方面抢占农村市场可以为电商带来更多利益。阿里巴巴集团实行战略项目——农村淘宝,如图 6-1 所示。阿里巴巴集团计划在 3～5 年内投资 100 亿元人民币,建立 1000 个县级服务中心和 10 万个农村级服务站,培育一大批县域农村电商人才,为各乡镇地区的经济发展提供助推力。

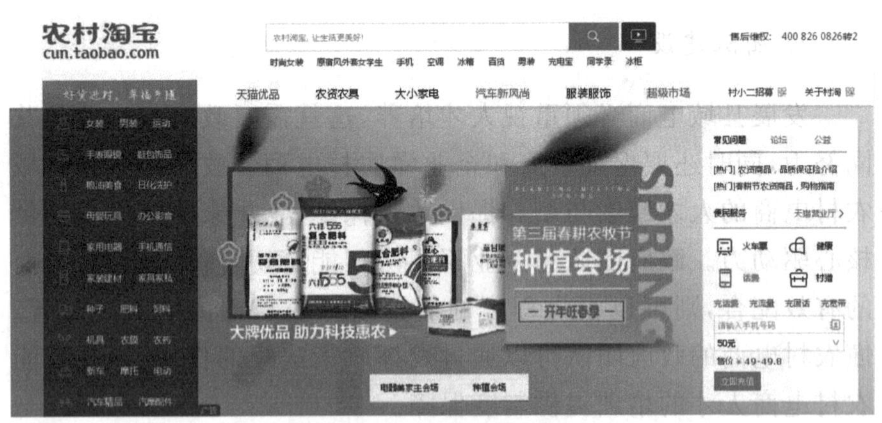

图 6-1　农村淘宝首页

可以将农村淘宝概括为“五个一”,即一个农村中心点、一条专用网线、一台计算机、一个超大屏幕以及一批高素质技术人才。农村淘宝发展的一个关键就在于专业的技术人才。只有凭借强大的人才后盾，农村淘宝才可以快速依托电子商务平台建立连接农村与城市的“传送带”，让“网货下乡”与“农产品进城”实现畅通无阻的双向流通，从而实现企业盈利，带动当地县域经济的发展。

农村淘宝在以仙游县为首的县域中获得了成功，这很大程度上要归功于强大的高技能人才培养储备。从农村淘宝1.0计划到农村淘宝2.0计划，阿里巴巴集团一直将“人才培养”放在企业发展战略的核心位置上，他们与各区县政府密切合作，推出了“千万县百万英才计划”，这些做法为农村电商的发展培养出大批农村淘宝合伙人、农村电商带头人、物流服务从业人以及供应商从业人等农村电商人才。企业团队进军农村电商市场，不但为各企业平台开辟了极具发展潜力的农村市场，也为当地农民致富创收提供了新途径，带动了当地经济的繁荣发展。

2. 建立健全本地人才交流平台

通过人才普查可以为各县更好地掌握本地的人才情况，建立人才交流平台则可以为各县吸引更多的外来人才，还可以让人才通过思想碰撞激发灵感，这是解决县域人才储备问题的长久之道。

(1) 搭建创客空间硬件平台。如今，各行各业普遍面临人才短缺的问题，人才资源已经逐渐成为最稀缺的资源。为了缓解人才压力，各县纷纷建立起本地人才交流平台。搭建适合本地区行业特点的创客空间，是聚人聚气、吸纳人才的第一步。

(2) 搭建行业信息分享平台。网络时代背景下的商业环境随时会产生变化，信息的获取也更方便、快捷，各县人才想要应对瞬息万变的市场环境，就必须及时获取信息。搭建相关性比较强的行业信息平台，可以让本地人才快速获取最新的行业信息，及时了解政府政策等外部环境的变化，提高对行业的市场敏感度。

(3) 搭建人才交流和资源共享平台。各县域人才交流平台的搭建,除了建立聚人聚气的创客空间与方便快捷的信息分享网站之外,还可以成立专门的人才协会,促进人才交流与资源分享。例如,广东省农村电商协会就是我国第一个针对农村电商成立的专门协会。

发展任何事业都需要人才的支持,只有充分发挥人才的作用才能推进事业发展,对于县域电商来说也是如此。因此,扩充人才储备、提高人才能力是各县进行农村电商建设的首要任务。进行人才大普查与构建人才交流平台是各县了解人才构成、提高人才素质的高效方式,是发展县域农村电商的第一板斧。农村电商作为互联网时代的产物,是县域经济发展的首选渠道,因此人才培育计划必须提到各地政府的日程上来。

(二) 地域特产

1. 寻找并整理地标性农产品

各县进行宣传推广、入驻电商平台的前提是确定本县域的地标性农产品,因此各县应该按照农产品的特征进行整理,选出可以作为推动本地发展的地域特产"潜力股"。"潜力股"应具备包装完善、QS 认证、农产品地理标志等特点。

(1) 包装完善。完善的包装是农产品进入网络流通领域的"保护膜"。各地若想让本地区的农产品成为地标性产品,并通过电商渠道面向更大的市场销售,就必须完善产品包装。

农产品的一个显著特征就是与"3C 产品"不同,因此必须完善产品包装,并提供良好的物流条件,以此保证产品在运输途中不会出现破损等情况。在流通过程中,肉类、粮食、水果、鸡蛋、茶叶、蜂蜜等农产品如果没有完善的包装,既无法进行运输、贮存、保管和销售,也不利于产品的规格化与品牌化推广。农村电商产品的包装应是特定品种、数量、规格与用途的专业化包装,每个包装单位的大小、轻重、材料、方式都应迎合消费者的需求,并符合包装的基本原则。地标性农村电商产品的包装应具备减少损耗、方便运输、提高仓储、美化产品、地域辨识度强等特点。例如，度尾文旦柚作为仙游县的地标性农村电商产品，其包装不但强调产品的地域特色，而且方便运输、利于储存，这对仙游县度尾文旦柚的电商营销取得成功起到了极大的推动作用。

(2) QS认证。QS认证是指食品质量标准认证，只有经过国家相关部门的质量检测且被批准推向市场的农产品，才会在包装上带有QS认证。自2004年1月1日起，我国首先在大米、食用油、小麦粉等食品行业中实行食品质量安全市场准入制度，在规定时间内完成了对28类食品行业推行市场准入制度。

各县的地标性农村电商产品也必须具备QS认证标识。食品安全问题是关乎国计民生的重大问题，农产品作为食用产品，必须通过国家质量安全检测才能面向全国市场进行推广。

(3) 农产品地理标志。通过农产品地理标志可以了解农产品的产地，该标志是受国家认可的特定标志。农产品的品质与其生长地区的自然环境、历史因素、人文因素等地域特点息息相关。

各地方的地标性农产品可通过注册地理标志，打造自身区域品牌，提高本地农产品的知名度与辨识度，更好地进行差异化营销；通过实行统一的品牌设计制作与注册、产品包装的设计与制作、品牌形象的塑造与推广以及品牌的管理与维护等手段，可以避免当地农产品经营分散的问题，提高本地农业产业化和集约化水平，提升产品品质，促进本地经济的繁荣发展。

各县想入驻电商平台，最佳选择就是具有本地特色的地标性农产品。需要注意的是，地标性农村电商产品除了要具备完善的包装之外，还要具有QS食品安全认证、农产品地理标志、绿色产品认知标志、无公害农产品认证标志、有机食品认知标志等，这些也为各县地标性农产品的整理提供了线索与方向。各地要学会利用产品优势造势，快速制造网络效应，从而使本地的产品占领更大的市场。那些没有类似产品的地方也可以通过挖掘包装，打造出本地的地标性农村电商产品。

2. 挖掘地标性农产品

随着大数据和物联网的发展，我国各行各业开始与电商协同发展，电商市场已经成为一片发展“蓝海”。农产品入驻电商平台为第三方平台创收的同时，带动了农民群体生活水平的提高，促进了农产品原产地县域经济的发展。各县可以通过挖掘地标性特色农产品，与网络平台合作推广，打造差异化地域特产，从而拉动地区农业的发展。根据地标性农村电商产品应具备的特点，各县地标性农产品的挖掘可运用以下几种方式。

(1) 加强政府与企业的合作。打造各县的地标性农产品需要政府和企业加强合作，共同努力。政府可以为地标性产品的发掘提供政策扶持，与企业强强联合，为地标性产品提供物质保障与发展平台。仙游县就曾多次采用政商联合的方法，拉动当地产业经济发展。

(2) 创建特色品牌标识。品牌化对于农村电商产品而言极其重要，各县要想发掘出地标性的地域特产，一定要重视产品品牌标识的打造。产品品牌标识可以提升农产品的知名度，赋予农产品独特的魅力。

(3) 建立健全管理制度。各县发掘地标性农产品的一个重要基础是建立健全地标使用制度，必须规范地标管理，这是各县发掘地标性农产品的必要手段。规范地标使用可以更好地打造产品的品牌效应，形成差异化营销。广西壮族自治区百色市政府就凭借对农产品地标使用规范性的重视，让百色芒果更具知名度。

(4) 规范有效授权。打造地标性农产品需要赋予产品灵魂，也就是要创建自身的产品文化，独特的产品文化有助于各县发掘、打造自身地标性产品。北京市海淀区的京西稻米就是很好的案例。

(5) 宣传饮食文化。宣传饮食文化与宣传产品文化有异曲同工之妙。饮食文化是我国重要的传统文化之一，各地可以通过宣传本地独特产品的历史文化内涵来倡导一种新的消费模式，营造一种特色消费观，从而使本地的地域特产消费成为一种饮食时尚，让自己的产品成为无法被替代的地标性农产品，提高产品的影响力与认知度。

发展县域农村电商，不仅需要人才培养和储备，发掘具有地标性质的地域特产也是一个重要基础。在互联网时代，农村电商已经成为促进县域农业发展的新航路。各县需要顺应时代的风向，整理和利用好自身优势地标农产品或挖掘打造特色地标性特产，积极发展农村电商，拉动本地农业产业与整体经济水平，带领农民群体共同致富。

（三）基础设施

1. 硬件设施建设

我国农村电商发展的一个主要阻碍就是硬件设施不完善。因此，各县应该根据自身特点，加强硬件设施建设，为本地农村电商的发展奠定基础。

（1）建设道路设施。我国农村很多地方存在道路不通、交通不便的现象，道路交通问题让电商物流配送不得不止步于乡镇。但是，农产品的源产地均位于农村，农产品的经营主体也大部分分散在农村，“配送难”问题已成为制约农村电商发展的主要障碍。各地要想从根源上促进本地农村电商的发展，必须加强道路设施建设，让农村也能够“四通八达”。

（2）搭建宽带网络，普及计算机的使用。近年来，我国农村的网络普及水平已经大有提高，但是与城市相比还存在一定差距，尤其是对于一些偏远的贫困地区来说更是如此。这就导致宽带辐射范围、宽带网络的速度与计算机设备还不能满足农村电商的发展需要。农村电商的发展需要在“信息化的新农村”中进行，普及计算机设备和推行光纤宽带进村是各县发展农村电商的必然选择。

(3) 建设农村服务站。农村服务站设施是为村民、乡镇居民以及社区居民提供各种公共服务产品的公共性、服务性设施，可以为居民提供教育、医疗、文娱、交通、行政管理、社会福利、邮政电信、社会金融以及社会物流等服务。要想发展农村电商，农村服务站是必不可少的。有了农村服务站在交通、网络、物流等业务上的支持，各县建设农村电商的压力可以大大缓解。

(4) 开展教育培训。人才是发展县域电商的基础和关键所在，但是我国各县农村电商发展普遍缺乏高技能、高素质的电商人才，这十分不利于县域农村电商发展。人才除了可以通过挖掘本地人才与吸收外地人才来获得，还可以通过培训获得。进行人才培训自然需要培训设备的支持，各县需要在这方面加大投入，为人才培训提供基础条件。

完善的硬件设施是农村电商发展的基础。农村电商的发展必须依靠硬件设施的建设，只有这样才能让农村电商经营者真正致富，从而真正提高农村的经济水平。

2. 软件设施建设

发展农村电商，一方面需要硬件设施的物质基础支持；另一方面需要软件设施建设作为推动发展的核心力量。农村的软件设施主要包括快递价格配套、政府政策配套、周边行业配套等。加快软件设施建设，满足农村电商的发展需要，是各县必须重视的工作。

(1) 快递价格配套。县域电商发展的一个急需解决的问题就是物流问题，目前我国仍然有很多村镇的道路交通不便，这就使物流成为一个难题。交通不便导致物流公司普遍较少，而交通困难又致使本就稀少的物流公司很难获利。因此，他们不得不提高物流配送的价格。这对农村电商经营者而言无疑是最大的心病。在城市中 3 元左右的快递配送费，在村镇中要 4～5 元。农产品经营本就不是暴利行业，而且经营周期长、自然风险大，广大农村电商经营者很难承受高昂的物流配送价格。如果各县的物流价格配套问题无法得到妥善解决，农村电商也就无法真正得到发展。

（2）政府政策配套。实现县域农村电商发展必须有政府政策的扶持，尤其是在前期建设阶段更不能缺少政府扶持。政府既要为农村电商发展提供物质与政策保障，又要为农产品经营者与电商平台企业建立连接。政府的连接可以让更多农产品经营者投身农村电商的事业中，从而促进县域农村电商的发展。例如，仙游县政府曾出台一系列政策条例，在道路建设、人才培养、网络建设以及公共设施建设等方面支持该县农村电商的发展，为农村电商的发展提供了便利的硬件条件。当地政府还曾多次举办农特产品的文化推广活动，与阿里巴巴、京东、返利网、拼多多等全国大型电商平台建立良好的合作关系，打响了本地地标性特产的全国知名度，增强了产品品牌效应，带动了当地农村电商的发展。

（3）周边行业配套。电商行业虽然属于新兴行业，但是近年来发展迅猛，已经成为推动我国经济发展的重要产业，电商行业实现了行业带动，自身发展的同时带动了物流运输、网络电信、计算机设备等多类周边行业的发展。各县农村电商的发展需要配套的周边行业作为支持，除了低廉的快递运输费用之外，合理的宽带速度、低廉的计算机设备价格以及客户资源广泛的第三方平台等设施都是县域农村电商发展的必要条件。各县在农村电商建设上要通过促进周边行业的成长来带动农村电商的繁荣发展，使本地经济水平与居民生活水平产生质的飞跃。

我国的县域电商发展必须重视基础设施建设，这是发展的基础，是促进农村电商发展的必要条件。在互联网时代，电商将成为拉动我国经济发展的真正牵引力。各地政府必须顺应风向，挥动人才培养、地域特产打造与基础设施建设的三板斧，大力发展农村电商，加强农业产业建设，带领我国人口占比最多的农业人口真正致富，为我国经济水平与综合国力的提升做出贡献。

二、发展县域电商的重要意义

2015 年 5 月，国务院下发《关于大力发展电子商务加快培育经济新动力的意见》，进一步明确电商的战略性定位，要求“电子商务与其他产业深度融合，成为促进创业、稳定就业、改善民生服务的重要平台，对工业化、信息化、城镇化、农业现代化同步发展起到关键性作用”。具体来说，发展县域电商具有以下几点意义。

（一）为大众创业搭建了有效平台

发展县域经济需要鼓励大众创新、创业，而电商创业起步简单，只需要有计算机、网络和淘宝账户就可以实现，启动资金只需几千元，产品有农民生产，发货有物流公司代理，自己只需要用好网络就行。一些青年只要有好产品，方法得当，在网上几个月就能致富，满足了年轻人的要体面、收入好、挺时尚的创业心理。

（二）为农民提高收入增加了有效途径

电商的一个显著优势就是投入小，但收益明显，它有效地将生产和销售有机结合在一起，为人们增加收入提供了有效途径。特别是一些地方特色农产品，长期经受多重中间商的盘剥，农民收益并不高，有了电商平台后，可以直接与消费者见面，不仅大大减少了中间环节，而且农民明显增收。

广西田东作为“中国芒果之乡”，在电商平台获得了更好的销量，通常都采用当天摘果、当天发货的运营模式，3～4 天就送到消费者手中，盈利空间更大，网店比实体店成本低，而且芒果附加值比实体店高。到 2015 年 7 月，已经有 3500 多家网店销售田东香芒，县物流企业达 50 多家。

（三）促进县域农业转变发展方式

县域农业发展方式借助电商平台可以实现转化，从盲目的生产逐渐转向依靠市场进行理性生产，根据订单投入生产，这样就可以在一定程度上避免供大于求。比如，安徽省绩溪县于 2014 年 3 月推出全国首例私人定制农场项目——“聚土地”，用户只要提前订购一定数量的土地份额，每个月就能够收到土地产出的蔬菜水果，并免费到当地住宿旅行。项目发布短短 5 天时间，曝光点击次数合计达 5 亿次，参与购买人数达到 3500 多人，总计销售土地 465 亩，项目销售额 228 万元。通过土地流转、返聘务工和提供农家乐餐饮，农民每亩土地增收达 2000 余元。

（四）开拓县域消费市场的新增长点

近年来，我国农村地区得到了快速发展，农民的收入增加，消费水平也随之提升，但是农村消费环境存在一定的滞后性，而电商为县以下消费品市场提供了便捷通道。

在一些地方，已经出现了专门为村民代理网络购物的淘宝代购客，一般成功购买后收取一定的佣金，也侧面显示了农村人巨大的消费潜力和电商的前景。也正是因为如此，大量的网络和电商企业开始开拓农村市场，兴起了一轮下乡热潮。比如，阿里巴巴开始密集调研农村电商，京东、苏宁等电商巨头开始设立农村配送点，百度、360 等网络企业也开始在农村刷墙做广告，农村电商进一步升温。

（五）有效推动县域经济转型

2014 年，中央农村工作会议提出要加强一、二、三产业融合，随即出现了“第六产业”。电商可以有效推动县域三产有机融合。电商在农村的发展不仅渗透到传统产业中，而且产生了深刻的影响，甚至是催生农村新的产业，这是农村传统产业模式不可想象的。比如，目前的农产品上网普遍面临标准化程度低的问题，电商运用现代信息技术和科技手段进行了系统性的产业链改造,这对农业生产方式的影响是深远的。

借助电商平台,县域经济能更好地实现转型。县域电商发展可以同时带动生产、加工、储藏、物流和电商服务业等行业的发展,对县域内的就业市场提供了新机会,为县域经济注入了新活力。例如,陕西省武功县通过电商将锅盔、麻花、挂面、土织布、猕猴桃等50多种特色产品上线销售,带动全省乃至西北地区30多类400多种线上交易,促进一批传统食品企业转型升级,带动彩印包装企业生产效益明显上升。由此可见,电商将为县域经济转型提升带来持久动力。

第二节　县域电商的模式

一、遂昌"赶街"模式

赶街创始人潘东明在提及创立赶街时总是提起一个故事,这是发生在2013年春节他回乡过年的事情。一天,他的母亲抱怨刚买的农药喷雾器的喷头又坏了,好不容易跑到县城买的这种喷头,已经不止一次出现问题,不得不准备再去县城买。潘东明建议母亲到淘宝网站上看看。果然,网上有不少卖农药喷雾器喷头的店铺,而且价格便宜好多,还送货上门。最后,潘母选择了农业部相关科技协会推荐的品牌,比之前买的喷头便宜很多,还快递送货上门,免去了去县城买的时间和多余的花费。之后,这个喷头没有再出过问题。还有一次,潘母好不容易找亲戚买了一台内部打折的液晶电视,潘东明在网上一查,这台打折的液晶电视比网上贵了近1000元。实际上,当时农村父母趁着子女回家让他们在网上帮家里买东西已经是很普遍的现象,尤其是买家电等大件产品。

潘东明从这件事上看到了商机,一些城市的产品在县城农村的售卖价格通常会比在城市售卖更贵，并且款式上新也比较慢，同时市场中还有很多假货。如何让农村居民可以和城市人一样享受城市消费的便利，是从电商大鳄到小淘宝商铺都在琢磨的事情。天猫在其物流事业部和规划部进行的邮 E 站项目，通过部署农村网店，发展农村代购业务，解决农村居民买难的问题，但是发展速度一直不理想。原因主要有以下几种。

（一）县到村的“最后一段路”

对于我国一些农村地区来说，发展电商的一个主要困难是物流，尤其是从县到村的这段路的配送问题。顺丰和三通一达都做出了各种尝试，但其直营快递物流很难深入到村里去，这关键是包裹量的问题。由此，新兴的当地物流小公司可以代理多家快递在本地的业务，通过增加每次运输的包裹量来收回成本。但这样不正规、体验差的农村物流严重影响农村电子商务的需要，更不要说将生鲜农产品卖给城里人。在几次大型网购供应的艰难运营后，网协公司开始着手在遂昌境内解决县到村的快递问题。自建物流需要足够的包裹量，让村民更多地网购城里的产品是可以增加包裹量的，但关键问题在于降低每次快递的成本。

（二）合理地组织货源和渠道

农村商品市场充斥假货、次货，想要在农村进行品牌推广需要有一定的数量支持。但是，农村人口分布往往比较分散，对于家电门市等传统的城市销售渠道来说很难建立。苏宁电器核算其在小县城里开门市的人力、店面及销售渠道维护的成本后，确定无法在县城推进分店。开一个丰富的家电门市，需要上千平方米的店面及相关配套投资。但由于人口密度有限，薄利多销的家电销售模式很难生存，才有了潘东明家买的液晶电视的价格远超网上价格的现象。

（三）限制村民网购的因素

我国农村居民构成中比重最大的为中年以上人群和小孩，大部分农村年轻劳动力都外出务工，从而形成了这样的人口结构，其中主要消费人群集中在40岁中年以上人群。他们除少数人具备经常网上购物的习惯外，大部分人不熟悉网上购物，甚至完全没有相关经验，也缺乏用支付宝账户等购物的支持条件。由于习惯一手交钱、一手交货的商业规则，也对先付款给支付宝第三方再货到验货的信用体系不完全信任，农村电商的推广需要适应这样的消费文化。遂昌网店协会通过一系列的探索，从为村口小卖部配快递筐，到为店主配计算机、屏幕，成立农村电子商务服务站的代买代卖模式——“赶街”项目，和村小卖部和超市店主合作推广线上代购业务成为一种创新。进一步来说，可以通过村里小卖部店主和代购员在农村人情社会里的很多脉络，使农村电商工业品下乡的组织化和推广成为可能。

2014年3月，遂昌网店协会着手准备在吴处村建立农村电商服务站。吴处村距离遂昌县城75公里，是县内最远的自然村，只有几十户人家。遂昌网店协会说服当地的小卖部腾出6平方米用来安放网店协会免费提供的一套计算机设备、一个挂式29寸液晶显示器、展示柜和收件筐。小卖部的老板可以在做其传统业务的同时，开始尝试帮村民做代购业务。同时，在县城搭建县级农村电子商务服务中心，一方面作为城市到县、县到村的物流中转站；另一方面，以县及农村电子商务服务中心为基地，前期推进农村电子商务服务站的建设，建立好站点后，县级运营中心主管提高运营管理水平，建立数据收集体系，成为上下信息对流的枢纽。

从实践中可以看出，物流难题主要体现在县到乡这一段路上，偏远农村的乡民一般收货等待期相对较长，同时还需要担负额外的物流附加费。因此，问题的关键在于降低这段路的物流成本，提高配送频率，他们考虑是否可以将多个小件一起打包，节省单笔物流费用。赶街农村电子商务服务站的站长和遂昌网店协会、遂网公司和新建立的赶街公司一起探讨方案。有一种在运行中的方式就是通过一个区域内离县运营中心最远的几个村级网点，通过每天自愿的方法去交替代取这条线上的所有包裹，分发给沿线的村级网点，省去了村民需要负担的快递费用。也有请在县里工作的村民每天回家带回县运营中心的快递包裹的自发方式。相对偏远的村，利用县城到村的公交体系和农村电子商务站体系对接，让公交代送来降低成本。总之，通过社会力量，采用各种方式，最终实现了低成本的县到村的快递物流问题。

潘东明就是从这里看到了商机，物流难题成为遂昌网店协会、遂网公司和新建立的赶街公司的发展契机。对于大件包裹，或村民愿意负担县到村的费用的情况，赶街公司可以为村民组织专门的车辆和人员，将包裹快递到村网点，这样就可以使村民更及时地收到快件。特别是在“双十一”等网购旺季，赶街公司的自建物流更是忙得不可开交。在费用方面，根据每个村网点收快递（主要是工业品下行收件）件数的多少，平摊费用，或者在一个县域内平摊费用，费用可以降到在县到村这一段只要 2.5 元左右一个快件。一些距离遂昌比较远的村庄，会通过每日两次的大巴送货，这样可以平摊到打包到一起的数个包裹。截至 2013 年 10 月，赶街项目已经在遂昌布点 37 个村，仅仅 2013 年 9 月至 10 月，37 个村为村民提供服务超过 1 万次，包括生活日用品等在内的代购金额超过 20 万元，为村民按传统渠道购买节省了约 6 万元。例如，有村民从事花卉种植，需要大量采购种植幼苗所需的营养钵，以往从县城采购 20000 个营养钵需要花费 10000 元，村里建成“赶街”农村电商服务站后，该村民在网上购买营养钵的单价仅 0.01 元，是原来的 1/50，大大降低了种植成本。诸如此类，“赶街”网点为广大村民生活各方面带来了便利。赶街在 2015 年已经建立了包括浙江省在内的共计 15 个运营中心，村级网点 1500 个。

赶街开展以来，通过工业品下乡实践已经积累了一定的经验，这主要体现在以下几个方面。

(1) 农村购物习惯和城市购物习惯不同，农民网购通常具有一定的计划性。比如，买洗衣粉，农家不习惯小袋购买，而更喜欢大袋囤积,既实惠又省事。

(2) 农村消费的跟风明显,如服装,100 元左右比较时尚的女装可以迅速推广,可以团购。

(3) 农资化肥的季节推广,如种茶,农户会提前 10 天左右预定,再通过向化肥厂团购的方式,最后到村送货上门。

(4) 推广的时间段,如吃完晚饭、跳完广场舞等的晚上 8 点左右的时间,大家愿意购物。

(5) 盖房家居是下一个农村网购的爆发点。农村盖房会通过熟人找合适的泥瓦匠,有计划地组织建材自建,但通过网络的互助,定制集合,可以大大改变现在的自建模式,以更低价格建设更高水平的美丽农村,促进旅游民宿等相关产业的发展。

二、甘肃成县模式

甘肃成县的成功借助了当地的核桃种植业,同时这是县委书记李祥推动下的结果,如今的成县借助电商网络平台声名斐然。这一切看起来倒也简单,就是在县委书记的带领下,全县干部群众一起推动核桃种植和销售,从而取得了现在的成绩。

(一) 县委书记带头发展核桃生产销售

成县的县委书记李祥重视核桃的种植销售,他认为这是推动成县经济发展、带给当地农民更好生活的重要契机。在县委书记李祥的新浪微博记录中可以发现,在全部 6200 多条微博中,仅带"核桃"关键词的微博就达 802 条,这还不算转发的带核桃内容的相关微博,真正是名副其实的核桃书记了。李祥对于核桃的痴迷程度表现在,核桃生长的每个环节都要通过照片和文字夸上一番,会把核桃丰收的景象在微博上晒出来,哪里有展销会、有销售窗口、哪个媒体做了报道都要炫耀一下,青核桃好吃、干核桃好吃、加工的核桃更好吃,如此这般,怎能不让人留下深刻印象?一个县因为"核桃书记"而迅速提升了知名度,而县委书记李祥也因为卖核桃一夜成名，不仅微博粉丝飞涨，而且成为各类论坛、讲座和媒体采访的常客，不断扩大着成县核桃的影响力。

（二）动员全县干部群众宣传核桃

对于县域电商发展，由县委书记亲自带头可以起到重要的推动作用，成县就是如此，该县的核桃电商事业在“核桃书记”发动的核桃宣传攻势中轰轰烈烈地开展了起来。党政干部、县直各部门、乡镇村组、致富带头人等，全县上下全面开通微博，几乎异口同声地在集中宣传一个东西——核桃。在这样一种声势浩大的合唱声中，媒体和社会各界被感染，也纷纷加入宣传成县核桃的队伍，一时间成县核桃满天飞。2015 年，来自上海、河北、山西、四川、陕西等 15 个省市的企业签订核桃购销合同 16 个，销售核桃产品 5925 吨，签约金额 22850 万元。

（三）全线出击推动核桃电商发展

动员全县宣传核桃，最终目的是销售核桃，并推动成县的核桃事业发展。在成县核桃大肆宣传的背景下，成县核桃的形象展示店、营销窗口、展销厅也紧锣密鼓地开设起来，迅速铺货；一批网上销售窗口也迅速开通，淘宝店与微博链接，微营销有声有色，淘宝上的“成县核桃”相关产品已经达到 292 种；核桃系列产品生产线也在紧张筹备中，形成青核桃、干核桃、核桃仁到核桃食品的系列化；围绕核桃开展的核桃树认领、核桃文化研讨等活动相继举行，推动核桃营销；核桃标准化示范园也在加紧建设，产业规模不断扩大。

（四）推动核桃外的产品销售

想要带动整个县域经济增长，仅靠核桃的力量是有限的，县域产业规模和市场容量都有一定界限，因此核桃只是成县电商发展中的先行者、探路者，最终形成电商扶贫的县域经济之路才是目的。果然，在核桃站稳脚跟之后，成县系列土特产品相继推出，成县樱桃、成县土蜂蜜、成县土鸡蛋、成县金银花、成县香菇、成县土猪肉等，甚至成县奇石也卖到了网上，目前仅带“成县”字样的淘宝店铺竟达159家，经营产品1058种。为推动电商事业发展，县上成立了电商协会，县委书记当顾问，持续推动；频繁请来全国电商大佬，做培训，搞研讨，提建议，全面促进；四处奔走，走出去，请进来，吸引一批企业和人才加入成县电商队伍；启动筹建电商产业园和农产品交易中心，解决产品供应、配送、培训等问题，电商产业链全线运转起来。

从成县的电商实践中可以总结一定经验，可以先选择一种县内的优势品种，将其作为“先锋军”集中、整体推广，通过以点带面的方式带动电商全面发展和全民电商创业；可以看出，电商只有作为一把手工程，才能主导电商开局；在基础条件差的地方，更需要集中全县人力、物力，全力突破。

三、河北清河模式

义乌的发展在我国属于最先利用电商进行产业转型的典范，河北清河县与义乌的情况有一定的相似之处，都是在原有传统市场的基础上实现了网上市场的繁荣。但不同的是，义乌提早着手，用电商引领产业发展转型；清河则是在金融危机面前，依靠农民的实践换来“柳暗花明又一村”的盛况，再由政府抢抓机遇，全力推动网上市场发展，最终让羊绒产业迎来了第二春。现如今，“电商”成了清河县最具特色的商业群体，清河也成了全国最大的羊绒制品网络销售基地。全县淘宝天猫店铺超过2万家，年销售额高达15亿元，羊绒纱线销售占淘宝7成以上，成为名副其实的淘宝县。河北清河县如图6-2所示。

（一）借助电商复苏羊绒产业

20世纪七八十年代，河北清河是中国最大的羊绒纺纱基地，当时的羊绒原料占全国50%，纱线占60%，自此清河羊绒始终在

图 6-2　河北清河县

国内属于知名产业，还被誉为“羊绒之都”“羊绒纺织名城”。但由于销售渠道不畅和缺乏品牌运营经验，2000 年以后，羊绒制品的生产销售陷入低谷。2007 年，东高庄村村民刘玉国开始尝试淘宝销售，用借的数码相机将自己生产的羊绒衫拍成照片传到网上，结果一发不可收拾，成为全县有名的“淘宝大王”。在刘玉国的带动下，本村的刘玉肖、宋富强等人也加入淘宝店的经营之中，并且获得了良好的收益，之后整个东高庄村掀起了在网上卖羊绒纱线的热潮。到 2010 年前后，东高庄村成为全国首批淘宝村。东高庄村的成功在清河产生了巨大的示范效应，以东高庄村为核心，淘宝商户迅速向全县蔓延，黄金庄、许二庄、东张古等村相继“沦陷”。到 2014 年年底，清河县形成淘宝村 8 个，淘宝镇 1 个，在全国县级行政区域中位居第三。

（二）借助电商推动羊绒产业转型升级

在农村电商迅猛发展的浪潮下，河北清河县的县委、县政府借此浪潮推动羊绒产业上网，借助电商平台实现羊绒产业的转型升级。一是全网出击，在继续推动各类经营主体开设网店的基础上，建成新百丰羊绒（电子）交易中心，吸引国内近 200 家企业进行羊绒电子交易；建立 B2C 模式的“清河羊绒网”、O2O 模式的

“百绒汇”网,100 多家商户在上面设立了网上店铺。二是园区承载,在基础设施建设方面加大力度,先后建立电子商务产业园、物流产业聚集区及仓储中心等一大批电子商务产业聚集服务平台。三是加工升级,对引进先进羊绒纺纱设备的,财政给予两年贷款贴息的优惠;对购买计算机横机的,每台则给予 2000～4000 元的补贴。羊绒纺纱生产线从 6 年前的 40 条增加到去年的 140 条,计算机横机由过去的不足百台增加到 3000 多台。虽然清河县的羊绒加工量并没有明显提升,其创收却实现了大幅度增长,通过升级转型实现了产值的翻番。2008 年之前,清河县羊绒深加工产品只占整个产业的百分之十几,2014 年已达到 65%以上。四是实施品牌战略,12 个品牌获中国服装成长型品牌,8 个品牌获得河北省著名商标,24 家羊绒企业跻身“中国羊绒行业百强”。如今,清河羊绒产业不但形成了从分梳到制条、纺纱、织布、制衣、织衫、后整理销售等完整的产业链,而且原绒市场、毛渣市场、制品市场、梳绒机与横机配件市场、人才市场以及物流体系等也相继建立并不断完善,借助羊绒产业的转型升级,真正带动了清河县经济的全面发展。

(三)建立孵化中心、研发中心和检测中心

推动县域电商发展的一个关键在于满足市场需求,政府需要为电商提供他们需要的服务。清河县为了满足这一需要,先后建立了三大中心。一是孵化中心,农民经营网店,需对网店进行设计,而网商们不懂也不会,县里就请来了网店设计、摄影、美工等专业机构,服务于全县网商,在县职教中心设立常年培训班,免费对农民进行“淘宝网入门”“网店提升”等技能培训;二是研发中心,县里聘请清华美院等地的羊绒服饰设计人才,成立了羊绒制品工艺设计研发中心,免费为各网店提供设计服务,已累计推出了 1200 多款的潮流款式;三是检测中心,积极与国家羊绒产品质量监督检测中心联系,在清河设立了羊绒制品质量监督检验中心分支机构,使淘宝网商户足不出县,便能拿到公正权威的第三方

检测报告。

总结清河县域电商发展的实践可以得到一些启示，政府要善于在电商的发展中顺势而为，以完善的服务维护正常的市场秩序，促进电商企业发展，以有力的政策积极引导产业转型升级。

第三节 县域电商的发展策略

一、县域电商的基本发展策略

伴随县域电商的迅速发展，基础设施落后、政策扶持不足、专业人才缺乏等问题日益凸显。如何破解以上难题，推进县域电商的健康发展，需要持续探索和实践。

（一）借助电商平台促进县域经济转型升级

发展县域电商是一项十分复杂的系统工程，它涉及产业的各个方面，借助电子商务，可以实现大众创业、缓解就业市场压力、创新政企工作、增加农民收入等。对于大部分县域而言，电子商务是新生事物，发展迅速，在基础设施建设方面，政府应着眼于长远，适度超前；在公共服务方面，政府也应鼓励和服务于创新。

第一，立足县情，形成加快推进县域电商发展的强大合力，如用电子商务促进传统流通企业转型升级。

第二，鼓励县内商贸集聚区、批发市场和专业市场建立电子商务平台，促进各相关产业的全面发展。

第三，实施招商引资政策，以此促进县域电商的扩大发展，同时积极培育电子商务企业，让这类企业在市场中起到引领作用。

县域电商的发展，将显著带动仓储物流、运营服务、营销推广、视觉设计、人才培训等本地电子商务服务业的快速发展。从长远来看，本地化的电商服务体系对促进县域电子商务高效运行、持续创造就业机会、推进转型升级等具有积极作用。

（二）建立县域电商创业园区

随着电子商务的不断发展，当前的电子商务已经形成了高度的细化分工，是一个涉及面很广的产业。电子商务的业务链从产品摄影、美工设计，到业务培训、营销推广，再到仓储、物流……这也是电商园区之所以有集群优势的原因。通过把各市场主体聚集起来，从而提高了电子商务的交易效率，降低了交易成本，同时促进了电商产业链的快速发展。具体作用如图 6-3 所示。

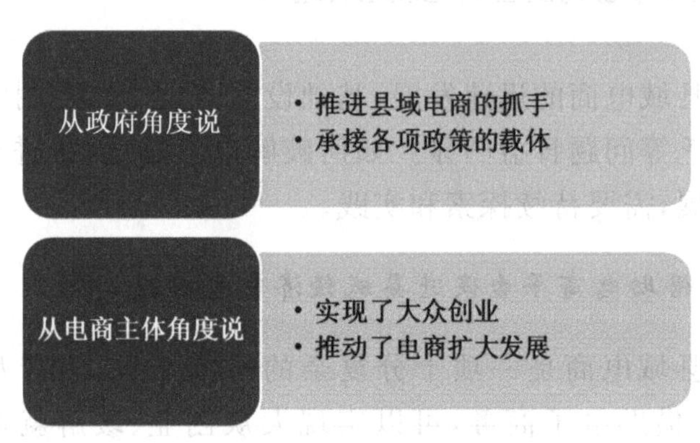

图 6-3　建立县域电商创业园区的作用

园区在建设阶段一定要考虑到未来的发展，与可能涉及的行业、配套按照不同阶段不同比重相结合。第一，要根据园区定位进行硬件设施配套，依据园区原有基础进行改造提升。第二，要建立专业化的组织架构和运营团队，建立有效的运行机制，根据园区定位确定运营重点。发展县域电商创业园需要注意以下几点。

1. 电商创业园的建设要与当地电商发展阶段相适应

在创业园建设初期，大多数电商为初创者，那么创业园的主要功能应该是产业孵化，不需要刚开始就大动干戈。这个阶段的电商创业园，其核心是基础的公共服务要到位。例如，有一些公共的办公空间，有小型的仓储，能培训，还有配套的电商服务，而且尽量要靠近城区，以方便创业者出入。电商发展到中后期，随着要素聚集规模越来越大，可以考虑扩大建设，功能分区，配套关联产业。

2. 电商创业园必须具有电商特点

一些地方发展创业园就是将其他工业园区换个牌子而已，其本质并没有发生变化，不符合电商发展的基本逻辑，这样的创业园无法吸引电商入驻。有的电商创业园很夸张，连基本的仓储物流都不配套，只有一点儿办公的物理空间，门可罗雀也就非常正常了。中央一号文件要求，电商创业园要“聚集品牌推广、物流集散、人才培养、技术支持、质量安全等功能服务”，现有的许多园区还不完全具备这些功能，可谓建设任务繁重。当然，更重要的还是聚人气，如果电商不愿意入驻，那就麻烦了。

3. 电商创业园要落实产业

现在讲电商生态，这个生态不仅仅是前端的电商及其运营体系，如平台、网商、服务商等，还有庞大的中端体系，如金融支付、物流仓储等，更有复杂的后端体系，如产业链上的加工企业，配套产业链的彩印包装、实体展示等，以及必要的生活服务。一个电商创业园吸纳电商入驻是必需的，但配套产业的落户也是必需的，否则就像墙头草，根基不稳。

4. 促进电商创业园的良性发展

虽然发展县域电商创业园听起来是流行趋势，但是真正实现盈利并不容易。从全国范围看，电商创业园盈利的不多。总体观察，最早的园区多靠政府补贴，第二阶段开始靠物业服务收费，第三阶段提供配套服务，现在又开始着眼风投与项目孵化了。政府的补贴是需要的，园区运营的自我造血功能却是必备的，否则难以长久，这是当前需要共同探讨的问题。

（三）加强人才培养，建立校企融合的培养模式

发展农村电商的一个关键问题在于电商人才培养，因为只有保证电商人才储备，才能发展农村电商，但是我国当前的电子商务人才存在很大缺口。预测未来五年缺口在500万左右，而现在大中专学校培养的电子商务人才对口就业率只有20%，缺乏实践能力是对口就业率不高的关键。

为了更好地发展县域电商，应该建立校企融合的电商人才培养模式，这样不仅可以为中小型县域电商输送他们需要的人才，同时还可以为学校的电商人才搭建锻炼、实习和就业的桥梁。在合作中，校企双方互相支持、优势互补、资源共享，具有如图6-4所示的好处。

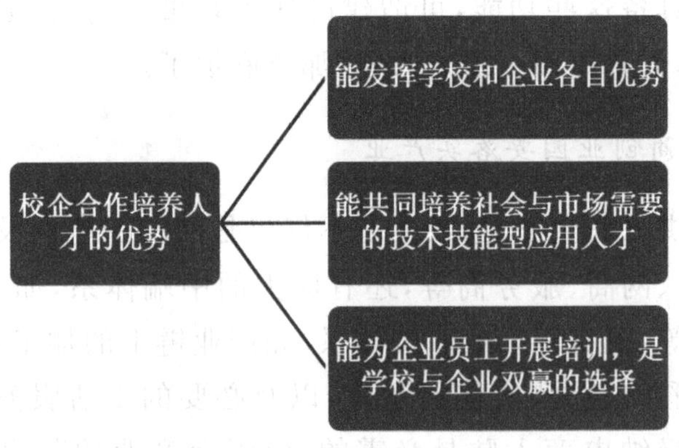

图6-4　校企合作培养人才的优势

此外，发展县域电商必须构建人才培训体系。

1. 明确培训对象

培养农村电商人才是推动农村电商和县域电商发展的关键，而需要接受培训的人群十分复杂且广泛。一般来说，目前农村电商培训的对象主要分为大学生群体、农民群体、青年致富带头人、政府机构人员、各类农村专项技能能人以及村企合作组织等。在进行培训之前，培训机构必须对培训对象进行摸底，全面掌握受

训对象的文化水平、接受能力、应变能力、转化能力等各项素质，并将培训对象按照不同素质水平分类，因材施教，制订不同的培训计划。

2. 明确培训内容

不论开展哪种教育，都要做到因材施教，对于农村电商人才培养来说也是如此，必须根据不同的培训对象选择不同的培训内容。当面对年龄偏大、网络知识薄弱、农产品电商推广经验不足的受众或没有任何知识的农民群体时，农村电商人才培训需要循序渐进，先从最基础、最简单的课程由浅入深地进行讲解；对于有一定电商基础的养殖大户、返乡大学生或者经纪人，可以进行深层次的农村电商运营培训，或者找到这类群体的共同薄弱环节，进行加强型特训；而对于那些致力农村电商发展的村企合作组织，可以开展定制的电商专业培训，帮助其进行电商能力进阶提升，培养出高素质的电商人才。仙游县政府举办的农村淘宝培训班，就因其培训内容合理明确、适合该地区的农村电商淘宝合伙人而取得了良好的培训效果。

3. 明确培训方式

开展农村电商培训的方式是多种多样的，只有选择最合适的培训方式，才能获得良好的培训效果。各县的农村电商培训必须依靠正确的培训方式，对传统落后的培训方式必须进行改良。各县农村电商的培训方式改良可以从两个方面入手：第一，培训方式必须从培训对象的实际情况出发，采用通俗易懂、深入浅出的培训技巧，让“互联网”“大数据”等新名词能够被广大农民群体接受；第二，各县的农村电商培训必须以培训效果为最终衡量标准，从重视培训人数向重视电商“存活率”转变，不再依靠“讲座式”“头脑风暴式”的教学方法对培训对象单向灌输知识，而应该建立培训效果评估机制与培训效果反馈机制，集中精力培养有头脑、有能力的农村电商带头人。

（四）利用特色产业引领县域电商发展

发展县域电商需要全面了解农村的实际情况，掌握其生产力水平，选择最适合该地的发展路径，一方面要因地制宜；另一方面要突出创新发展。

第一，立足本地资源优势，突出特色品牌，大力发展特色产业，合理区域布局，提高产品品质，优化品种结构，培育龙头企业，以特色产业引领电商发展。

第二，按照“标准化、产业化、规模化”的要求，以产业基地和产业园区为抓手，做好生产规划布局，加强特色产业基地建设。

第三，充分发挥辐射带动作用，充分发挥品牌效应，通过品牌培育为特色产业的销售市场打下坚实的基础。

二、以浙江省临安区白牛村、新都村为例分析县域电商发展

（一）县域电子商务发展与“淘宝村”涌现的耦合机制

1. 以发展特色产品增强“淘宝村”的竞争力

随着网络的普及，网络为农村带来了新的发展渠道，这也促使了“淘宝村”的涌现。一方面与互联网经济快速发展、网络开店门槛较低、物流快递成本降低等因素相关；另一方面还与当地产业特色及农村出现电商能人等因素有着密切的关系。临安白牛、新都等村的电子商务发展在很大程度上得益于当地发达的坚果炒货产业。

临安人从 600 年前就开始种植山核桃，临安区清凉峰国家级自然保护区是中国山核桃原产地。因此，临安区以山核桃这一最具地方特色的农产品为卖点发展当地的坚果炒货产业，最初做的就是山核桃生产加工，改革开放后迅速扩展到碧根果、杏仁、夏威夷果等 30 多个品种。2013 年，临安区山核桃种植面积超过 80 万亩，山核桃总产量约 2 万吨，占全国市场的 40%；全市拥有 QS 认

证坚果炒货企业380余家，其中规模以上企业60余家，总加工生产能力达3万余吨，实现产值50多亿元，占全国坚果食品行业比重20%以上，进口坚果原料量占全国进口量的25%以上，是全国最大的坚果炒货食品生产、加工、销售集散地。在临安西部的昌化、龙岗、清凉峰、岛石等镇，形成了山核桃种植、加工、销售“一条龙”的块状产业聚集区。

在传统模式下，临安的坚果炒货销售主要依靠超市与专业市场，全国各地的山核桃商人经常会到临安区拿货，临安城北的浙皖农贸城是当地最大的山核桃批发市场。2010年以来，临安区的炒货企业积极向外拓展销售渠道，仅在杭州就设立了上百家山核桃专卖店。随着电子商务的快速发展，以及城乡居民生活水平的提高与消费习惯的改变，山核桃等坚果炒货的网络销售规模日益扩大。从2005年开始，临安坚果炒货主产区的一些企业和村民通过阿里巴巴、淘宝等平台开展网络销售，并取得了显著成效。

坚果炒货产品和生鲜水果不同，这类产品便于储存和长途运输，因此是推向电商市场的优质选择，并且这类产品符合现代人的健康理念，市场规模逐年增长。与线下销售相比，坚果炒货的线上销售有仓储、时间等诸多优势，是一个快速成长的细分食品市场。通过电子商务平台，可以减少中间交易环节，使消费者利益最大化。坚果炒货作为休闲食品的一大分支，其占比已达到23%，其市场规模呈逐年递增的趋势。2005—2016年坚果炒货行业销售规模的复合增长率为18.93%，2016年行业销售规模为1327亿元，同比增长15%，如图6-5所示。

临安区借此浪潮推动了坚果炒货行业的进一步发展，临安区的坚果炒货企业、传统经销商与新兴网商都积极开拓电商市场，希望借此机会获得更好的发展。由于临安炒货主产区的农民网商拥有货源、仓储等优势，因此在掌握网络营销技术后，随着物流快递成本的降低，形成了群起之势。随着坚果炒货电子商务市场的不断发展与临安区电子商务服务体系的不断完善，临安区“淘宝村”的数量还会不断增加。

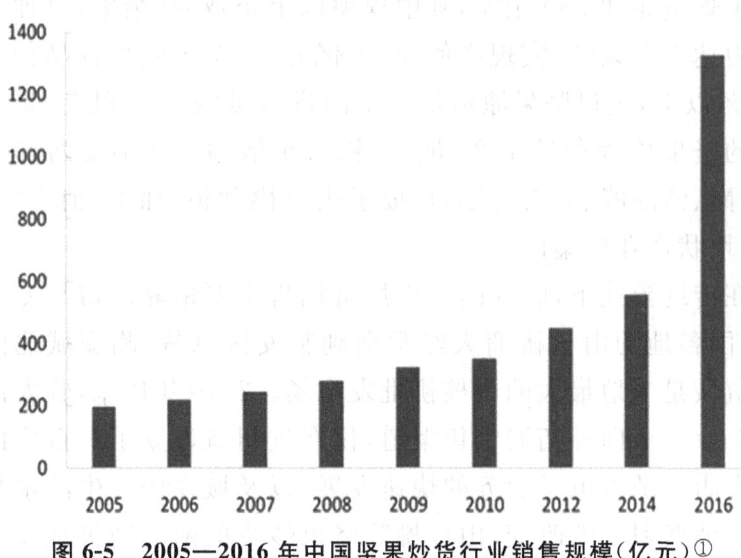

图 6-5 2005—2016 年中国坚果炒货行业销售规模(亿元)①

2. 电商服务体系为“淘宝村”的发展提供有力保障

大部分“淘宝村”都是当地农民借助互联网,通过大量的模仿创新形成的一种自发性的网商集群。产业规模的扩大,必然会使“淘宝村”对仓储、物流、金融、培训等相关电商服务的需求日益迫切。由于村级经济规模和资源有限,当“淘宝村”发展到一定阶段时,往往需要政府、电子商务服务商等外部政策与资源的扶持。

在坚果炒货电商产业发展良好的背景下,临安区的电商交易规模不断扩大,这引起了当地政府的注意,开始从组织领导、政策、资金等方面加强对电子商务发展的引导与服务。2012 年,临安区抓住浙江省杭州市出台促进农村电子商务发展扶持政策的机遇,设立 100 万元财政专项资金,扶持农产品电子商务和市场开发。2014 年,临安区政府出台《关于加快农产品电子商务发展的实施意见》,将农产品电子商务扶持资金提高到每年 200 万元,计划到 2016 年建立起较为完善的网商、营运商、服务商线上农产

① 中国产业信息网.2017 年中国休闲食品人均消费情况及坚果电商销量分析[EB/OL]. http://www.chyxx.com/industry/201711/581455.html.

品销售服务体系，实现农产品网上销售额30亿元。

为了促进临安区电子商务的进一步发展，临安区政府着力完善电商发展环境，致力于为电商发展搭建各种网络销售平台。2012年5月，由临安区科技局下属的临安区科技孵化器建设运营的临安区电子商务产业园开园，吸引了16家农产品电子商务企业和服务商入驻。2013年，临安区电子商务产业园实现销售收入2.8亿元。临安区龙岗镇通过招商引资，建设了具有批发、网购、仓储、物流等功能的龙岗坚果炒货食品城，目前已入园的生产、仓储企业有63家，2013年实现网络销售额3.36亿元。

2013年5月24日，“阿里巴巴临安区坚果炒货产业带”正式运行，成为“中国坚果炒货网上批发第一平台”。2013年9月6日，“淘宝特色中国·临安馆”开通，成为临安特色农产品的集中式展示展销平台，短短5天里，就有600多万元成交额，共卖出了100余吨的坚果炒货。为了更好地发挥地方电子商务专区的作用，临安区积极引进杭州闻远科技有限公司承担临安区坚果炒货产业带和淘宝特色中国·临安馆的运营。2014年，闻远科技又积极承担了临安“电子商务进农村”项目，在清凉峰等镇建设农村电子商务服务点，推动网货进城下乡，双向流通，使农民能够享受网上购物的便利，加快农村信息化转型。

人才问题始终是直接关系到产业发展的大问题，对于临安区电子商务发展来说也是如此，在快速发展的背景下出现了各类电商人才短缺的情况。临安区积极与浙江农林大学等院校共建电商人才培养机制，在浙江农林大学信息工程学院建立电子商务人才实训基地，充分发挥部门、高校、社会团体及村镇等的力量，对大学生村干部、返乡大学生、网店经营户、家庭农场主、合作社和龙头企业负责人等实行“菜单式”、分层式培训，形成了每年入门型（初级班）500人、实用型（中级班）200人、专业型（高级班）100人的培训架构，夯实了农产品电子商务发展的人才基础。临安区农村信用社根据网商的资金需求，先后推出30万元以下的“丰收”小额贷款卡和30万元以上100万元以下的“丰收”创业卡,对6万元以下的贷款全部发放信用贷款,使贷款方式更灵活、更简便,从而更好地满足农民网商的小额贷款需求,切实简化贷款手续,减轻网商负担。

3. 推进农村电商的多样化发展

近年来,农村电商发展迅速,但仍处于初级阶段,农村电商的持续发展还有很大的创新空间。由于各地的产业基础、人才结构、电商环境等并不相同,形成了农村电商的多样化发展模式。随着县域电子商务与“淘宝村”规模的不断扩大,县域电子商务与“淘宝村”之间的互动日益频繁,形式也更加多样。

在坚果炒货产业迅猛发展的势头下,临安区的坚果炒货产业搭载电子商务快车实现了大发展。临安区有很多坚果炒货网店,其中既有传统的炒货企业,也有新兴的电子商务企业;既有传统的炒货经销商转型为网商,也有新型的农民网商;一些专业合作社也积极开展电子商务。在淘宝网首个坚果类“淘品牌”、全球十佳网购品牌——“新农哥”的带动下,临安涌现了十里民丰、谷的福、绿硅科技、康之悠品、东升小果子、万马农业等一大批电商龙头企业。据不完全统计,2013年,临安区500万元规模以上的38家电商企业销售总额达到565亿元。与此同时,临安区上百家传统经销商开设的网店销售额也有近2亿元。临安区湍口晨雨山核桃专业合作社最初通过企业网站开展电子商务,2013年1月,在浙江农林大学信息工程学院的指导下,在淘宝网上开设了“零家铺子”网店,目前店铺信用等级已达到“4钻”。

临安区的炒货电商发展迅猛,不仅在淘宝、天猫、1688等综合平台上销售,还专门建立了“临安产业带”“临安馆”等地方性平台,其中还有一些规模较大的企业直接入驻京东、1号店等网络平台上进行产品销售。从聚集形态看,临安既有电子商务园区,也有炒货市场综合体,还有“淘宝村”“电子商务示范村”等多种模式。即使是“淘宝村”的发展,由于白牛村与新都村区位不同、产业优势不同、社会网络不同,其发展模式也有所差异。白牛村起步早，网商大户相对较大，代加工的数量也相对较多；而新都村炒货企业众多，网商大都直接拿货，异地经营的网商数量较大。由于龙岗坚果炒货食品城的存在，白牛村和新都村的许多网商都把龙岗作为一个重要的货源采购地与发货地。多样化的农村电商发展模式进一步扩大了县域电子商务与"淘宝村"之间的互动空间。

（二）县城电子商务发展与"淘宝村"的升级

农民利用网络销售产品为他们提高收入提供了有效途径，在发展初期具有时间自由、仓储便利等优势。但是，在后续发展中，农民网商必须面临仓储、物流等问题，这是网络交易规模扩大的必然结果。目前，"淘宝村"的网商大都分散在自己的住宅中，周边缺乏可资利用的公共仓储空间。虽然农村住宅面积较大，但是在销售旺季，农民网商的仓储问题仍然非常突出。同时，生产与生活不分，家里堆满货物，存在一定的安全隐患。一些农民网商地理位置偏僻，快递取件不便，导致物流成本相对较高。结合"淘宝村"网商的现实需求，加强村级电子商务服务中心建设，提供较为完善的仓储、快递服务是当务之急。

"淘宝村"的网商一般都是教育水平较低的农村夫妇，这与大学生的网络创业有本质不同，农村网商受知识水平、社会环境等因素影响，在网络经营能力上相对较弱，平均年龄也相对较大。面对激烈的市场竞争，农民网商虽然有一定的学习提升意愿，但是受工作、家庭、文化水平等因素影响，学习时间、费用投入有限，大都依靠自己摸索或通过社会网络、网络论坛等获取信息。网商的门槛较低，村民自主创业意识强，"淘宝村"的电商人才流动快，做大做强难度较大。

邻近村民的加入使"淘宝村"的网商数量不断增多，市场竞争也越来越激烈，相应地就会体现在网络推广费的提高上。目前，"淘宝村"网商习惯用价格作为竞争手段，缺乏品牌与服务等竞争优势。随着品牌网商开始在价格、服务方面展开竞争，"淘宝村"

农民网商的竞争压力明显增大，并且缺乏有效对策。由于农民网商规模较小，目前在税务、发票等方面尚不规范。随着网商规模的扩大与电子商务治理体系的不断完善，农民网商的经营成本也会逐步上升，“淘宝村”网商数量的增长速度将逐步趋缓，进入一个平稳增长的阶段。由于地处农村，电商圈子相对闭塞，成立村级网商协会，积极培育各类正式或非正式的网商交流平台，对于促进“淘宝村”网商的相互学习与良性竞争具有重要意义。

实现“淘宝村”与县域电商的协同发展，必须有县域支持。“淘宝村”不断扩大规模会扩散至镇、扩散至县，就可能形成“淘宝镇”，甚至是“淘宝县”。目前，临安城区及昌化、龙岗、清凉峰等镇的电子商务已经初具规模。随着“淘宝村”网商成交规模的不断扩大，对教育培训、金融、物流等电子商务服务的需求也日益迫切。目前，白牛村、新都村的网商大都依靠自己或朋友进行摄影、美工等工作，缺少专业的服务提供商。加强对“淘宝村”网商需求的调研，不断创新电商服务模式，提高电商服务的针对性，是县域电子商务服务业发展的关键。

村域范围比较狭小，资源相对有限，对于人才引进来说比较困难。县城与中心镇的基础设施与公共服务相对于村庄来说更为完善。尤其是中心镇，作为承上启下的一个重要环节，在教育培训、金融、物流等电商服务领域都具有一定的优势。加强中心镇电子商务同区或服务中心建设，聚集一批规模网商，对“淘宝村”的转型升级具有重要意义。从长远看，“淘宝村”嵌入县域电子商务是一个互动的过程，“淘宝村”的网商在发展过程中将出现分化。

近年来，食品安全是全社会关注的重大问题，作为食品的坚果炒货也需要重视自身的安全问题。对许多从事农产品在线销售的卖家，尤其是个人卖家来说，食品安全认证是一个现实的门槛。目前，临安区仍有部分炒货企业和网商尚未通过 QS 认证，一些网商的货源相对复杂，一旦出现食品安全问题，无论是对“淘宝村”，还是对整个县域特色产业，都是致命的打击。安全认证的缺失带来了潜在的风险，因此加强网络食品安全和认证管理，建立和强化质量标准体系，需要政府部门与网络交易平台的更多关注和努力。

坚果炒货虽然不属于蔬果生鲜产品，但其销售也具有明显的季节性，通常在秋冬季这类产品的销量更高，因此每年到了秋冬旺季，“淘宝村”都可能出现人员紧缺、成本增加的情况。所以，从村域电子商务的发展趋势看，线上单纯销售坚果炒货的利润点较少，要想继续依靠电商带动经济增长，就需要寻求其他发展模式。白牛、新都等村山清水秀、风景优美、民风淳朴、交通便利，当地特色农产品丰富，“淘宝村”的网商在销售山核桃的同时，可以探索发展“农家乐”等休闲旅游项目与特色农产品，让顾客不仅能吃到美味营养的山核桃和特色农产品，还能领略到农村的自然风光和农民网商的真实生活，通过线下与线上的互动，进一步增强“淘宝村”电子商务的竞争优势。

第七章　农特微商

农特微商是农特产品和微商的结合，农特产品搭载微商这班车实现了更好的销售。随着互联网的发展，可以发挥其在助推脱贫攻坚中的作用，推进精准扶贫、精准脱贫，让农产品通过互联网走出乡村。农特微商进一步推进了我国农村电子商务的发展。

第一节　农特微商的发展现状

一、农特微商的基本情况

随着网络营销渗入微信朋友圈，农特产品也借此机会进入了人们的微信朋友圈。随着“互联网＋”在农业领域的深入渗透和融合，一种新兴的创业形式出现了——农特微商。顾名思义，农特微商就是以农特产品为主要经营内容的微商，农特产品代表着一个地方的特色，更承载着一个地方的文化、传统、感情等内涵，历来深受人们的喜爱，人们出差旅行时都愿意带一些当地的土特产，走亲访友时也经常赠送一些土特产。

2016 年 1 月 17 日，阿里举办了首届“年货节”，来自全国 31 个省（自治区、直辖市）共 359 个城市的土特产悉数亮相，其中最受欢迎的单品分别是贵州土特产山货大礼包、贵州年夜饭大礼包和赣南脐橙。

大数据公司对本次活动的销售情况进行了数据统计，统计显示消费者购买最多的是榛子、碧根果、山核桃、大杏仁等干果类食品，如三只松鼠、百草味、果园老农等品牌均获得了不错的收益。

对于生鲜类商品，消费者对产地的印象更加深刻，如大米类产品，五常大米的销量占到63%，其后为鸡西、盘锦、牡丹江等地所产的大米。此外，皇上皇腊肠、便宜坊烤鸭、稻香村京八件等老字号地方特产也格外受欢迎。

大部分消费者都会自动将土特产与产地联系在一起，品类前往往会带有产地标识，如四会砂糖橘、新疆库尔勒香梨、山东红富士、河南铁棍山药、东北野生木耳等，这些知名的地标性商品已经走进了千万百姓的家庭，但是还有很多地标性商品因为产量、运输等难题而“养在深闺人未识”。

随着电商模式的普及和物流建设的完善，越来越多的地方特色产品走出了家乡，走进了大众视野，如吉林松原的查干湖鱼头。在2015年中秋前后，微谷农特微商项目组帮助五柳村橘农销售柑橘，通过线上微信营销和线下农家乐采摘相结合的形式，成功销售橘子4万余斤，解决了当地橘农的销售难题。

在传统的流通渠道和销售方式之下，很多地区的特色农产品因不为人知而难有销路，微商的出现在很大程度上改善了这一现状。

二、农特微商的发展基础

土特产具有极强的地标性特征，这就决定了它们的独特产品价值，农特微商创业的基础正是地标性的农特产。农特产品在销售中存在一些短板，但也具备一定优势，农特微商在创业过程中应该注意。

（一）农特微商的发展短板

1. 季节性

大部分农特产品都具有季节性特征，并且这种季节性十分短暂，它们会受到季节或天气的影响。例如，海南的荔枝、阳澄湖的大闸蟹等，虽然保鲜技术、生产技术在不断提高，但是动植物有其自身的生长规律，只有在特定的季节才能达到最好的品质。季节性农特产品的销售期也很短，一年内有太多的空档期，作为微商来说备货太多销售不完，生产太少又怕不能满足市场需求，成为困扰农特产品经营者的一大问题。而且，季节性导致农特产品只能销售几个月，一年中有太多的空档期不足以支撑大型团队的运作。因此，销售农特产品通常是小商贩所为，很难形成产业化、规模化的团队。

2. 本地性

“南甜北咸，东辣西酸。”在不同的水土上会生产出具有该地特色的土特产，本地人会喜欢这些农特产品，但是对于该地区以外的人来说也许并不喜欢。对于更多的用户来说只是处于尝鲜的状态，不会长期、大量地购买和食用。例如，江西、广东人很喜欢板鸭的味道，但北方人更喜欢烤鸭的做法。虽然现在全国各地物产的流通已经很普遍，但是很多北方人买了板鸭、火腿却不会做，或是不习惯它们的味道，这就使得农产品的销售受到很大的局限，往往只能本地化推广，无法行销全国。

3. 利润低

大部分农特产品处于原材料状态，如蔬菜、水果和海鲜等，这类产品的附加值低，可以获得的利润相对较少，这会直接影响到销售的规模。众所周知，化妆品、珠宝、服装等加工产品的利润率很高，尤其是品牌货的售价是成本的几倍、数十倍，而一般的农特产品利润率不会超过 20%。微商的最大特点就是通过朋友的朋友的朋友逐步扩散，微商最常见的模式是代理，层层代理收取返点利润。但是，农特产品利润低的特点根本无法支持走代理模式，势必影响推广和规模。全靠自己直销也是不可能的，毕竟一个人的吸粉能力是有限的。

4. 物流成本高

对于农特产品的销售来说，一个关键性问题就是物流，物流成本高对农特微商的发展产生了不利影响。对于农特产品的运输来说，一方面农特产品保质期有限，不利于保存；另一方面用户对农特产品的新鲜度有较高要求。例如，唐代伟大诗人白居易形容荔枝是："一日而色变，二日而香变，三日而味变，四五日外，色香味尽去矣。"经现代科学研究证明，如果温度保持在 1～5℃，荔枝可贮藏三十天左右。这类产品对天气、温度、时间、运输包装等方面有很高的要求，大大提高了运输成本。农特产品本身利润率就不高，而物流成本却很高，提高价格用户难以接受，价格不提高的话微商就只能赔本赚吆喝，这也是农特产品微商面临的非常纠结的境况。

（二）农特微商的发展优势

正如上面所说，农业产品的销售存在一些问题，导致农特微商发展存在困难，但是事物通常具有两面性，农特产品虽然具有这些不利于销售的短板，但有时对产品销售来说也是独特性的优势，季节性恰好可以造成稀缺性的优点，这些优点可以促进农特产品的商业化运作。

1. 稀缺性

农特产品具有本土特色，每种产品都具有自身的独特性，是宝贵资源，有很多农特产品只在某一特定地区才可以生长，但是产品的市场却是全国甚至全世界。例如，云南盛产玛卡、赣州盛产脐橙、湖北随州盛产香菇、东北黑土地盛产稻米等，这些品种的农特产品换个地方栽培味道就完全不一样了，正所谓"橘生淮南则为橘，橘生淮北则为枳"。这种稀缺性使得一些农特产品供不应求，大受欢迎。

2. 容易获得消费者

虽然一些地方性土特产更适合本地销售，但是当前的人口流动性极大，全国各地区、各个民族人群不断融合，各地的物产也更大范围地流通，以往某个地方的特色产品一定会走向外面的世界，获得更多用户的欢迎。例如，四川的麻辣火锅、担担面等食品是当地人每天都离不开的，但这类麻辣食材也逐渐成为北方人的最爱。

3. 适合开展故事营销

农特产品通常具有一定的当地特色，都有一定的来历和传承，这就为它们进行故事营销提供了前提条件。比如，做红烧肉会想到苏东坡，中草药会想到同仁堂，这些农特产品中蕴含的文化基因成为促进其传播的最有效的武器。农特产品营销如果能充分开发生产者或经营者身上的可以挖掘的故事，也是一种很好的营销方式。褚橙的火爆就是一个很好的例子，其实农特产品是一个特别适合以故事营销的方式来进行销售的领域。

4. 地域文化的吸引力

农特产品蕴含着地域文化，它不仅仅是一个产品，而且传达了一种情感、一种精神、一种文化，这就使得消费者可以通过这些产品产生情感共鸣。所以，在电商卖农特产品时必须充分利用这一点去影响、吸引、打动消费者，让他们看到的不只是产品，还有产品背后的文化内涵。而且，在农特产品身上表现出的文化内涵不但要能够促进营销推广，还要增加其自身的价值，提高其自身的利润空间。

首先要拥有农特产品，其次才可以发展农特微商，如果电商有了具有地方特色的农产品、土特产，就可以以此为基础发展农特微商。对生产规模比较小的基地和单品来说，通过微商做好运营就可以；对农特产品规模比较大的基地可以运用品牌化的经销策略，中型的基地可以运用众包的品牌战略。在“农产品上行”的大势下，通过农特微商创业将自己家乡的特色产品推广出去，不仅解决了自己的创业就业，还是促进地方经济交流与发展的大事，利己利民利国。

第二节　农特微商的模式

一、土地认领模式

土地认领模式可以将土地的价值翻番，以前价值 1000 元的土地可以通过土地认领模式让价值翻 10 倍，变为 10000 元。

土地认领模式是土地的主人制模式。具体来说，就是农场主在网络平台上进行土地的主人征集，在网上成功认领土地者将成为该块土地的主人，这块土地的所有产出均归主人所有。采用这种模式经营的产品大多为有机绿色农产品，如土豆、香菇等。主人认领土地后，可以自己进行打理，也可以交给农场主统一打理；或者采取二者结合的方式，平时交给农场主打理，自己在周末时则带着家人、朋友到认领的土地上进行种植、施肥等活动，体验田园生活，感受与城市大不相同的乐趣。

位于张家口市尚义县的瑟尔基河山泉农场（见图 7-1）就是通过土地认领这种新模式获得快速发展的。该农场属于坝下地区，碧水蓝天，土地肥沃。农场里果蔬不上化肥，用山泉水浇灌，做到了真正的天然无公害。此外，农场周边的风景十分优美，认领人在农作劳动之余还可以自行观光。商家通过微信朋友圈、公众号等方式进行宣传，吸引了大量的城市人群前来认领土地。

采取土地认领模式可以吸引大量客户。客户认领土地后可以亲自体验田园生活，同时可以随时掌握自己认领土地的情况，实时监控自己种植的果蔬生长状况，这样可以更好地保证自己食用的产品没有受到任何污染。如今，食品安全问题已成为消费者最关心的问题之一。土地认领模式通过抓住消费者的需求点，最大限度地获得了消费者的青睐，成为广大农特微商经营者致富创收的新途径。

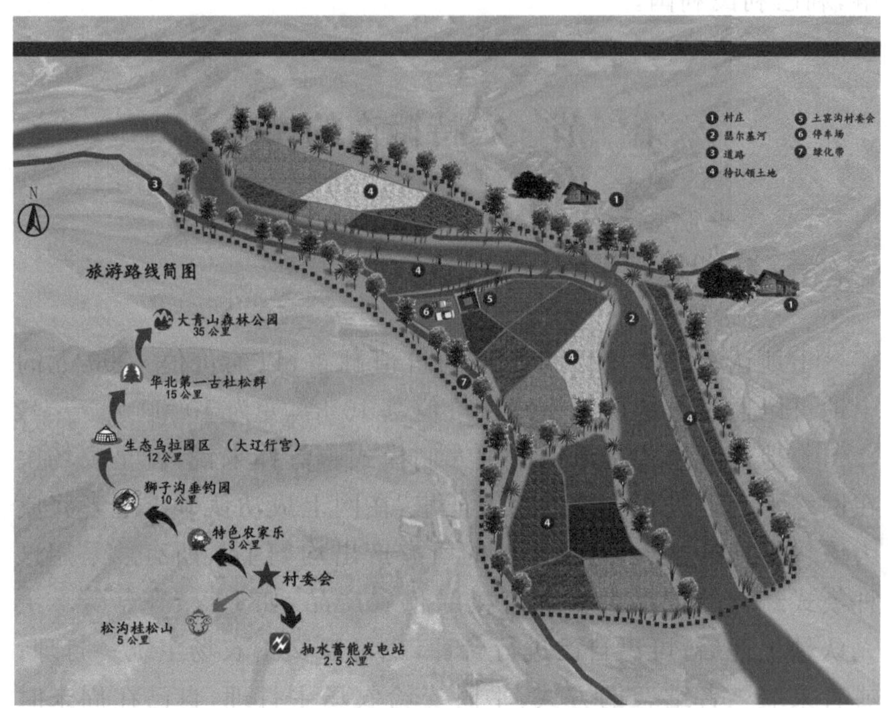

图 7-1 瑟尔基河山泉农场总体规划图

二、预售模式

对于农特产品的生产者来说，最担心的不是农产品种植和生产的问题，而是多变的市场环境，如果遇到供大于求的情况，就会造成农产品的滞销，而解决方法也只有低价甩卖，而这就会造成亏本的局面。但农特微商经营者如能采用预售模式，就可以在种植之前准确了解市场需求，从而最大限度地降低风险。微信是了解市场需求的有效工具，农场主可以通过朋友圈、微信公众号和社群进行预售，做到先收钱再种植，从而尽量规避风险，获取利益。预售模式有以下几点优势。

(1) 市场反馈。通过预售，农场主可以掌握产品的市场反馈信息，进而了解消费者对产品的认可程度以及需求情况。这有助于农场主在种植和生产时做出适当的调整，更好地满足消费者的需求。

(2) 用户数据。在预售模式下，农场主可以收集消费者的相关信息，包括消费者的姓名、电话、地址等，这样就可以使农场主更好地掌握消费者实际情况。这些数据看似简单却十分重要，因为通过传统销售方式，经营者根本无法得知产品的最终受益人群是谁、在哪里，而预售却可以完美地解决这个问题，让经营者做到知己知彼。除此之外，通过预售模式，农场主还可以针对数据进行研究，分析得出哪种农产品卖得最好，哪个地区的人喜欢购买哪种农产品，进而更有目的地进行种植。

(3) 降低风险。在传统农产品销售模式下，产品需要种植后或是产出后才会推向市场，也就是说需要在没有完全掌握市场情况的前提下进行产品生产，这种方式极易遇到产品不被认可、消费者不买单等情况。而且，大多数农产品都具有保质期短、季节性强的特点。如果无法在一定时间内卖出，商家就只能采取打折的方式损利出售，更严重的是直接烂在地里或者仓库里，造成极大的损失。通过预售，商家可以先收钱，然后根据消费者的需求进行种植生产，将风险降到最低。

预售模式听起来只是将还没产出的产品提前销售，但实际操作并不是如此简单，因为大多数消费者都是十分警惕的。因此，农特微商选择预售模式必须在预售前解决以下问题。

第一，人脉。在如今的粉丝经济时代，没有粉丝，一切都是空谈。预售的前提就是有足够的粉丝、庞大的人脉。

第二，信誉。预售体现的是人与人之间的信任。如果商家没有任何信誉，就根本不会有人愿意事先付款。所以，在进行预售之前，商家一定要建立良好的信誉。

第三，品质。预售是消费者对商家的高度信任，绝对不能辜负。只有好产品才能开展预售，而且必须能够经受得住市场和消费者的考验。

三、众筹模式

众筹是一种新兴互联网金融方式，从 2015 年开始迅速发展，现在已经成为一个比较大众的融资方式。但是，在传统的农产品领域采用众筹模式尚属新鲜做法。大致上来说，农产品领域的众筹可分为以下几种模式。

（一）农业众筹

农业众筹相对比较简单，是指先向消费者筹集资金，然后再让农民根据需求进行种植，等到农产品成熟后直接送到消费者的手中。农业众筹的过程与预售十分类似，业内人士将这种模式称为“订单农业”——根据销售组织生产。

农业众筹在我国的发展时间并不长。2014 年开始，众筹网陆续推出了一些与农产品相关的众筹项目，但是还没有形成整体架构和规模。直到 2015 年 6 月，众筹网才正式宣布进军农业领域，将农业作为平台的重点发展领域，并与沱沱工社、汇源集团、三康安食等大型企业达成了战略协议。众筹网上的农业众筹项目如图 7-2 所示。

到 2016 年，农产品众筹已经极为常见，如众筹网与本来生活网共同推出的“尝鲜众筹”就是农产品众筹的典型代表。“尝鲜众筹”选择延安宜川红富士作为项目产品，从产品种类的选择上就可以看出两家网站的别出心裁。首先，苹果的消费群体十分庞大，大部分人都吃苹果；其次，虽然对于北上广等消费能力很强的城市来说，红富士十分常见，完全不算特产，但是这两家网站主导的“北纬 35°海拔 1000 米”的延安宜川红富士非常少见，对消费者有着足够的吸引力。

图 7-2　众筹网上的农业众筹项目

但是，众筹网具有自身独特的创意风格和属性，因此“尝鲜众筹”并不是最佳选择。同时，农产品的一个显著特征就是生产链长，从产品种植到最终产出这个过程存在很大的不可控性，后续服务很难保证。经过几次尝试后，众筹网就在自己项目的发起规范中限制了“食品、酒类项目、农产品”的众筹权限。众筹网与“大家种”有很大的区别，众筹网注重农产品的原汁原味，不强调创意、情感属性，不讲故事，只重点凸显 F2F(家庭直达农场)这一特点，用心做到城市消费者与新农人之间的直接对话。

就当前的农产品众筹发展来说，还需要一段时间进行观念的培养，因为改变消费者的农产品消费习惯需要一个循序渐进的过程。但是，随着观念的改变，相信农产品众筹终有登上舞台的一天。

（二）农业技术众筹

(1) 粮食增产技术。这种技术与杂交水稻技术类似，粮食是人类维持生存的基础，在全球范围内粮食作物生产都是大问题，粮食作物始终占据着重要的市场位置，因此发展粮食增产技术自然会受到大家的欢迎。

(2) 引进新型农作物的种植技术。这种技术的价值在于所引进新型农作物的价值和稀缺性是全世界公认的,通过这项技术可以解决所引进农作物稀缺的问题。

(3) 有机化肥农药技术。现在,有机食品备受消费者与企业的重视,围绕“有机”二字能够形成一整条产业链,任何一个不可替代的环节都是值得投资的。

(4) 农业信息化、农业物联网建设。虽然就我国目前的农业发展情况来说,实现农业信息化和农业物联网还存在很多困难,但是这两方面都具有不可估量的市场前景。

(三) 农场众筹

农场众筹的典型案例就是阿里巴巴旗下的“耕地宝”,如图 7-3 所示。“耕地宝”是将消费者手中的钱聚集到一起进行投资,投资者不仅可以获得私人农场一年四季的无公害果蔬,还可以免费去当地观光。

图 7-3 “耕地宝”二维码广告

(四) 公益众筹

公益众筹,顾名思义就是一种与农产品相关的公益众筹活动,对于农业发展来说,公益众筹是其“希望工程”。目前,我国的农业公益众筹主要用于西北沙治和农村建设，以此实现社会资源的更优、更有效配置，推进我国的精准扶贫工程。

除了以上众筹模式，农产品领域还存在股权众筹，新农人可以根据自己的需求选择合适的众筹模式。

四、会员制模式

会员制通常运用于百货商店、酒店、餐饮等行业，但实际上在农业上也可以运用这种运营模式。会员制的形式和土地认领、众筹相似。但是，在服务内容上，会员制与其他两种方式存在很大的区别。因此，要在适合的情况下运用会员制才可以发挥其优势。

会员制相较于土地认领模式和众筹模式，适用范围相对较小，农场经营者可以使用这种模式，会员制的优势在于其独享、专属与定制的特性。例如，一个农庄采用会员制，每位会员的会员费为 4 万元一年；会员除了每年可以享有 4 万元的农产品之外，还可以免费到农场参观体验，而普通消费者则没有这种权利。大多数农产品会员制模式要求消费者订购一年的农产品，而商家每个月都给消费者速递农产品。例如，蜂蜜采用会员制模式，客户订购一年的蜂蜜，商家每个月给客户快递一瓶，一年 12 瓶，每个月都是不同的包装、不同的蜂蜜，这样就可以带给客户不一样的体验。

彬彬农庄就采用了会员制模式，会员费每年达到上万元，一年纯收入就达到了几千万。彬彬农庄的所有人杨学彬说，好的农产品是有限的，因此服务的人也是有限的，而会员制模式可以有效解决这个问题。彬彬农庄的销售渠道有两个：一个是微博；另一个是微信。杨学彬每天通过微博和微信分享好的农产品，感兴趣的会员可以自行下单。他的微博虽然都是广告，但互动性很强，因为他的粉丝都是精准的、认可他的、喜欢看他广告的客户。

可以看出,不同的模式具有其各自的优势,发展农特微商应该充分结合自身情况选择最适合的模式,以此获得良好的运营效果。

第三节　农特微商的营销策略

一、发展农特微商面临的关键问题

农特微商在 2015 年迎来了大发展,借助互联网这一平台以农特产品为中心形成了全新的发展模式。这不仅依托互联网大数据、平台等资源,而且还逐步形成品牌化经营,拓展多渠道经营,充分利用微信、社群等平台。此外,新模式下要做到供应链扁平化,组建快速物流网络,这是如今微商时代需要面临的新模式。

但需要注意的是,目前的农特微商仍然存在一些问题,为了进一步推进农特微商的发展,我们需要总结农特产品微商面临的主要问题,以便更好地清除发展道路上的障碍。这些问题存在于微商角色定位、供应链、物流等多个方面,每一个问题都不可避免,需要打起精神来应对。

(1) 选择适合的产品。农特产品为了更好地销售,拓展了微商这一新渠道,对于农特产品生产商来说,他们都希望借助这一通道打开销路,但并不是所有产品都适合这一渠道。微商运营主要的核心在于热门产品,选对合适的产品是经营顺利的前提。微商营销存在其特殊性,单品的选择要注意产品能否以其特殊的方式讲述品牌故事,还要考虑物流、包装、冷链、晒单等多个细节,同时要认真对待产品所精准对应的消费群。

大多数农特产品具有季节性的特点,因此要在全国建立一个数据库,筛选出全年农特产品清单,而且单品需要适合微商运营。

(2) 建立标准化体系。发展农特微商的一个关键问题就是实现标准化，实现产品标准化并不是一件简单的事情，需要与产品相关的各个方面都实现标准化。例如，卖价标准化、物流SKU化、包装的标准化、市场定位精确化等都需要一一实现。

实施标准化的过程不仅仅在于关注其最后的成品和外观，种植过程的一系列因素都会对产品质量产生直接影响，如光照和水分会影响口感和色泽。再者，物流过程的标准化也是极其重要的部分，运送或者包装不当会造成不必要的损耗。不同的产品包装方式不同，有的适合直接进行单品包装，有的则适合分拨地进行再包装。因此，建立标准化体系是一个全过程的标准化工程，要求商家实现产品从生产基地到客户手中整个期间的全部环节都实现标准化。

(3) 品牌化经营。农特产品做微商，必须进行品牌化经营。因为微商所推销的不仅仅是产品，还有品牌。品牌背后的故事、品牌所带来的高品质生活的概念以及品牌带来的健康等都是微商的经营重点，尤其是微商平台用户通常对健康生活、品味生活越来越重视。

对于农产品生产基地来说，基地拥有大量的种植经验，但是传统的生产经营模式并不需要考虑品牌化，因此品牌化是一门新课程。真正的品牌化需要品牌理念、定位客户群、营销策略、产品质量等多方面独成一体综合发展，所以大多数基地目前还做不好这一步。

(4) 选择适合的营销策略。农特产品营销与其他产品营销有很大的不同。例如，化妆品可以通过真人妆面展示实现营销，通常会选择美女进行妆面展示，因此化妆品在微商中的营销也可以称作“美女营销”。但是，这种营销方式也有一个明显的缺点，那就是日复一日相同产品的展示容易造成人们的视觉疲劳。但是，农特产品不同，其季节性的特点可以在不同的季节推出应时的产品，而且产品的展出也就是在展示健康的生活，具有极大优势。所以，农特产品营销是与化妆品营销有明显差异的。

(5) 保证农特产品的安全。近年来,食品安全是一个全社会关注的热点问题,食品和食品安全总是被联系在一起,对于农产品来说,从种植到末端配送需要经历一个相当长的过程,因此其中的安全就更要受到强有力的监管。那么监管如何实现呢?如何对产品质量背书?有的基地是一家企业,但有的也是多家企业共同依存,需要对地标性农产品共同背书。农产品做微商必须要解决这一问题。

提高农产品的安全性是一个重要问题,而解决这一问题最可靠的方式就是依靠政府监管,在农产品经营销售中引入政府背书。这样一来最终的监管不是企业,不是末端营销,更不是物流配送,可信度就会大大提升。

但现在很多政府对企业如何运营和发展了解不够透彻,他们大多把企业的发展交给互联网。一家企业凭自己的能力可能无法推动品牌背书,在这种情况下就需要把产业链整合下的平台与企业、微商等联系起来共同与政府建立背书体系。

(6) 解决供应链模式问题。从产品的供应模式上来说,农特微商和农村电商存在本质区别,同时相较于其他产品的微商,农产品具有其特殊性,有其独特的产品供应链模式。例如,从库存方面说,化妆品完全可以实现用库存渠道进行代理,因为其可以囤存,但是农产品不能够囤存,其必须要使用 C2B 的供应链模式。这个模式的核心之一在于预售模式和供应链计划结合,对供应链的能力和经验是一个极大的考验。如果运行不当,就会造成两种结果,或者是基地产量大于订单,存货压力大,或者是基地产量小于订单,供不应求。在农特微商的领域,真正能做好农业、基地、物流之间供应链模式的品牌少之又少,因此可以说这是一个弱项。

(7) 建立冷链多温运输体系。由于农产品存在本质特殊性,决定了其对于运输温度有很高要求,发展农特微商必须建立相应的冷链多温运输体系,可以直到 C 端。但是现在国内能够直到 C 端的物流网运营能力无法满足包括微商在内的多家互联网商业的要求,因此农特微商直达C端需要一整套冷链多温完备的快物流标准化体系。

(8) 专业化产品加工。农产品基地生产的产品适于批量作业,但是对于不同的产品可能需要采取不同的加工方式。例如,有的产品就可以在产地直接进行加工,然后做成单品进行输出,但有的产品就适合到了末端再进行加工。

在基地进行整体加工,固然有集中作业的优势,但是单品输出的物流成本必然会提高。末端加工可能会降低物流成本,但是末端的效率、资源等方面未必能做得很好。所以,加工问题仍旧是农特微商的一大问题。

(9) 地标产品同类品牌竞争。随着农特微商的发展,地标产品拥有越来越多的同类品牌种类,竞争日益激烈,如阳澄湖的大闸蟹、五常大米、赣南脐橙等。商品种类繁多,也难免存在良莠不齐的现象,品牌保护和产品之间的竞争会影响用户对产品的信任度。

一方面,商家要保护自己的品牌;另一方面,不可以为了自身利益而恶性竞争。保证用户能够买到优质产品,这是微商经营所面临的一个重要问题。因为品牌一旦有了一定的名气,仿冒者就会纷至沓来,假冒伪劣商品对品牌信誉产生不好的影响,也会削弱品牌自身的竞争力。

(10) 优化产品渠道。农特微商主要是以食品为主,可以将每个人打造成一个“自媒体”,但是必须重视消费群体的准确定位,根据不同人群推送最适合的产品,以此实现精准营销。微商运营最致命的问题就是前期不管不顾地盲目推进,这样一旦从习惯上被用户排斥,后期将很难进行补救。用户的体验出现缺陷,再加上万一出现食品安全问题,那么对于后期微商的运作将是致命的打击。

当前的微商发展迅猛,但是我们也可以看到这些商家的产品质量参差不齐。如何打造体系完善的微商是所有微商人都在探索的问题。对于农特微商来说,在保证产品性价比高、个性化、安全健康的同时，还要尽量使成本分配最优，不断优化渠道，使客户获得便捷的购买体验。基地产品能够通过渠道优化开辟出微商发展的一条途径，这是在做微商产业链的每一个从业者都必须密切关注的问题。

农特微商在我国的发展仍处于起步阶段，在这个阶段必然会存在很多问题，但是挑战往往是与机遇共存的。问题可以解决，但商机可遇而不可求。玩转农特微商不是做好某一个单品就可以的，而需要从基地互联网化、品牌化经营、拓展多渠道、完善物流网络等多方面进行优化整合，构建一个多位一体的平台。在这背后需要有一个专业的运营团队和庞大稳定的资源提供有力支持。

二、农特微商的基本营销技巧

（一）推广技巧

1. 扫码推广

近年来，二维码已经成为人尽皆知的新技术，二维码支付已经成为人们最常使用的付款方式之一。微商同样可以利用二维码进行推广，并且这种方法简单有效。

可以将微商二维码印在衣服上，这样可以吸引大众眼球。还可以在举办活动时，通过扫描二维码送奖品的方式进行推广，这是当前比较常见的二维码推广方式。可以去淘宝上买一些小礼品作为准备的奖品，也可以送饮料。此外，还可以直接将二维码贴在产品上，发展潜在客户，如图 7-4 所示。

2. 传单推广

通过发放传单进行推广是一项最基本的推广方式。传单推广是指将宣传内容印成单张进行宣传的方式，在推广选择里面是必选项，传单的优势在于范围广、速度快。下面介绍两种利用传单宣传的技巧。

图 7-4　在产品上贴二维码进行推广

（1）自己印发。传单推广讲究的是设计技巧和排版技巧，好的设计理念才会让人有欲望关注，而不是接过传单就扔掉。

（2）借助印发。可能有的商家认为印发传单太麻烦，也起不到一个很好的宣传效果，反倒会浪费许多财力、物力和人力。那么，你可以选择和正在用传单宣传的企业或商家合作，使用它们的现有资源。比如，在房地产的传单上印上自己的一小段推广信息和店铺二维码或实体店地址，起到一个打广告的作用。

3. 外卖推广

外卖推广主要是针对白领群体，他们是点外卖的主要人群。外卖引流法就是让外卖人员帮忙宣传引流的一种方法，如图 7-5 所示。

4. 自我推荐

农特微商经营者可以参加一些线下沙龙或者培训，这样可以帮他们进行引流，同时还可以通过参与类似活动帮助他们更好地进行产品推广，但参与的活动需要有强大的群体、数据集中、交互性强等特点。

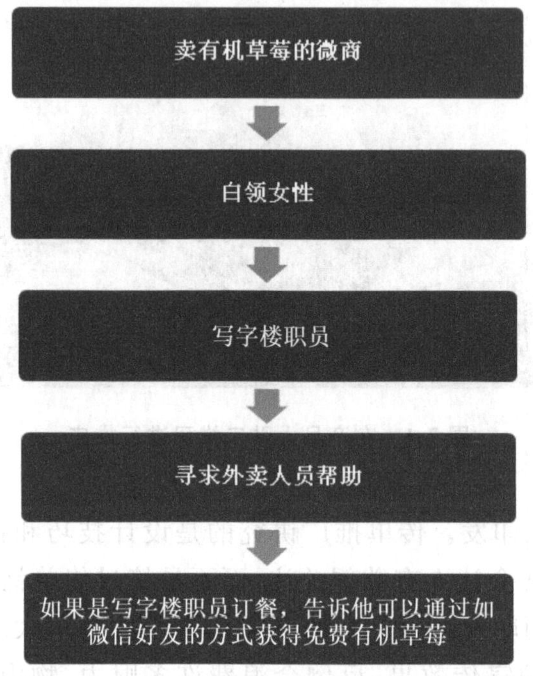

图 7-5 外卖人员线下推广

例如，微商创业大赛给了每个微商展示自己的机会，是微商的最佳舞台。参加这样的比赛，要凸显自己的特长和优势，并且积极参与互动，给观众留下好的印象，让观众主动加你。

（二）内容营销技巧

推广是微商面临的一个大问题，只有正确的推广方式才能为其赢得客户，带来销售额。但其实有时候一篇好的软文就可以改变很多人的购买习惯和购买思维方式，提高微商产品及店铺的口碑。

1. 软文营销的作用

营销人员撰写微商软文时首先要分辨是对内营销还是对外营销，以此为基础决定不同的营销方式。软文对内营销和对外营销的作用不同，如图 7-6 所示。大家可能在日常生活中都会有一些体会。比如,你打开一个感兴趣的公众号推送的文章,看到一半,突然发现是篇软文,在这种情况下,软文会在一定程度上对读者起到对外营销的作用。

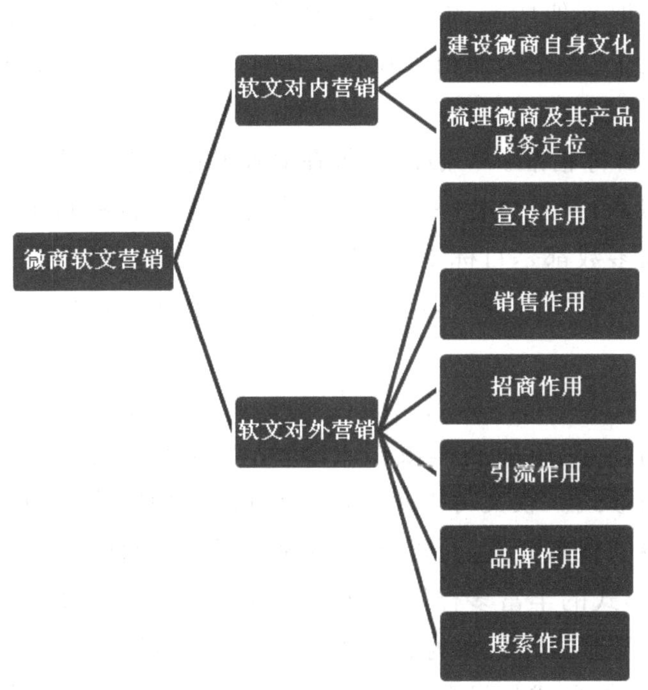

图 7-6 软文营销的分类及其作用

2. 软文营销的优势

在自媒体时代,社交媒体信息的传播主要是分享,但受众获取信息主要是依靠自身主动去实现的,因此纯广告会被排斥。软文营销的独特优势主要表现在以下几个方面。

(1) 成本低。农特微商想通过做广告的方式进行宣传需要支付较高的广告费,电视广告的价格高不可攀,网络广告也是一笔不小的开销。地面营销这种点对点的广告,除了广告的效果不佳与宣传面不广外,还要承担一大笔人工费,花销也是非常大的。如果用软文作为营销的主要方式,则成本会大幅度降低,甚至可以达到零成本,并且软文只要被搜索引擎收录,就会一直存在,具有“一劳永逸”之效。

(2) 接受度高。农特微商通常会利用免费的网络平台发布营销软文,信息的接收方往往是通过主动搜索的方式获取信息,因此受众是信息的主动接受方,那么在这种情况下,软文如果能够让受众获取到他所需的信息,受众就会接受你的软文,你的软文也就变成了"硬文",而植入在软文中的营销内容也更容易被受众接受。

(3) 目标精准。一般的广告在制作和投放过程中不可避免地会造成浪费,并且会有一大部分的受众不是广告的目标受众。软文营销大多数都是目标受众,因为这些受众都是微信公众号推广中积累下来的精准受众,这些受众很有可能在日后成为微商的成交客户。

(4) 形式丰富。从表现形式来说,软文和报纸、杂志等平面媒体不同,它不受载体和体裁的限制,它可以根据自身营销目标选择适合的形式。软文可以是新闻,也可以是博客文章、论坛帖子、百度百科的资料介绍、百度知道的问题回答、微博上的图文,甚至是视频,形式的丰富多样能更好地适应受众的阅读习惯。

(5) 渠道多样。因为软文的形式丰富多样,其渠道也具有多样性,软文的形式与发布渠道是一一对应的。例如,网易博客、百度贴吧、百度知道、微博、微信朋友圈,这些都可以是软文发布的渠道,并且大多数都是免费的。

(6) 效果不可量化。软文营销是一种营销效果无法量化的营销方式。在平面媒体上做广告或者发软文,其营销效果是不可量化的。做了这个广告或者发了这个软文,能够获得什么样的效果是不可估测的。在互联网上发布广告或者软文,可以看到的就是点击率或者流量,营销效果也不能量化。

目前,广告在社交媒体上受到了一定的限制,因此为了实现宣传目标,就需要转变广告形式,通过软文的形式发挥作用。由于微信公众号的后台、前台可以监测流量、点击率以及分享的数量,加上移动互联网的 Always Online 模式以及微信、支付宝的支付实时性,软文的营销效果可以立刻进行量化。

3. 重视软文内容

软文营销一定是内容为王，撰写的方法也一定要从受众的接受度方面去考虑，具体的方法主要有以下几种。

(1) 汇总整理。微商在进行软文推广时，有必要进行相关案例的汇总整理。如果选择通过微信进行软文推广，就可以整理如2016年十大微信推广案例这样的相关内容，或者找一些比较有名气的微商做深入了解，整理一份有价值的案例汇总，同时加上自己的分析。只要你的公众号关注者或者微信朋友中有做微信推广的，他们就会感兴趣，你汇总的文章被分享并传播出去的可能性会更大，而且如果下次有人要做微信推广，可能会直接来找你。

(2) 传递经验。在某个行业长时间就业会积累丰富的经验，基本上可以成为一个行业的专家，因此可以将自己的经验写成文章。通过传递经验的方式可以潜移默化地实现营销目标。比如，你健身好多年了，开办了一个自己的健身工作室，那么你就可以写一篇给新人看的文章，分享你的健身经验，传递你的健身理念。如此一来，你的文章必然会引起健身新手的关注，他们会咨询你很多问题，而你通过回答问题得到信任，从而实现软文的营销作用。

(3) 挖掘价值信息。撰写软文应该重视价值信息的挖掘，要善于发现和运用热门关键词。营销人员可以在微博、博客、贴吧等网络平台搜索关键字，从中寻找价值信息，将这些信息汇总起来并整理成文。比如，在网络上爆火的Papi酱，她的视频内容都是非常精华的，搞笑且反映现实问题，点击率相当高。你也可以通过从网络上的各大微博、博客、贴吧中挖掘一些精华内容，加上自己的创作，分享给自己的受众。

4. 制定合适标题

标题对于一篇文章来说十分重要，决定了一篇文章能否被人们注意到，对于软文撰写来说也是如此，标题具有吸引力是软文营销成功的基础。软文内容再丰富，如果没有一个具有足够吸引力的标题也是不成功的。一般来说，如果微商对目标受众的心理足够了解，对他们的所知所想都一清二楚，那么起标题名字就容易多了。下面具体介绍3种标题技巧。

(1)一句话式。一句话式的标题不仅对受众有好处，同时对微商的精准营销也有帮助。一句话式标题要瞄准一个非常明确的点，然后进行扩散加深，这样很容易引起受众的兴趣。比如，“金罐，就喝加多宝”“特步，飞一般的感觉”“佳洁士，没有蛀牙”“可口可乐，伴随美好时光”等。这些广告语都是用“一个价值点＋一个触动力”的方式进行营销，使受众过目不忘、回味良久。

(2)“标题党”式。采用“标题党”式的标题目的十分明确，就是通过标题吸引读者，让人们点进文章增加点击量。“标题党”式标题常用的方式就是“用数据说话”。比如，“老中医临死给子女10条健康警告!”的标题，会让人急切地想知道到底是哪10条健康警告。把产品自身的优势作为推广重点，微商就要从消费者心态、目的性角度来设置标题。

同时，制定标题时应该重视读者的内心诉求，要放大这一渴望点。如果读者需要减肥，就要点出快速减肥、高效减肥；如果读者想要了解育儿知识，那就体现出幼儿健康、育儿技巧等，使读者的自身需求与微商软文标题主题高度契合，从而达到吸引读者注意力的目的。

不过值得注意的是，笔者在这里说的“标题党”是要与软文内容相呼应的，并不是指那种和软文内容牛头不对马嘴的标题党。懂得学习“标题党”背后的技巧才是王道，具体的技巧如图7-7所示。

(3)关键词搜索。现在大家查找资料都是通过在搜索栏里输入自己要找的资料的关键词进行搜索，所以如果微商希望自己的软文能够被搜索到，就必须在标题中嵌入关键词。如果微商所写的软文主题和名人能搭上关系的话，就能借着名人的名气进行一场明星效应风暴，不但有很多人会关注，而且明星粉丝也绝不会放过与他们偶像相关的任何报道。

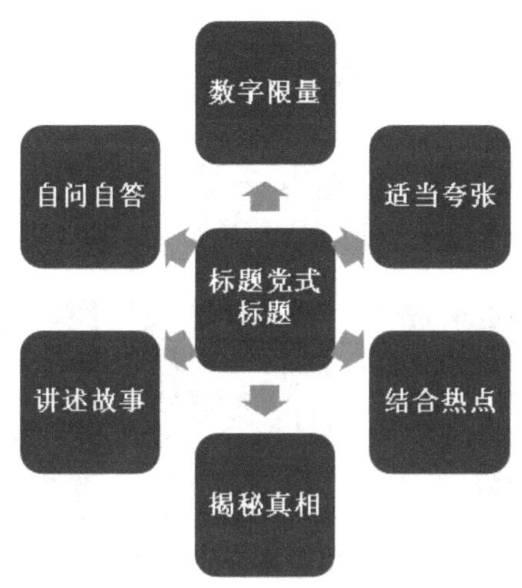

图 7-7　“标题党”式标题技巧

比如，杜海涛通过减肥瘦了 20 斤，在百度上搜索“杜海涛狂瘦 20 斤”，可以检索到十万多条信息，这些标题就都是运用了“杜海涛瘦身”等关键词。例如，悦美 App 利用“杜海涛瘦身”的话题与自己的 App 进行了一个质的结合。

5. 重视行文布局

软文营销的内容形式多样，微商想充分发挥软文营销的作用，就需要恰当地进行内容布局，让内容可以吸引读者。软文主要行文布局技巧如下所示。

(1) 悬念式。悬念式软文布局是指把一个完整的故事在情节发展的关键点上分割开来，通过设置悬念的方式来持续吸引受众的关注。想要制造悬念，可以运用以下三种形式，如图 7-8 所示。

值得注意的是，悬念式软文布局需要提炼 1～2 个产品核心或神秘的卖点，根据进度慢慢抖包袱，即所有资讯不要一次放完。要做到这一点并不难，只要沿着正确的方向，合理地运用以下三点，即可布好软文营销内容的局。第一，不要过早点明结局；第二，充分重视受众感受；第三，不断深化冲突。

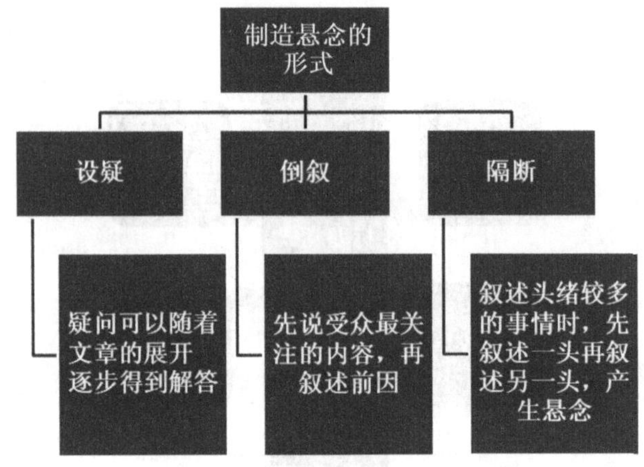

图 7-8　制造悬念的三种形式

(2)举例法。在撰写软文时,行文过程实际上就是写论证的过程,在文章中立论点、写论据,以这种方式加强文章的说服力。但是,微商的软文和我们在学校里接触到的作文是完全不一样的。下面介绍三种写软文时举例的方法和技巧。

第一,例子要紧跟诉求。在文章中用“比如”“举个例子”这种形式把例子和诉求杂糅在一起,避免单独列举案例,毕竟案例还是为诉求服务的。

第二,例子求精不求多。例子并不是越多越好,与其写很多例子说明问题,不如集中写一个最典型、最有说服力的例子。

第三,最好的例子是没有例子。这就是说一整篇软文看下来并没有特别的例子,但那一篇软文本身就是个例子。

(3)层进法。在写论文时通常会使用层进法,这种行文方式逐层推进、逐层深入,让读者在阅读时会有一环扣一环的感觉。通过层进法写软文,每部分都不能缺少,其内容之间的前后逻辑关系和顺序不可随意颠倒。这种方法逻辑严密,是说清楚问题的好方法。一般来说,层进法布局有以下三种格式。

第一,分解中心论点,将论点变为几个分论点,由简单到复杂、由次到主层层推进,使文章更有说服力。

第二,以“提出问题—分析问题—解决问题”的思路进行布局来解决问题。

第三，剖析某些不好的现象，以“道明现象—分析其危害—追究其根源—指出解决方法”的格式来进行布局。

三、农特微商营销策略升级

（一）推进农特微商与O2O的协同运作

近年来O2O发展迅猛，现在很多行业都实现了与O2O的协同运作，如果可以实现农特微商与O2O的协同运作，必然会产生1＋1＞2的协同作用。社群通过直接链接找到潜在的目标消费者，对于品牌来讲，可能是一个更安全、更长久的渠道。社群经济是以一定人群的用户为核心，为他们提供丰富多样的产品和服务。当你与核心用户群体的关系搞定后，就可以进一步扩充品类、服务来达到更大的用户规模。也就是说，过去的商业模式是围绕一个品类去找用户，而社群经济是围绕一群用户去做多品类产品。当社群形成稳定的规模和强黏性的关系后，可以通过整合线下实体店的方式形成新的销售渠道。如果再与上游供应链展开深度整合，就有可能形成产业链通吃的“巨无霸”型企业。因此，很多创业者看好农特微商，认为这是社交电商的下一片新蓝海。

互联网有去中介化的特点，在这样的背景下，农特产品商家如果没有品牌供应链资源，则很难继续成长，也不可能形成大连锁渠道。因此，水果管家的创始者是这样描述O2O场景的：上游品牌商必定会对下游渠道进行整合。未来每个社区的水果店都会成为上游水果品牌商的自提点。自提点又是产业闭环中最重的一环，所以未来社区水果店升级或者被整合是必定的。利用社群赢得用户，然后再通过落地去快速形成有壁垒的线下渠道。这样未来电商进可以自己做上游，退可以和上游品牌商进行整合，从而达到产业链通吃的目的。

站在需求的角度来说，目前开展C2B或是高端农特产销售都需要一个前提，就是大城市居民较高的生活水平。开拓这样的城市市场，建立社群实际上是比较简单易行的，而真正耗费和体验实力的地方在于仓储、物流和地推环节，也就是土特微商的O2O部分，这会让管理成本呈几何级数上升。

对于B2C农产品电商来说，其本质在于卖流量，农特微商之所以通过微商的方式销售产品是为了迎合消费者需求，也就是让消费者对食品安全更放心，做农特产品可以产生高附加值。京东在最后一公里——“京东到家”把社区店和京东App线上线下融合，打通O2O；顺丰布局3000多家嘿客更名为“顺丰家”，最后形成全渠道O2O模式，占领社区终端。因此，对于生鲜电商来说，新型O2O的布局很重要。土特微商是移动互联网场景下的吃货驱动，品牌农业是基础，而物流、仓储、供应链、实体店则构成了O2O的部分内容，这几个加在一起才是未来社交电商时代土特微商的变革趋势。

实现农特微商与O2O的协同运作，可以让消费者有更好的消费体验，他们可以直接到土特产基地体验或者到末端门店购买产品；增强土特微商与社交电商之间的有机结合，可以增强用户的黏性。因此，理想的土特微商模式一定是融入了多种优秀商业模式的，是多维度组合的产物。微商平台的思维真正融入生态的思维，从商人到渠道、平台是一个多维度的生态体系——“社交电商＋微电商＋微店＋品牌孵化＋供应链运营＋创业孵化和微商运营体系”，最后基于数据和金融相结合的微商生态。从传统B2B商超到C2B＋O2O的时代，这才是土特微商的未来，也是社交电商的下一个趋势所在。

（二）采取多单品策略

农特微商相较于化妆品、服装类微商比较小众，农特微商想要扩大经营、获得更多盈利必须选择适合自己的发展策略，其中一个有效的方法就是采取多单品策略。经营一个或几个单品既不会创造大规模的销量，也不利于形成竞争壁垒；实施多单品策略，会帮助农特微商从小打小闹走向真正规模化的运营之路。

1. 多单品策略的必然性

在农特微商刚刚兴起的时候，很多人都处于单个作战状态，帮朋友或者自己卖卖货，但随着农特微商的大热，人们不得不思考这种模式的成熟和完善。发展农特微商必须考虑多单品策略，主要有以下几个原因。

(1) 用户规模受限。每个人的朋友圈都是有限的，所以农特微商通过朋友圈推广产品总是在相对狭隘的范围内，不像平台电商每天面对的是亿万用户。这样增加销售品类可以扩大销量，增加盈利。

(2) 经营内容单一。农特微商的商品是农特产品，如果只经营自家特产却没有形成规范化的生产基地，那么就会造成产量和销量受限的局面，也就无法实现扩大经营。如果多经营一些品类，就可以达到扩大经营的目的。一个用户一年的需求并不是只有一个或几个单品，有的可能需要几百个单品，这就需要农特微商多品类经营，以满足用户的更多需求，吸引到更多的用户。

(3) 配送周期较长。农特微商大多采取 C2B 去库存模式经营，从用户下单到送达的配送周期不宜过长。因为很多土特产品本身都是一个强需求、高频率的消费品，周期过长的话会影响到用户体验，让用户感觉不如在身边的超市、农贸市场等地方购买便利。如果增加配送的品类，让用户的一次购买可以满足多种需求，就会抵消掉一些用户的不良体验。

(4) 竞争优势难以维持。大多数农特微商在经营上了正轨后都会考虑扩大经营的问题，但是不可能永远处于一家独大的地位，无论你经营什么品类，都会涌现出无数虎视眈眈的竞争者。因此，农特微商经营的品类越多、形成的竞争壁垒越高，越可能在竞争中保持优势地位。

2. 多单品策略的实施

随着越来越多商家加入农特微商行列，这种模式得到广泛实践。不论是想从同质化竞争中获得胜利，还是想要进一步扩大经营规模，农特微商都需要逐步实现多单品策略，而实现多单品策略的关键是玩转多品类的供应链。当农特微商拥有了多种单品的优质供应源时，就意味着会拥有更优质的产品，获得其他商家无可比拟的优势。对于农特微商来说，经营一个单品容易，但要经营几十个、上百个单品，同时拥有这么多单品的优质供应链则很难。

(1) 选择合适的爆款产品，实现以点带面。每家农特产品都希望通过微商的方式拓宽销售渠道，但并不是每一类产品都适合微商销售。做好农特微商首先要选对合适的产品，打造爆款。选择爆款单品，需要综合考虑微商营销、品牌故事、物流、终端用户体验等细节问题，然后以该单品为核心，带动其他商品品类的销售。例如，本来生活网的褚橙、水果管家的暖橙和苦梨等单品。

(2) 做好多品类商品的品牌定位。当前有很多农特微商的经营者都苦恼品牌定位的问题。对于农特产品的生产基地来说，他们可能生产的不止一种农特产品，大部分农特微商都会经营多品类的商品，这就为他们的品牌定位造成了一定困难。这时可以采取单品农特品牌定位，或者“地标＋商品”相结合的品牌定位方式。

第一，打包组合品牌定位。对于关联性较强的单品，通过提升用户的关联性，将不同单品聚焦成一个系列。例如，新疆的吃货组合，将各类干果组合在一起。

第二，以地标性主品牌商品为中心建立关联。例如，阳澄湖大闸蟹、五常大米、宁夏枸杞等农产品都是具有鲜明地标性的农特产品。但是，这些商品都是以单品形式呈现的，如果在主品牌基础上衍生出关联商品，就可以通过借助主品牌的品牌影响力带动其他品类的销售。例如，东北的五常大米，当地同时还出产玉米、黄豆等杂粮产品，消费者会因为对五常大米的好印象而购买其他周边相关产品。

(3) 开展多品类产品的组合销售。需要注意的是，一些农特产品的产地并不同，这就涉及了组合销售的问题。在进行多品类产品的组合销售时，可以寻找产品之间的相通点，如打健康牌，把山西小米加河南的铁棍山药组合出售；宁夏枸杞加新疆红枣，形成美容养颜系列组合等。对于一些小众特产，可以针对用户需求的特点，实现关联品牌组合捆绑销售，往往也可以取得事半功倍的效果。

农特微商从 2015 年开始迅速发展，它的爆发式发展改变了整个生鲜农特产领域的格局，很多商家都从中看到了商机，抓住市场机遇获得了收益。多单品经营策略会让略显小众的农特微商经营实现利益的最大化，更有助于农特微商的创业成功。

第八章　乡村旅游电商

2018年中央一号文件指出，我国要“实施休闲农业和乡村旅游精品工程，建设一批设施完备、功能多样的休闲观光园区、森林人家、康养基地、乡村民宿、特色小镇”。旅游产业是朝阳产业，是扶贫脱贫的重要支柱和建设美丽中国的助推器。旅游业特别是乡村旅游业是贫困地区增加农民收入最现实、最直接、最有效、可持续的支柱产业。

第一节　乡村旅游的发展现状

一、乡村旅游发展的基本情况

（一）发展乡村旅游电商的基本条件

1. 乡村旅游业的发展

随着第三产业在世界范围内的高速发展，旅游也已经连续几年保持高增长，当前旅游业已经成为全球第一大产业。各国旅游专家认为，现在都市人最关心的是健康，喜欢到郊区体验纯朴、自然的生活情趣，这就决定了乡村旅游是一种朝阳产业。

近年来，乡村旅游成为一种时尚，在我国也是一个热门话题。“吃农家饭、住农家屋、学农家活、享农家乐”，以亲近自然、享受蔬果采摘之乐的乡村旅游成了时尚之旅。“2006中国乡村游”乡村旅游电子商务是国家旅游局确定的旅游宣传主题，通过政府主导进一步加强,农民参与积极性提高,相关研究更加广泛和深入,乡村旅游在各地得到了前所未有的推动和发展。

2. 电子商务的应用

我国电子商务的发展始于 20 世纪 90 年代初,近几年获得了迅速发展。截至 2018 年 6 月,我国网民总人数达到 8.02 亿人,其中农村网民规模为 2.11 亿人,占总体网民人数的 26.3%。全国互联网普及率已达 57.7%,尤其是手机上网用户已达到 7.88 亿人,[①]这些都为乡村旅游电子商务的发展创造了基本条件。由此可以看出,中国电子商务正由起步阶段迈入繁荣阶段。

3. 现代消费观念的改变

随着经济发展和社会进步,人们的物质生活条件不断提高,这就导致人们的消费习惯和消费观念也发生了一定改变,这在旅游方面也有所体现。人们的行为习惯是,首先根据别人的推荐或者某种渠道信息,有了到某地旅游的想法,由于旅游的群体以年轻人或文化程度居高者居多,这类群体习惯先上网查询自己想到的旅游目的地的相关情况,然后才开始旅游行动。

4. 信息化基础条件的改善

近年来,我国农村信息化基础建设取得实效,通信设施基本上做到了村村通,为乡村旅游企业发展电子商务提供了基础性保障。应该说,想旅游的顾客大多来自城市人群,上网更不成问题,也具备乡村旅游目的地建设网站的通信条件。

(二) 国内外乡村旅游电商发展比较

1. 我国乡村旅游企业的发展现状

虽然我国当前的农村电商已经得到了一定的发展,但从总体

① 第 42 次《中国互联网络发展状况统计报告》[EB/OL]. http://www.cnnic.net.cn/hlwfzyj/hlwxzbg/hlwtjbg/201808/t20180820_70488.htm.

上说还存在很多不足，体现为“小、弱、散、差”，业务操作带有很大的局限性。从一个乡村旅游产品的设计到供应商采购、市场推广、销售、结算等诸多环节，基本上都是手工操作，效率低下、成本高昂。随着我国经济的快速增长和城乡居民对乡村旅游的强烈需求，乡村旅游要想在规模上迅速做大、做强，传统方式的扩张带来的将是庞大的机构，以致管理可能失效，代价重大。

2. 我国乡村个性化旅游发展迅猛

随着人们生活水平的不断提高，对旅游的需求也产生了一定的变化，人们开始偏向于追求“舒适、自由”的个性化旅游。越来越多的游客已经不满足旅游企业传统的大众化的服务方式，人们不愿意再像以前那样被动地接受旅行社提供的旅游资讯和固有的旅游线路设计，市场需要从传统简单地满足观光游览需要的“到达型”转变为对“舒适、自由”有着极高要求的个性化旅游。乡村旅游的兴起，正好满足了这部分人群的“舒适、自由”的个性化需求。

3. 国外乡村旅游电商的发展情况

国外的乡村旅游电商已经比较成熟，这主要集中于欧美等发达国家，最开始表现为政府主导型，随着技术和市场的不断发展，已经开始表现为政府、个人、企业、科研机构、社会组织等多方主体推动，并已经出现了较成熟的网上预订交易，涉及酒店、交通票据、景点票据、旅游产品线路等产品服务预订，其功能完善，集中于在线调查、投诉与反馈、旅游科研、信息搜索、语言选择、电子地图查询、信息交流与展示、会员管理、电子邮件、景点投票调查等。

二、信息技术对乡村旅游发展的影响

（一）乡村旅游信息化建设的重要作用

推进乡村旅游电子商务建设对于乡村发展具有重要意义。

一方面,通过信息化建设可以有效提升各级乡村旅游管理部门的工作效率和管理水平,精减办事程序,降低工作成本,加大宣传力度,加快信息传播速度,提高信息实效性,巩固国内客源市场,扩张国际客源。另一方面,可以满足游客的个性化需求,提高旅游服务质量,改变乡村旅游企业传统经营模式,降低成本,增加效益,从而提高整个乡村旅游产业素质。乡村旅游电子商务的发展需要两个基本条件:一是信息化基础建设工程;二是综合信息管理平台。

1. 信息化基础建设工程

只有加强乡村旅游信息化基础建设,才能推进乡村旅游电子商务的发展,良好的基础保障是实现乡村旅游电商进一步发展和进步的必要条件。信息化基础设施的建设将为政府、农户、游客提供一个方便、快捷的沟通互动的平台,使与乡村旅游相关的旅游信息及时、准确地在政府、农户、游客之间流通,这样也提高了政府管理效率,方便了游客,为农户带了经济效益。

2. 综合信息管理平台

乡村旅游综合信息管理平台是全面打造乡村旅游电子商务的重要手段和途径。要实现乡村旅游电子商务,信息共享是最终目的。具体地说,信息化共享就是把景点、景区、旅游线路、饭店、旅行社、旅游消费品、交通、气候等与地理位置和空间分布有关的旅游信息通过技术手段采集、编辑、处理,转换成用文字、数字、图形、图像、声音、动画等来表示的内容或特征,并实现共享。信息管理系统的建立有利于各类旅游信息的整合、共享、管理,有利于体现本地旅游特色,有利于与同行业进行交流和沟通,彻底解决乡村旅游信息化的鸿沟,从而推动乡村旅游电子商务的发展。

（二）电子商务促进乡村旅游企业发展

1. 提升乡村旅游企业的信息能力

我国大部分乡村旅游企业组织规模小，缺乏广泛的客户群体和供应商网络，外部环境对乡村旅游企业的制约首先是信息渠道狭窄，乡村旅游企业难以及时了解信息以捕捉市场机会。在互联网信息环境下，乡村旅游企业依靠网络收集、反馈信息，获取常规形态下难以捕捉的资讯，经营服务更为主动。电子商务的应用就避免了游客找不到自己喜欢的乡村旅游项目，而乡村旅游企业的经营服务也因找到自己的游客而变得十分主动。

2. 有效降低交易成本

随着网络的普及应用，利用网络进行乡村旅游企业宣传可以获得更好的效果。据统计显示，在互联网上做广告可以提高销售数量的 10 倍，而它的成本只是传统乡村旅游电子商务广告的 1/10。利用互联网，跨国交流信息的平均成本极为低廉，其宣传费用不会随着地理覆盖范围的增加而增加。利用互联网传递电子单证既节省了单证制作费用，又缩短了交单结汇时间，提高了工作效率。

3. 提供全新产品销售渠道

乡村旅行企业可以充分利用网络拓展自己的产品销售渠道，寻求国内外代理，酒店、车船公司可开展网上订房、订票业务，景区景点也可以把宣传资料制成图文并茂的信息在网上展示，吸引更多游客，乡村旅游企业从而获得更多的市场机会。

总之，电子商务为乡村旅游的进一步发展提供了条件，使乡村旅游企业向游客提供个性化服务产品成为可能，个性化的乡村旅游定制产品只有在互联网上才能得以实现，也证明了应大力发展乡村旅游电子商务这一新兴运作模式。

第二节　乡村旅游电商存在的问题

一、乡村城市化

20 世纪 50 年代，美国经济学家刘易斯提出“二元经济理论”的概念，按照他提出的标准可以将一个国家的经济划分为两个部分：一部分为以现代工业部门为代表的资本主义部门；另一部分为以传统农业为代表的非资本主义部门，其中非资本主义部门的最大特点就是剩余劳动力过多，如此一来当资本主义部门扩张时，非资本主义部门的劳动力将会逐步地转移到资本主义部门中，经济的发展是以资本主义部门为依托的，因此非资本主义部门的首要职责是为资本主义部门的发展提供丰富而廉价的劳动力。从刘易斯的观点我们可以看出，城市经济的扩张是转移农村剩余劳动力的主要途径，是实现二元经济转换的重要手段，这也是当前许多国外学者将中国的城市化进程与美国的高科技研发作为影响人类 21 世纪发展两大关键因素的一个主要原因。从国内社会经济发展的角度来看，新型城镇化建设已经成为社会主义新农村建设的着眼点，成为城市经济发展的重要推动力，而乡村旅游的发展则是乡村城市化的一个催化剂。然而，乡村城市化固然是农村社会经济不断发展的重要产物，但是对于乡村旅游的发展而言，乡村城市化是有着极大的弊端的。

（一）乡村城市化影响了乡村的自然景观与人文环境

乡村城市化的本质是通过不断提高乡村居民的生活质量，实现不断缩小乡村和城市差距的目标，并不是简单粗暴地将乡村转变为城市。但是，国内当前对乡村城市化的认识明显集中在将乡村转变为城市上，而在转变过程中，乡村的居住环境、居住文化、环境文化等必然会随之发生变化，这种变化可能是良性的，有利于乡村居民的生活质量提高，但也有可能是劣性的，如乡村生活的特色正在逐步消失，成为与城市一样的生活方式。

总体来说，在乡村城市化进程中，乡村的自然景观与人文环境正在面临着历史性的变革，部分有特色、有价值的乡村景观随着乡村城市化进程逐步消失，但是一些新型的乡村景观也在逐步地产生。对于乡村旅游的创新发展而言，乡村景观与环境的变化所带来的影响也是不确定的，它可能会造成乡村旅游失去特色，旅游经济发展速度逐渐放缓，但也有可能创造出新的旅游景点，推动乡村旅游的进一步发展。

（二）乡村城市化影响了乡村的耕地状况与生态环境

在城市化过程中，乡村土地的供需及利用矛盾越来越显著，尤其是在城镇化过程中这个问题尤为明显。城镇化过程中土地问题的焦点是建设用地与保护耕地之间的矛盾，其实质是吃饭与建设、发展与保护的矛盾。土地作为一种稀缺而宝贵的自然资源和不可替代的重要资产，它的合理利用和配置直接关系到社会经济的可持续发展。1996—2005 年间我国城市化水平逐步快速提高，城市建筑区面积扩大，耕地面积减少。耕地面积减少的同时，耕地质量也在日益下降，农村的环境不断恶化。大量优质耕地被征用开发为工业或建筑用地，人均耕地递减，逼近耕地警戒极限，并危及粮食安全，迫使农民过度开发利用耕地，加大耕地利用强度，扩大开垦劣质耕地；又导致大量林地、草地、水面等非耕地转为耕地，使林地、草地、水面数量急剧减少，林、草产品数量日益下降。这些问题致使土地利用结构和空间布局不合理，必然会严重破坏生态平衡，造成土地退化、水土流失、环境恶化。这必将危及农业生产的土地基础，直接影响到新农村建设中生产发展的目标和要求的实现。

（三）乡村城市化影响了乡村的农业结构以及农民的生存状态和文化观念

随着社会经济的发展，大批农民到城市务工，但由于二元户籍制度和身份制度等制约，农民工很难在城市中获得身份认可。同时，农民工普遍存在文化水平和个人素质较低的问题。在这样的背景下，农民工处于非正规劳动力市场的队伍里，在城市无法找到满意的工作，他们的居住环境、生活水平、子女就学、医疗条件、文化生活都不能和城市居民相比，流入城市的农村人口成为城市社会底层群体“二等公民”，农民难以完全市民化，城市内部出现新二元结构。人口城乡迁移“门槛”和二元户籍制度使得多数农民不愿放弃作为生存之本的小块土地的经营权。这就使得农村的“兼业”现象严重，他们守着“进有致富之路，退有善生之本”的重土安乡念头，形成了“离土不离乡，进厂不进城”的局面。农民工成为“两栖”劳力，在家只种“应付田”，不肯在土地上下功夫和增加物化劳动投入，造成了农业粗放兼业甚至出现农田抛荒现象，浪费了宝贵的土地资源。城市新二元结构与“两栖”劳力的严酷现实，促使越来越多的农民寄希望于新农村建设，成为“生产发展、生活宽裕、乡风文明、村容整洁、管理民主”的新家园的真正主人。因此，我们一方面要实现粮食生产稳定发展，另一方面要合理调整农业结构，也就是说我国农业需要以高产、优质、高效、生态、安全为总体要求实现农业结构的调整优化。发展乡村旅游正是新农村建设中优化农业结构、发展农副业生产的有效手段，也是乡民构建乡村田园理想的契机，关键是怎样构建具有传统乡村性特色的现代的自然和人文乡村景观。

二、乡风商业化

随着社会的发展，乡村建设发生了很大变化，自中华人民共和国成立以来，我国先后经历了社会主义改造、经济体制改革和新农村建设，在这个过程中我国乡村民俗文化也发生了巨大变革。民俗文化艺术的人为传播和获取经济收益结合在一起，使急剧变迁中的民俗文艺也呈现出两重性格和两种形态。这两种形态一种是民俗文化的原始形态，它是乡村的最本质文化特征的表现，是乡村居民在历史中锤炼出的与乡村生活最适合的文化形态，是乡村精神文化建设取之不竭的文化资源；还有一种则是在乡村社会经济发展中的民俗文化再生形态，或者说是为了适应乡村社会经济的发展而对原始民俗文化的一种改造，它的出现与市场经济和乡村旅游有着十分密切的联系。从某种意义上说，这种文化形态已经不再属于乡村民俗文化，而是打着民俗文化幌子的一种经济文化。满足游客的文化艺术欣赏，进而获取相应的经济效益是这种民俗文化诞生的基本目标。也就是说，无论这种民俗文化是否适合乡村的社会经济现状，只要它能够为居民带来足够的收入，那么对原始的民俗文化进行篡改也并不是不能接受的。在乡村旅游中，这种民俗文化常常表现为民风不古、民俗扭曲等。

随着社会经济的发展，民风淳朴的农村也面临改变，尤其是为了实现自身发展，农村成为景区，这种变化对热情好客、淳朴善良的乡风民俗造成了冲击，市场经济和现代文明对农村的乡土民情造成了冲击，使一把花生、一杯茶都成为有价商品，家家的门头成为餐馆、宾馆和小卖部，人人变得目光短浅、唯利是图。云卿城在《不要让“中国最美的乡村”太铜臭》一文里写道：“青砖黛瓦的明清民居、野碧风清的田园风光、原汁原味的古村驿道……大部分去过婺源的游客，都会对那里如诗如画的风景津津乐道，很多人甚至一次又一次重返婺源山水，去感受‘中国最美的乡村’。”但是，为了自身经济的发展，被称为“中国最美乡村”的婺源开始实行“一票制”政策，也就是强制性地让游客购买180元一张景点通票，但是门票中包含的12个景点相距甚远，游客失去了选择性购买门票的机会，这引起了很多人的反对。在这“乡风”与“市声”的不和谐中我们看到了两种文明的对抗，不禁让人对心目中淳朴美好的精神家园感到怅然若失。

民俗是推动社会主义和谐社会建设的重要力量，因此民风受到不良风气的影响会严重阻碍和谐社会的建设。随着市场经济的发展，五彩缤纷的民俗逐步被市场经济理念冲垮，享乐主义、功利主义逐步地取代传统的民俗文化。但是，乡村旅游的迅速发展使得民俗文化再次焕发和升级，游客对民俗文化的好奇使得很多民俗文化得到了保护与发展，从表面来看这对于民俗文化的保护与发展是极为有利的。但实际上，乡村旅游从本质上说属于市场经济的产物，民俗文化虽然因乡村旅游的兴起得到了重视，但是更因乡村旅游这一市场经济表现像是受到了极大的戕害，表现为民俗文化的伪造、破坏和同化。

当前很多民俗文化不再是单纯的民俗文化，而是发展乡村旅游的一个标签，是乡村借此获得实际利益的商品。可以说，这是近年来旅游部门和旅游科研者主动参与扶贫工作的一个重要创举，很多省市区都在积极开放当地的民俗文化来吸引国内外的游客，丽江、西双版纳、九寨沟、张家界等原本相对贫困的地区都因民俗文化的宣传而逐步脱贫致富，可以说民俗文化成为乡村经济发展的一个重要资源。例如，广西龙脊地区在开发乡村旅游时就利用当地的瑶族、壮族在过牛魂节时需要蒸五色糯米饭和黑色糯米饭的特点来开发旅游产品，这种食品不仅新颖，而且具有一定的药用价值，对游客有着极大的吸引力，该地区政府和居民就利用这一特点来增加游客的体验感，之后更是重新尝试竹筒饭的做法，逐步形成完善的民族风味餐。由此可见，乡村旅游的发展对于乡村地区运用现有的民俗文化和挖掘早已摒弃的民俗文化是有着极大意义的。

在这样的背景下，民俗文化被赋予商品价值，这就导致一些民俗文化在发展乡村旅游的过程中被胡乱篡改，很多人开始将民俗文化作为摇钱树，这对本来朴实的民俗文化造成了极大危害。例如，在乡村旅游中，乡村饮食一直以来都是游客关注的一个重点，在游客眼中，乡村的饮食或许粗糙，却更为天然，有利于养生，由此出现了很多地方打着“乡村野菜”的名号来吸引那些追求养生的游客。再如，部分风景区出租的民族服装也是一种欺骗，无论哪个民族在形成自己的民族服装时都需要紧密结合自身的民族文化特点，但是从部分景区所谓的“民族服装”我们就可以看出这些服装纯属胡乱编造，如土家族的女装原本色彩淡雅，以深蓝色为主色调，而出租的服饰却是大红大绿；男装甚至还炮制出了一顶帽子，帽子上钉上了艳丽的野鸡毛，完全失去了土家民族服装的特色。又如，传统的民间习俗和节日庆典，为迎合旅游者的需要被压缩、删改，成为随时可以搬上“舞台”的表演，而不再按传统规定的时间、地点举行，或者经过生搬硬套、随意拼凑而形成所谓神秘民俗，如在西南地区某些景点，在门前或广场一角立两根或若十根所谓“图腾柱”，乍看起来高大、神秘，深入研究一下，完全没有价值，无非是把西南民族的傩面具搬来，随意拼凑而成，与图腾柱离题千里。

广西武鸣壮族三月三歌圩，本来是富有丰富历史内涵和民俗特色的地方活动，但是近几年活动的内涵已经发生了变化，在过去，这个节日是为了表达男女间的情谊，现在变成了老少皆宜的全民娱乐活动。一些民俗婚礼表演以参与为名，让游人与穿着民族服装的女性从业人员举行“婚礼”，任何一位男性游人都可以扮成“新郎”，与职业“新娘”进行一系列的婚礼活动，在预先不告知的情况下，要付出 49 元的礼金给“岳父岳母”，给“新娘”付 50 元的小费，若有过多的亲昵动作和言语，还得给“新娘”付“翻脸钱”。这一切在游人当中造成了非常不好的印象，导致旅游目的地传统价值观退化。

乡村旅游的关键之一就是民俗文化，这是游客选择乡村旅游的一个重要内容，但是在利益的驱使下，很多民俗文化已经遭到了破坏。此外，除了民俗文化遭到破坏，乡村旅游的硬件也逐步遭到破坏，如山西平遥的古建筑在成为旅游热点之后建筑群体受到了极大的破坏。部分地区甚至出现了扭曲和丑化当地民俗文化真正含义的做法，如福建崇武惠安女性的服饰本来具有浓厚的民族色彩与文化内涵，但是在经过游客的宣传和渲染之后竟然被认为是一种十分庸俗的服饰，在游客的反对和怪异的目光中，这种服饰在逐步消失。值得注意的是，旅游是一种持续性行为，乡村居民与游客的接触是长期的，因此在乡村旅游的发展中，很多乡村居民的思想观念也逐渐发生了变化，原本淳朴的乡风开始消失，取而代之的是各种经济意识，如广西龙脊梯田旅游，其风俗民情除了建筑还保留一定的特色外，服饰、饮食、歌舞等在乡村旅游的冲击下都开始异化，在商业化道路上越走越远。

随着民俗文化不断受到商业化侵袭，民俗的作用已经从根本上发生了改变，一些民俗在利益选择下被物质化和商业化，成为失去本来意义的品牌产品或概念。传统民俗的泛商业化倾向将会败坏中国几千年流传下来的民俗文化精神内涵，原汁原味的独特文化一旦丢失，将贻害无穷。如果作为旅游资源的民俗文化被破坏了，可持续旅游、创新发展就根本谈不上了。保护民俗文化，实际上就是保护一部分旅游资源，使之长久地延续下去。

三、乡民边缘化

（一）农村居民被城市边缘化

随着农村城市化推进，大量剩余劳动力向城市转移，进城务工成为很多农村劳动力的选择，但是农民工的文化水平较低，加上户籍制度将农村居民和城市居民分割开来，农民工难以在城市中获得身份认可，这就导致流入城市的农村人口成为城市社会底层群体“二等公民”，农民难以完全市民化，城市内部出现新二元结构，农民工成为“两栖”劳力。这种城市新二元结构与“两栖”劳力的形成，是当代农民被城市边缘化的表现，中国太多的农村劳动力即使在这样迅速的城市化进程中也不可能被正常吸纳。乡村旅游的发展则可以将一部分剩余劳动力利用起来，但这些剩余劳动力仍然面对文化素质提高的要求。而且，随着农业现代化水平的提高，更多的农业劳动力解放出来，乡村旅游也消化不了越来越多的剩余劳动力，调整产业结构，大力发展农副产品深加工还是一个重要的出路。

（二）农村居民被旅游边缘化

乡村旅游可以有效地解决农村剩余劳动力过多的问题，但是从实践中来看，乡村旅游并没有充分发挥自身在该方面的作用，乡村居民在乡村旅游中被旅游边缘化的现象是十分明显的。原因在于以下两个方面：首先是乡村旅游属于第三产业服务业，从这个角度来说从事乡村旅游需要较高的综合素质，而乡村居民的综合素质较之城市居民普遍较低，在这种情况下，如果一个地区的乡村旅游得到迅速发展，那么必将会吸引大量的外来工作者，如此乡村居民除了属于本地居民这一优势之外，毫无竞争优势可言，这个时候乡村的剩余劳动力问题并没有得到根本的解决；其次是乡村旅游迅速发展，但是乡村居民很难享受到旅游所带来的收益，在乡村旅游中，一切最好的衣、食、住、行等设施都是为游客服务的，乡村居民只能从中获得一定的经济收益，但是这些经济收益在物价不断上涨的乡村给乡村居民带来的改变是极为有限的，乡村居民被旅游边缘化也在所难免。

（三）农村居民被现代边缘化

在乡村旅游中，农村居民是乡村旅游资源的主要持有者，因此他们在乡村旅游中本应具有重要地位，然而在乡村旅游的实际发展过程中，农村居民的主体地位却逐渐边缘化，这主要表现在以下两个方面。一是作为农村土地的所有者，乡村居民无法正常地对土地资源进行开发利用。虽然说很多农户通过开设农家乐等在乡村旅游中获得了一定的收益，但是综观乡村旅游中的旅行社、饭店等，我们就可以发现，这些大多数是由城市人投资的，从而从乡村旅游中分走了大部分利益，原因就在于乡村居民缺少足够的开发资金，能够用于旅游资源开发的资本十分有限。二是乡村旅游中所需要的大量工业产品并没有给农村经济带来发展，食物、饮料、手工艺品很多都是从外界运输进来的，农村居民在其中只是一个销售者，能够享受的收益并不是很多。也就是说，在很长一段时间内，手工业和农业给当地居民带来的收入是十分有限的，反而因乡村旅游的发展，农村的种植业产量在不断下降。导致这些问题出现的根本原因就是乡村与现代社会的脱节。

（四）农村居民异化

乡村生活与城市生活相比，本来应该是静谧和谐、忙闲有致、自得其乐的，但当前我国很多地区的乡村生活正逐渐丢失这些特征，尤其是随着乡村旅游的迅速发展，乡村生活方式发生了巨大改变。一方面，农村的游客在不断增加，大量的商品与服务需求使得农村居民不得不从之前悠闲的生活中走出来，为游客提供服务，生活逐渐地忙碌起来，看似富裕的生活背后隐藏的却是悠闲和谐生活环境的消失，乡村居民也逐渐地成为“城市居民”。另一方面，随着乡村旅游而来的是市场经济思想，功利主义开始在乡村兴起，传统的道德信仰与淳朴的民俗文化开始逐步消失，乡村居民的幸福指数开始下降。

四、产品低层次化

（一）乡村旅游季节性强

很多地方发展乡村旅游是以季节性景观为卖点的，这种季节性对客源造成了限制。例如，一些地方以油菜花这种经济作物为主题，那么就只有在油菜花盛开时才能够吸引到大量的游客，一些生态采摘园一年更是只能进行一次乡村旅游，如此一来就造成了乡村旅游资源的极大浪费。在游客上，我们可以发现由于乡村旅游缺少统一的规划，规模小、分布散、规划乱、项目重复等现象使得乡村旅游的客源以国内游客为主，能够接待的国际游客十分有限。

（二）乡村旅游活动内容单调重复

近年来，我国乡村旅游发展迅速，但是在活动内容方面显现出单调重复的现象，目前大部分乡村旅游以农家乐为主，而考虑到农家乐这一旅游活动的诞生时间，我们更可以发现我国乡村旅游活动内容的更新速度极为缓慢，而内容的单调重复使我国乡村旅游对游客的吸引力不断下降。

（三）乡村旅游形式低层次化

虽然近年来为了促进农村发展，我国大力推动乡村旅游，但当前我国乡村旅游的主要形式为乡村田园观光，主要产品为农家乐餐饮、棋牌等，并且这些产品的开发并不是统一规划的，而是以农户家庭为单位。民族文化的乡村旅游产品十分有限。对比国外多样化的乡村旅游产品，我们就可以发现当前我国的乡村旅游产品十分匮乏，乡村旅游资源并没有得到充分的挖掘。

此外，从管理服务上看，乡村旅游目前仅能够满足游客的衣、食、住、行等基本需求，离实现舒适、愉快的旅游还有一定的距离。同时，很多地方发展乡村旅游的主要目的是解决农村的贫困问题，因此出现了部分地方政府为了开发旅游资源而违背市场发展规律，盲目地修建乡村旅游社区，不仅对当地的乡村旅游资源造成了极大的破坏，也无法实现乡村旅游的健康可持续发展。

五、区域发展不平衡

随着近几年我国乡村旅游的发展，我国乡村旅游已经形成一定格局，具有一定规模的乡村旅游景点主要集中在城市近郊地区、城乡接合部和一些交通较为便利的地区，乡村旅游区域发展从整体上来看比较平衡，但是从全国范围来看，东部乡村旅游发展速度较快，中西部地区则较为缓慢。导致这一现象产生的主要原因是各地的经济发展水平不同。乡村旅游产生与发展的一个重要前提就是城市经济迅速发展，城市居民拥有更多的时间与金钱来进行旅游，而东部地区的经济发展速度一直在全国位居前列，因此居民的收入更高，能够用于乡村旅游的时间也就更多。中西部地区则由于城市经济发展速度较慢，因此城市居民的旅游积极性也较弱。此外，值得注意的是，交通也是限制乡村旅游发展的一个重要原因，中西部地区如新疆、西藏等地区乡村旅游无法得到发展与当地不便的交通有着十分密切的联系。

第三节 乡村旅游电商的发展策略

一、推进乡村旅游产业融合模式发展

（一）我国乡村旅游产业融合模式分析

1. 功能附属融合模式

功能附属融合模式是指通过功能融合的方式推动乡村旅游产业发展的模式。每个行业都具有多种社会功能，而不同行业的社会功能可能存在一定程度的一致性，通过将这种社会功能有机融合，可以在一定程度上推动行业发展。

将功能作为切入点来进行产业融合不仅有利于突出各个行业的社会功能，更能够增加行业的功能效益。例如，体育的主要社会功能之一就是保证人们身体健康、放松心情，而旅游行业的主要功能之一也是为了消除人们的疲劳，使得人们放松心态，如此一来二者就有了共通之处，可以将这一社会功能作为切入点进行产业融合，从而形成一种新的乡村旅游形式，发展乡村体育旅游等项目。这种旅游形式不仅加强了体育与乡村旅游在促进人们身心健康发展方面的作用，更拓宽了乡村旅游与体育产业的范畴。

2. 市场共拓融合模式

随着市场经济的发展，各行各业的市场竞争日益激励，旅游业在这样的背景下实现了迅猛发展。具有相当规模的乡村旅游目的地、相关产业的经营者为保持和提高自身的核心竞争力，有针对性地在农村旅游市场寻找发展机遇，使市场成为相关产业进入乡村旅游的有效路径。例如，历史悠久和具有深厚文化底蕴的古镇，将乡村民俗的发展和文化旅游相结合，不仅完全保留了古村镇的历史风貌，还传承了古村落的文化基因与历史文脉。此外，旅游业和房地产业相结合，如三亚房地产行业与旅游业密切合作，紧跟旅游业的前进步伐，三亚房地产行业迅速崛起，形成崭新的追赶，甚至呈超越旅游业之势。旅游房地产逐渐成为三亚旅游市场的独特行业。房地产行业和旅游业共拓市场、相互渗透和融合，为三亚带来了新的发展机遇和利润空间。

3. 技术渗透融合模式

在技术渗透融合模式下，一个行业的价值链通过技术创新和管理创新的作用，渗透到另一个行业，两个不同的行业通过相互作用形成全新的产业链。在现代社会市场经济环境中，创新是保持竞争优势的根本路径，对于乡村旅游而言，虽然说乡村旅游产品并没有涉及现代化生产技术，但是作为现代市场经济的一部分，乡村旅游也必须遵循时代发展的潮流，只有不断进行创新才能够保持旺盛的生命力。

当前，随着市场经济的发展，市场竞争日益激烈，乡村旅游想要生存并实现进一步发展，就必须满足市场需求的行业秩序，推动行业不断创新发展，迎合市场需求创新乡村旅游产品。新型旅游业态要求乡村旅游业积极整合其他行业的相关技术，如果一些行业具有突出的技术优势，也可引入乡村旅游产业中去，促进其发展。例如，在发展过程中，旅游业积极与动漫产业、文化创意产业等相结合,形成一种新型的旅游产品,产生新的旅游形式。此外,信息化是旅游业最突出的特征之一。现代信息技术广泛应用于乡村旅游,如乡村旅游资源、基础设施建设、项目开发、市场开发、企业管理、咨询服务等领域。旅游信息化使乡村旅游发展战略、经营理念和产业结构变化,更加适合现代企业发展的步伐,由此产生的产业体系创新,管理创新和产品、市场创新,使乡村旅游产业发展模式发生转变。乡村旅游产业的科技含量不断提高,为旅游业增添了新的内容,注入了新鲜活力和动力,加快了乡村旅游产业融合和结构优化的进程,提高了乡村旅游产业的整体素质,使其发展提高到了一个新的水平。总之,技术整合,提高乡村旅游的技术含量,使乡村旅游业充满了新的活力。

4. 资源共享融合模式

资源共享融合模式是指以其他行业的旅游资源为基础,灵活运用以形成和发展乡村旅游,其他行业需要通过精心组织规划、开发利用、产品创新的方式满足不断更新的乡村旅游多元化需求,多种类丰富乡村旅游产品类型。创新产业融合也是实现乡村旅游资源延伸的重要途径,可以有效地丰富乡村旅游资源。例如,乡村旅游是指在农业生产过程中,乡村景观、农村劳动生活场景作为乡村旅游的主要吸引力,以乡村工业生产、工厂式工作生活场景为主要旅游景点的乡村旅游活动。乡村旅游与乡村工业旅游相结合,使其具有农业、工业和乡村旅游的特点。通过农业与乡村旅游业有效融合,既符合旅游市场多样化,又符合乡村旅游的内涵和发展空间,也拓宽了渠道建设的效益,使传统的农村农业和工业的未来发展有了更大的可能性,传统产业焕发出新的活力。此外,还有一些是通过整合资源,以乡村旅游产业的形式来展开的,如农村文化节活动,依托农村旅游节庆的发展,以乡村林业资源为基础的乡村森林旅游。

从实践中看,我国发展乡村旅游并不是单纯地采取某一种发展模式,而是各种融合模式互动作用的结果,甚至有时是多模式共同推动的结果，只是在某些方面占据主导地位的因素显示出更突出的作用。

（二）乡村旅游产业融合模式发展的途径

1. 优化乡村旅游产业运营形式

实际上，市场优化就是市场供需的优化，通过解决市场的供需问题更好地实现资源配置。想要实现乡村旅游产业融合，就必须有效地优化乡村旅游产业运营模式，在过去很长一段时间，乡村旅游模式是独立发展的，与其他产业的互动性并不是很高，这就制约了乡村旅游产业与其他产业的融合。在产业融合之后，乡村各大产业将会逐步形成一个整体，一个产业的发展将会带动乡村旅游以及其他产业的发展。具体而言，优化乡村旅游产业运营模式对于乡村旅游产业融合模式的实现所带来的好处主要集中在以下两个方面。

（1）旅游信息化在乡村旅游发展建设过程中的作用不断强化，资源整合、信息共享、市场推广、现场促销、管理模式等都在发生着很大的改变。

（2）不同运营主体之间的优化组合，从单纯的农户单打独斗的模式发展为农户、公司、合作社、政府、中介组织等相互之间的组合，可以看作不同优势资源的组合。

2. 优化乡村旅游需求市场模式

传统的乡村旅游市场营销实际上只是简单地向游客推销产品，虽然这种推销方式也是为了迎合游客的需求，但根本上是从乡村旅游的角度出发的，对于产业融合模式下的乡村旅游来说存在一定的不契合。因此，对乡村旅游需求市场模式进行优化势在必行，这就要求乡村旅游地区在对旅游市场需求进行分析和整合时，应充分地将其他产业融入其中，创造出新的旅游产品，如将乡村的房地产行业与旅游业结合在一起形成房产旅游、将乡村的手工业与旅游结合在一起形成会展旅游等。

3. 优化丰富乡村旅游产业形态

供给侧结构性改革是我国当前发展的重点，是经济发展的重要课题，这对于我国乡村旅游发展来说具有重要意义。推动乡村旅游产业融合发展首先要做的就是丰富乡村旅游产业形态，否则乡村旅游产业融合也只是空谈。

(1) 利用现代化信息技术对传统的乡村文化进行创新融合，将不同的乡村文化融合在一起，并通过现代化信息技术表现出来，形成一种新的乡村旅游形态，即演艺旅游。

(2) 将旅游资源作为载体表现其他产业，通过这种方式有效地丰富旅游资源外延，并可以在一定程度上扩大旅游产品的范畴。例如，传统的手工业生产工具与农业生产工具本不属于旅游业，但是可以将这些纳入旅游资源的范畴中，有针对性地开展手工生产体验与农耕体验的乡村旅游项目。

(3) 通过功能的融合丰富乡村旅游产品业态。不同的活动内容，其社会功能往往会有异曲同工之妙，旅游对于游客来说，放松、休闲、猎奇、社会交往等都是目的，同样可以借助其他活动来达成。因此，可以借助这种功能融合的路径进行新业态创造，如乡村旅游和游学、养老、康体、教育、医疗等进行结合。

二、推进“农产品＋旅游电商”模式发展

(一)“农产品＋旅游电商”模式的产生背景

对于线上旅游商家来说，不仅要吸引游客前来旅游，还要吸引他们留下来，在旅游景区吃住玩乐一体化消费，让游客在景区购买旅游产品，以此提升旅游附加值，其中农产品就是最典型的一种乡村旅游产品。线上的农产品商家也不再将目光锁定在“卖货”二字，他们的目标是让消费者在吃好的同时，顺便玩个痛快。因此，“农产品＋旅游＋电商”模式应运而生。

线上旅游商家通过农产品溯源激发消费者的旅游兴趣，带动农产品富足地区的乡村生态游；消费者通过互联网渠道订票到景区游玩，享受当地的吃住玩乐旅游一体化服务，以旅游服务带动当地农产品的销售，用景点认知加速消费者线上农产品下单的步伐。

这种新模式是多方整合的产物。农产品电商与旅游电商的结合，实则是将服务挖得更深了。在竞争激烈的电商时代，谁能服务好消费者，谁就将成为最后的胜利者。

（二）乡村旅游产品的开发原则

1. 坚持因地制宜

对于乡村旅游来说，一个关键就在于体现风土民情，因此在设计乡村旅游产品时，必须遵循因地制宜原则，绝对不可以盲目地跟风模仿、移花接木甚至造假欺骗等，这样会导致乡村旅游产品失去原本的特色。一个好的乡村旅游产品总是以本地的旅游资源为基础，以独特的乡村生活表现为目标。因此，在对乡村旅游产品进行规划时要坚持因地制宜的原则，对本地的乡村旅游资源进行考察，寻找最佳的切入点。

以渔业资源比较丰富的乡村为例，在对乡村旅游产品进行规划时可以大致将乡村旅游产品分为三个阶段。

第一个阶段，利用本地丰富的渔业资源来为游客提供渔业景观观光、垂钓等项目，这些项目对于资金的要求较低，能够迅速地帮助旅游地积累大量的资金来用于后续阶段的开发。

第二个阶段，在该阶段，资金相对有限，该地区应该充分利用自身的现有资源，将“原生态捕鱼”作为旅游口号，吸引游客与渔民一起居住和捕鱼，如此一来对于住宿等基础设施的要求就会下降。同时，为游客提供自己制作海鲜食品的机会，让游客把自己捕获的鱼制作成各类海鲜食品，加强游客的体验感。

第三个阶段，经过前两个阶段的资金积累，该地区已经拥有相对充足的资金来进行大规模的开发，这个时候应当针对本地区的渔业资源与渔业文化打造休闲观光渔业游览区，依托原生态的岛屿、村落、礁石、滩涂等多元化地发展乡村旅游，如观海景、尝海鲜、踏海滩等休闲观光旅游、捕鱼拖虾等体验式旅游等。

当然，上面的举例只是针对某一类情况，仅适用于旅游资源丰富但资金相对不足的地区，如果资金本来就相对充足，可以直接进入第三个阶段，从一开始就对乡村旅游进行系统科学的规划。如果缺少独特的资源，那么可以利用农村景观的生态性来开展保健养生旅游项目。总而言之，因地制宜地开发旅游产品是必要的，一味地模仿其他地区的成功案例只会起到适得其反的作用。

2. 坚持可持续发展

农村的生态环境实际上并不是完全的自然环境，而是一种半自然半人工生态环境，因此这种复合型生态环境相较于纯自然环境更脆弱，很容易受到外界破坏。从某种意义上说，乡村旅游对于农村生态环境的破坏是不可避免的，而我们要做的就是在规划乡村旅游产品时尽可能地对农村生态环境进行保护与改善，实现农村生态环境的可持续发展。具体来说，乡村旅游产品对农村生态环境的保护主要体现在以下两个方面。

(1) 加强对农村自然生态环境的保护。这就要求乡村旅游产品不能以破坏自然景观为代价，如森林景观、草原景观等自然景观只能开发出观光型旅游产品，而开发体验型旅游产品则极易对这些景观造成不可修复的破坏。再如，在开发捕鱼等体验型产品时也要把握好尺度，避免大肆捕捞对渔业资源造成破坏等。

(2) 加强对农村人文生态的保护。乡村人文生态主要是指各种历史文物，应该加强保护那些年代比较久远的历史文物，尽可能避免游客与这些文物的近距离接触，防止文物被破坏。近年来，部分地区为了增加对游客的吸引力，将古建筑开发成宾馆，这种行为从长远的角度来看对于乡村旅游的发展弊大于利，虽然后期的维护与保养能够保证古建筑的形态，但是其历史风貌毫无疑问在逐步消失。

3. 坚持生态和谐

开发和设计乡村旅游产品时必须坚持生态原则，只有这样才能实现乡村旅游与环境、资源的和谐共存与协调发展，也只有这样才能为消费者提供原生态的乡村旅游产品。所谓生态原则，就是指在开发设计乡村旅游产品时要尽可能地实现旅游产品与周边生物、自然环境相一致，避免人工雕琢的痕迹。一般来说，乡村旅游产品生态原则主要体现在基础设施的建设上。

虽然开展乡村旅游必须有乡村基础设施的支持，但建设这些基础设施必然会对自然环境造成一定的影响，因此在建设乡村基础设施时应该尽可能地遵循绿色建筑设计原则。例如，在建筑材料的选择上要尽可能地使用木材、毛竹、泥土等自然材料，而不是大量地使用钢筋混凝土；在安装水电设施时要充分利用太阳能、风能、沼气等再生能源，实现能源的节约与循环利用；在建筑设计上要利用设计手段来实现建筑的自然通风、自然降温、建材保温等；在建筑的外观上要与周边的自然环境相统一，避免突兀的建筑影响整体景观效果等。

4. 坚持审美精神

审美是人类的一项基本活动，人类从古至今都没有放弃过对美的追求，这是一个永恒的主题。对于旅游来说，其本质也是一种审美过程。旅游活动作为人们精神生活的一部分，是游览性和观赏性的审美活动，是自我实现与自我完善、潜移默化的情感过程，是陶冶情操、修身养性的过程，是自然美、形式美与社会美、艺术美的统一。旅游审美追求的是“天、地、人合一”的理想审美情境，其目标是创造人与自然的和谐。所以，在乡村旅游产品开发过程中，要综合考虑旅游者的审美心理要素和旅游审美态度，把握旅游者的感知、想象、情感和理解。在审美过程中，感知因素通常起着先导作用,它是审美知觉的出发点。想象可以使旅游审美充分发挥作用,使旅游景观更加丰富多彩,可以使旅游产品品味升华。情感是人们对客观世界的一种特殊的反应形式,是人们对客观事物是否符合自己需要的态度和体验。对审美形象内容的理解,是进行审美不可缺少的环节。在开发和设计乡村旅游产品时,不仅要注重物质层面的塑造,还应该在其中添加精神审美因素,应该在功利的东西中增添超功利层面的成分,因此实现旅游运作系统对自身功利性进行超越,这样的旅游产品不仅可以满足人们的物质需求,还可以带给人们更高的满足精神层面的审美享受。乡村旅游产品的开发最终目的是实现旅游者对乡村旅游资源进行美学意义上的感知、体验、认同和联想,从而得到感官上、情绪上和心灵上愉悦和满足的过程,使得自然旅游资源形成的产品具有形态美特征(雄壮美、秀丽美、奇特美、幽深美、险峻美、旷远美)、色彩美特征、动态美特征、综合美特征,人文旅游资源形成的产品具有历史性特征、文化性特征、特殊性特征、愉悦性特征。

5. 坚持市场导向

发展乡村旅游无疑是一个经济过程,因此在整个过程中应该坚持以市场为导向。从乡村的角度来看,发展乡村旅游的主要目的是推动本地的经济发展,因此乡村旅游产品规划的最终目的是使旅游产品能够顺利进入市场,这种情况下乡村旅游产品的规划就要紧紧地把握市场的脉搏,坚持市场导向原则,深入地洞察游客的实际需求,针对性地开发出旅游产品。一般来说,乡村旅游产品开发坚持市场导向原则主要考虑以下两个问题。

(1) 旅游业的发展趋势。在开发和设计乡村旅游产品时,应该掌握当前的旅游业发展趋势,因为这是产品开发的宏观市场环境。对于现代人而言,城市化进程不断加快带来的是人们对于自然生活的向往,这也是乡村旅游逐步兴起的根本原因。乡村旅游产品开发就是要充分地把握这一特点,避免在旅游产品中表现出太多的现代化工业痕迹,否则对于游客的吸引力就会大幅度下降。

（2）游客的行为特征。游客的行为特征反映了他们的潜在需求。例如，乡村旅游游客多以受过良好教育、经济条件较好的城市居民为主，这类游客的一大特点就是不仅追求美好的自然田园风光，更重视田园风光给自己带来的精神享受。这种情况下乡村旅游产品就要不断地增加产品的文化含量，避免停留在物质层面。再比如，乡村旅游游客的群体特征是存在很大差别的，有家庭式旅游、教育式旅游、老年休闲旅游、情侣观光旅游等，这就需要有针对性地开发出不同的旅游产品。

只有准确地把握市场，才能开发出受到市场欢迎的乡村旅游产品来。同样地，只有准确地把握市场，才能把握乡村旅游的发展趋势，才能促进乡村旅游发展。

6. 坚持文化导向

旅游活动的实质可以看作一种文化交流活动，旅游文化是旅游业的灵魂。对于乡村旅游来说，它满足的不仅是游客的一般性观光需求，更重要的是满足他们的内心需求，如故乡情结、怀旧心理和回归自然愿望等。这是旅游者对农耕文化、民俗文化、乡土文化底蕴的追求和体验，这是人们对以往文化的留恋和不同文化的向往，因此乡村旅游的开发要满足旅游者的这些文化需求。所以，在旅游业的开发中要重视文化资源，在产品的开发中寻求文化差异、增加文化含量，通过精心设计和安排，将特色文化元素融入产品设计、旅游活动和旅游线路中，形成文化竞争力，实现旅游产品价值的最大化，实现旅游者最高层次的文化满足。

7. 坚持以人为本

游客是购买和使用乡村旅游产品的主体，因此在开发乡村旅游产品时必须坚持以人为本的原则，只有这样才能保证产品被游客认可，被市场认可。这也就意味着旅游产品的设计必须站在旅游者的角度进行考量，主要体现在两个方面：一方面是旅游产品的内容设计要以人为本。市场上旅游产品众多，但是获得旅游者认可的旅游产品却寥寥无几，根本原因就在于旅游产品的设计过于理想化，或者说设计者在设计旅游产品时没有站在旅游者的角度进行考虑，忽视了旅游者对旅游产品的需求，从而出现了产品与需求背道而驰的现象。另一方面则是旅游产品的表现形式与价格要以人为本，并不是越花哨越贵的旅游产品市场前景就越好，相反乡村旅游地区需要准确把握自身客源的经济收入，针对性地制定出具有普适性的旅游产品价格。

8. 坚持产品整体性

坚持乡村旅游产品的整体性是指在设计一款旅游产品时应该充分考虑这款产品与其他产品的互补性，以此保证乡村旅游不要出现明显短板。虽然说乡村旅游主题的侧重点不同，但是设计出的旅游产品最少要涵盖游客的衣、食、住、行、购物、娱乐六个层面。同时，不同的旅游产品也应当尽可能地根据旅游活动内容将观赏性、参与性、体验性、教育性等融合在一起。

9. 坚持产品差异性

不论设计什么产品，都必须保证自身产品与其他同类产品存在差异性，这是在市场竞争中生存和获胜的关键，要做到人无我有、人有我优。对于乡村旅游而言，近年来随着乡村旅游的兴起，旅游市场上旅游产品的种类也逐渐丰富起来，这种情况下旅游产品的设计就要将产品的差异性原则作为切入点，开发出具有特色的旅游产品。在实践中，旅游产品的差异性原则主要表现在两个方面：一方面是时间的差异性，即率先进入某一个产品市场，以先行者的身份出现，迅速地占领市场，然后不断地进行创新，保持自己先行者的身份；另一方面则是内容的差异性，即保证自己所推出的旅游产品具有不可复制性，这种不可复制性大多是通过技术要求、文化内涵等体现出来的。

10. 坚持产品参与性

随着人们生活水平的不断提高,旅游已经成为一种日常活动,人们旅游不仅仅是为了满足一般性观光目的,而是更追求参与性的旅游活动,反馈到乡村旅游上指的就是乡村旅游产品必须重视产品的参与性,简单地为游客提供参观服务是很难获得游客认可的,而是要让游客在实践中亲自发掘旅游景观,获得精神上的享受。一般来说,乡村旅游的参与性大多是通过一些互动性活动项目来体现出来的。例如,在开发乡村旅游娱乐项目时只是设计一些项目的规则,项目则由游客负责执行;在乡村手工艺品上鼓励游客自主制造自己心中的工艺品;为游客提供亲自参与田园农耕劳动的机会等。

(三)"农产品十旅游电商"模式下的资源整合

乡村旅游的一个关键在于体现风土民情。一方水土养一方人,一方山水有一方风情,这也会体现在乡村旅游产品上,各地旅游产品都会融入当地的景观和人文特色。对于农产品以及集吃住行乐于一体的旅游产品销售来说,多方的资源整合是不可或缺的。

1. 以门票为入口带动周边消费

此前,农产品和旅游是"各自为战":卖特产的寂寞地卖着特产,卖风景的默默地卖着风景。然而近几年,农产品上线越来越多,在线旅游市场的产业链也愈加成熟,市场竞争越来越激烈。景区运营商不再满足于仅售卖门票与景区产品,尤其对于"一日游"这种短途旅游形式来说,可消费的东西太少了。

一些商家通过研究发现,可以利用景区门票带动周边消费,这种模式为旅游电商实现了利益最大化。一些旅游电商认为,最理想的消费状态是拉长旅游时间,即将"一日游"变成"两日游"甚至是"多日游",其构想如图 8-1 所示。

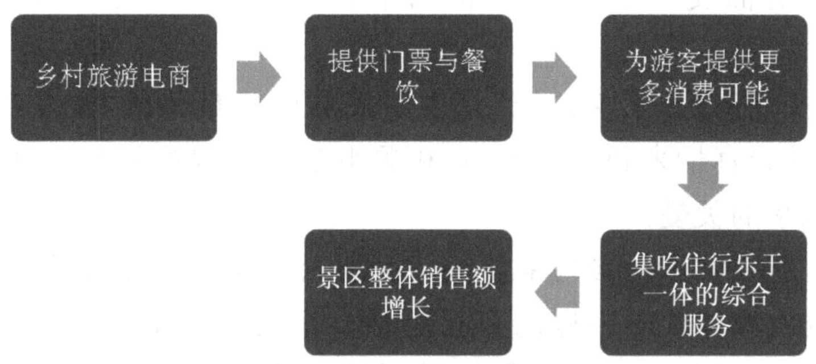

图 8-1　商家理想的消费状态

最初，景区运营商将景区产品进行打包销售，并与线下的特色餐饮结合，推出多种旅行套餐，玩转整合营销。

2. 以农特产旅游产品作为附带销售

对于乡村旅游景区来说，游客的吃住行是核心，推动农特产旅游产品的销售只是一种附带手段。一般来说，有两类人群最喜欢购买这类产品。一类是到当地旅游，希望买特产分给亲朋好友的游客；一类是多年在外漂泊，出于对家乡的思念购买产品的游子。

旅游电商可以为在景区游玩的游客提供农特产旅游产品，并且当游客离开旅游地后，还可以通过旅游网站或线上店铺购买农特产旅游产品。

3.“乡村旅游＋农产品”模式具体实例

2016 年 4 月 2 日至 3 日，重庆市武隆县和顺镇开展以“走进武隆和顺，公益自驾行”为主题的“乡村旅游＋农产品”农村电商新模式的活动。活动宣传召集了 50 辆自驾车及 200 多名主城市民，走近武陵山深处，感受不一样的大美乡村。

本次活动是以乡村旅游扶贫、电商扶贫的形式开展的，让城市里的人到贫困村体验生活，一方面满足了游客的旅游需求，另一方面拉动了贫困村的经济。把城里人带到贫困村去体验消费，实现面对面交易和装在后备厢带走，贫困群众从中实现增收致富。

“扶危济困、乐善好施”是中华民族的优良传统，车友们带着爱心、带着真情来到武陵山，对和顺小学家庭困难的 86 个同学献上最真挚的关爱。

游客在贫困村参与采竹笋、看风车、篝火晚会等活动，到大山深处的农家体验不一样的乡村生活。市民们还走进农户家中去购买当地的野鸡，而这些野鸡需要靠自己去活捉，现场着实地上演了一场激烈的“人鸡大战”。

很多游客都带着孩子一起到山中农家体验生活。在山野里挖折耳根、折春芽、拔胡萝卜，借着清明踏春赏花的机会，让孩子们走进农村，亲近田野，回归自然。同时，爱心市民为乡村带去了特别的关爱和真情。

和顺镇打蕨村提前统计并集合了村里困难群众家中的农特产品，将七彩土鸡、干柴块腊肉、鲜竹笋、野生金银花等农特产品集中起来等待游客采购。这些农产品也的确得到了游客的争相购买，仅在活动当日就实现了 5.3 万元销售额，为 87 户困难群众带去收益。

网上村庄相关负责人介绍，2015 年，首批在重庆市 13 个区县建立了 83 个电商扶贫“网上村庄”村级服务站（合作社），参与农户 6004 户，其中建卡贫困户 2548 户。2016 年，通过市场带动，激活农村沉淀资源，让广大农户在他最熟悉的领域就业。通过网上村庄扶贫电商平台的创业培训、辅导，为贫困村青年提供网上创业机会。

参考文献

[1] 阿里巴巴(中国)有限公司. 中国淘宝村[M]. 北京:电子工业出版社,2015.

[2] 陈虎东. 互联网+农村　农村电商的现状、发展和未来[M]. 北京:清华大学出版社,2017.

[3] 丁士安. 农村电商营销创业全书[M]. 北京:中华工商联合出版社,2017.

[4] 郭延安,陶永诚. 现代农村金融[M]. 北京:中国金融出版社,2009.

[5] 郭永召,陈中建. 农产品电子商务教程[M]. 北京:中国农业科学技术出版社,2016.

[6] 海天电商金融研究中心. 微商·微信·微店·朋友圈·自媒体·微营销一本通[M]. 北京:清华大学出版社,2017.

[7] 海天电商金融研究中心. 一本书读懂农业电商[M]. 北京:清华大学出版社,2016.

[8] 胡浪球. 农产品营销实战第一书[M]. 北京:企业管理出版社,2015.

[9] 纪琳. 网上支付与结算[M]. 北京:机械工业出版社,2009.

[10] 李牧. 农村电商崛起　从县域电商服务到在线城镇化[M]. 北京:电子工业出版社,2016.

[11] 林禄苑. 一本书搞懂农村电商[M]. 北京:化学工业出版社,2017.

[12] 刘曙霞. 乡村旅游创新发展研究[M]. 北京:中国经济出版社,2017.

[13] 陆慧. 旅游电子商务[M]. 北京:清华大学出版社,2015.

[14] 马国宇,王继平. 农产品市场营销及品牌建设[M]. 北京:中国农业科学技术出版社,2015.

[15] 裘涵,范志刚,丁晖,等. 农村电商运营:从策略到实战[M]. 北京:电子工业出版社,2018.

[16] 沈明高,徐忠,沈艳. 中国农村金融研究:改革、转型与发展[M]. 北京:北京大学出版社,2014.

[17] 唐珂. “互联网+”现代农业的中国实践[M]. 北京:中国农业大学出版社,2017.

[18] 王慧. 农村电商与创业[M]. 北京:人民邮电出版社,2018.

[19] 王生辉,王俊杰. 网上支付与结算[M]. 北京:科学出版社,2008.

[20] 王天宇,申学清,等. 农村电商平台建设与研究[M]. 北京:机械工业出版社,2018.

[21] 魏后凯. 中国农村发展报告——新时代乡村全面振兴之路[M]. 北京:中国社会科学出版社,2018.

[22] 文丹枫. 再战农村电商“互联网+”时代的下一个新战场[M]. 北京:人民邮电出版社,2016.

[23] 夏名首. 网络支付与结算[M]. 北京:清华大学出版社,北京交通大学出版社,2007.

[24] 谢志忠. 农村金融理论与实践[M]. 北京:北京大学出版社,2014.

[25] 杨超. 农产品电子商务[M]. 北京:中国农业科学技术出版社,2016.

[26] 姚金芝. 农村电商发展教材读本[M]. 北京:中国建材工业出版社,2016.

[27] 余来文,温著彬,边俊杰,等. 互联网金融——跨界、众筹与大数据的融合[M]. 北京:经济管理出版社,2015.

[28] 张建波. 中国农村金融供给状况及制度创新[M]. 北京:

经济科学出版社,2016.

[29] 张劲松. 网上电子支付与结算[M]. 北京:人民邮电出版社,2011.

[30] 张文远. 农村金融[M]. 北京:北京工业大学出版社,2014.

[31] 章宁. 电子商务教程:模式、案例与实验[M]. 北京:首都经济贸易大学出版社,2015.

[32] 赵宪军,周剑. 农产品市场营销[M]. 北京:金盾出版社,2012.

[33] 郑舒文. 农村电商运营实战[M]. 北京:人民邮政出版社,2017.

[34] 周雷. 互联网金融理论与应用[M]. 北京:人民邮电出版社,2016.

[35] 曹红元. 农资电商:大势所趋还是为变而变?[J]. 销售与市场(管理版),2016(12):67-69.

[36] 陈慧,刘琦. 促进农村电商"互联网+"发展新模式的思考[J]. 中国商论,2018(27):34-35.

[37] 陈丽娟. "互联网+"时代下农资行业互联网电商化转型研究[J]. 农村金融研究,2018(05):55-59.

[38] 陈艺娇. 农民得实惠、企业有钱赚、政府得民心　信息进村助力"三农"新跨越[J]. 农家参谋,2016(12).

[39] 段禄峰,唐文文. 中国农资电商的发展现状、模式及政策建议[J]. 世界农业,2017(01):204-209.

[40] 龚诚,卿玉梅,李璐. 我国农村电商物流的发展现状浅析[J]. 农家参谋,2018(21):220.

[41] 胡琴,魏君英. 乡村振兴战略视域下农村电商发展困境及对策[J]. 长江大学学报(自科版),2018,15(18):75-78.

[42] 李永. 在校大学生农特微商创业模式探析[J]. 林区教学,2018(03):20-21.

[43] 刘稳稳,鲍彩莲. 基于"互联网+"背景下全域旅游体验

的发展对策研究[J]. 现代商贸工业,2018,39(35):43-44.

[44] 刘妍. 基于乡村建设视角的乡村旅游产业开发[J]. 旅游纵览(下半月),2018(10):159-160.

[45] 刘子玉,肖静. 基于云计算的吉林省农村电子商务模式构建[J]. 农学学报,2018,8(07):78-83.

[46] 马艺文,王雯,王宏伟. 精准扶贫视角下农村电商的发展探究[J]. 湖北农业科学,2018(19):98-102.

[47] 汪金锋,宫利影. 互联网农业发展的若干思考——以农资电商平台"农商1号"为例[J]. 商场现代化,2017(11):52-54.

[48] 王燕. "互联网+"背景下农村电商物流"最后一公里"配送研究[J]. 现代营销(创富信息版),2018(11):223.

[49] 叶诗凡. 互联网背景下的农特微商发展分析[J]. 北方经济,2018(07):58-61.

[50] 游国斌,徐贵登,游天嘉. "互联网+"背景下农村电商发展探析[J]. 绥化学院学报,2018,38(09):24-27.

[51] 张浩,崔炎,于雷. 生鲜农产品电商O2O模式的比较[J]. 江苏农业科学,2018,46(17):307-315.

[52] 赵爱民. 供给侧改革下中国休闲农业与乡村旅游发展研究[J]. 世界农业,2018(11):241-245.

[53] 赵立响. 农村电子商务大数据应用统计的难点与对策[J]. 计算机产品与流通,2017(08):139.

[54] 朱婧,徐玲玲. 农资O2O模式的崛起[J]. 企业管理,2017(12):72-74.